同济大学欧洲与德国研究丛书

总主编：郑春荣

编　委（按姓氏笔画为序）：

伍慧萍　孙宜学　宋黎磊　陈　强　单晓光

同济大学欧洲与德国研究丛书

德国政党体制的变迁
（1990~2021）

CHANGE OF PARTY SYSTEM IN
FEDERAL REPUBLIC OF GERMANY (1990-2021)

伍慧萍　著

前　言

政党是现代民主政治体制中的重要力量，政党体制则是现代国家政治制度不可或缺的组成部分。政党在诞生之初是少数政治精英的事务，随着普通公民日益行使选举权利，参与政治、经济与社会生活，政党逐渐发展成为国家与公民社会之间的桥梁，发挥组织动员和政治交流的功能。社会环境的变化和大众传媒的传播丰富了政党竞选和宣传的手段，新的政党类型不断出现，与此同时，政党因应时代变局与现实挑战，也在不断调整自身的纲领内涵、行动策略及议题范围，政党体制和政党政治持续经历转型。

在众多西方国家中，德国政党体制因其独特的制度框架设计及其背后依托的政治与社会生态而兼具共性与个性，是研究西方政党体制演变的极佳范本。自21世纪以来，西方政党政治和宪政民主逐渐陷入危机，表现出党派恶性竞争、政党与利益集团相互勾连、社会撕裂、阵营对垒固化、传统政党式微等"民主疲劳综合征"的危机症状，国际金融危机和欧债危机暴露了资本主义和民主的制度弊端，难民危机又极大地刺激了身份政治勃兴，推动民粹民族主义走强。在这些因素的共同作用下，西方各国传统的政党体制受到不同程度的冲击，在个别国家甚至濒临崩溃。而与不少欧洲国家相比，德国的温和多党制仍旧保持了极强的稳定性，保留了一部分不变的内核，政党在政治动员中始终发挥了核心作用，政治极化程度维持在有限范围内，较少出现执政联盟破裂、提前重新大选的情况，主流政治对于国家发展中的重大命题可形成较为广泛的原则共识。与此同时，自两德统一以来，德国的政党体制同样经受时代变迁的冲击，正在经历深刻转型，表现出越来越多的不稳定性和不确定性。德国政党在传承与发展之间经历沉浮变迁，政党格局的演化走向日趋复杂。有鉴于此，全面系统地研究两德统一以来德国政党体制的历史演化、趋势特点、现实挑战以及政党的调整应对，对于深层把握西方宪政民主与政党政治的历史、当下与未来的演进具有特殊的学术价值与现实意义。

自20世纪初以来，关于政党及政党体制的研究成果汗牛充栋，主要见诸政治学和社会学两大学科，涌现出一大批具有广泛影响力的代表性学者和理论流派，其具体研究视角丰富多元，大致可以划分为三个视阈。

其一，政党的功能及其与民主的关系。奥斯特洛果尔斯基、米歇尔斯、迪韦尔热、萨托利、达尔顿、帕内比昂科、巴托里尼、卡茨、梅尔、瓦滕博格等学者发表大量著述，研究政党的概念、功能、组织建设等政党发展的普遍规律及其在民主政治中的作用。其中，在政党的功能方面，萨托利将政党的组织功能概括为三方面，即表达、引导、交流；戴蒙德与冈瑟归纳得出政党的七大功能，分别是候选人提名、选举动员、议题建构、社会代表、组建政府、利益融合及社会整合；迪韦尔热详尽分析了政党的组织和运作原则；帕尼比昂科则从组织社会学的角度，分析西欧政党的组织变迁和政党转型。在政党与民主的关系方面，奥斯特洛果尔斯基和米歇尔斯对于政党能否带来民主前景提出悲观论断；唐斯的政党竞争理论首次运用经济学理论解释政党竞争现象，建构政党竞争理论的空间模型；密歇根学派在1960年建构因果关系漏斗模型，用以分析影响选民选举行为的长期和短期因素，以此解释政党胜选的原因。在政党体制的发展规律方面，萨托利将政党体制区分为竞争型和非竞争型，并将前者细分为极端多党制、有限多党制、两党制和一党独大制；尼德迈尔则区分四种政党体制，分别是一党独大的政党制度、两党占优势的政党制度、多元化的政党制度以及碎片化的政党制度。还有不少学者分析政党执政参政方式、党际关系、选举制度与政党体制之间的关联以及利益表达机制等内容。

其二，政党的类型与发展阶段。彼德森提出生命周期理论，运用成功阶段的概念来界定新兴政党在政党体制中的发展阶段与发展瓶颈，更多学者则尝试概括和定义具体的政党类型，并从政党类型的演变中把握政党的不同发展阶段。其中，戴蒙德与冈瑟区分了五大政党类型，分别是运动型、选举型、精英型、大众型和族群型；卡茨和梅尔在1995年发表的《政党组织与政党民主的模式转变》一文中，根据政党与国家、公民社会间关系的变化，将政党的发展划分为四个阶段，其划分方法在政党类型研究中拥有广泛影响力。他们认为，在政党诞生之初的第一阶段，参与政治是少数人的特权，政党类型是权贵型政党或精英党；在第二阶段，随着工业革命的发展，越来越多的人要求参与政治，政党开始大量吸收党员，大众型政党成为主导的政党类型；第三阶段的主导政党类型是全方位型政党，这是基希海默在其1965年发表的《西欧政党体系的转变》一文中首次提出的政党类型；第四阶段中主导的政党类型则是卡特尔型政党，此类政党成为国家的代理人。对于卡茨和梅尔提出的第四阶段中主导政党类型，学界存在不少争议，冯·拜莫认为职业政客型政党是主导的政党类型，而乌韦·容则提出专业大众传播型政党是主导的政党类型。

其三，政党与社会的关系。不少学者从政党社会学、政治经济学、文化学以及现代化、全球化等多重视阈出发，分析政党在社会变迁和技术现代化进程影响下的历史嬗变，揭示社会结构和社会环境的变化对于政党发展产生的影响，并解读政党在各个发展阶段的特征以及转变趋势。其中，英格尔哈特和诺里斯提出文化反弹论，以此解释西方民粹主义政党兴起的原因；罗德里克将民粹主义的勃兴归因于全球化的影响，认为资本、商品和人员的跨境流动给各国经济体制和政治体制带来改革和调适压力；迈尔则聚焦研究媒体在政治和社会交流中作用增强的现象，认为政党民主日益蜕变为媒体民主，媒体民主的逻辑将政党全线驱赶到政治生活边缘。学界始终关注政党变迁、政党危机和衰落的研究，尤其是针对某一政党或者某种政党类型的危机开展的研究更是不胜枚举。在研究政党与社会的关系方面，德国政党研究者提出了不少具有开创性的理论。

德国政党体制始终是西方国家政党研究学者的重点关切，在研究德国政党体制发展规律的过程中，涌现出若干知名流派和代表性学者。其中，雷普修斯在20世纪60年代提出社会伦理环境论，通过宗教传统、阶级构成等社会结构维度来解释选民的选举行为和德国政党的社会起源。雷普修斯的理论推动了以海德堡西努斯研究所和柏林西格玛研究所为代表的社会环境研究，启发后者提出德国社会环境模型。李普塞特和罗坎1967年从社会学角度提出社会分歧理论，总结西欧社会的城市-农村、资本-劳动、中央-边缘、国家-宗教这四组社会分歧，为观察政党的兴起、政党竞争以及选民关联提供了有力的分析工具。英格尔哈特1977年提出价值变迁理论，认为自20世纪70年代以来西方发达工业社会的民众价值观发生了重大转变，表现出明显的代际差异特征，政治博弈开始围绕物质主义-后物质主义这一新的社会分歧展开。随着全球化的负面后果激活身份认同政治并引发逆全球化趋势，克里斯通过实证分析提出，西欧自90年代以来出现"融入-划界"这一组新的社会分歧，默克尔和齐恩同样提出世界主义-社群主义的新维度。乌韦·容、冯·阿勒曼、迈尔等其他政党研究者还深入研究德国政党体制变迁、政党纲领、党内民主等广泛议题。

国内学术界自20世纪80年代开始探索政党研究的理论，近年来发展迅速，主要视阈有四个方面。一是政党问题的学理研究。其中，周淑真对于政党政治学的诸多基本问题进行了开拓性研究，并致力于构建当代中国政党政治学的学科体系；柴尚金、郑必坚、何勤华等学者从民主理论入手探讨西方政党与民主的关系；严存生系统梳理了西方法治思想以及法治与政党关系的论述；赵戌斐等学者探讨了西方政党发展路径及现代性变革；谢峰等学者则研究了西方政党的党内民主；贾中海、李娟、谢松明等学者对于民主社会主义体系进行了深入思考。二是马克思主义政党理论和中国共产党的自身建设。钟德涛、史志钦、柴宝勇、熊必军、刘晓辉、吴祖刚、刘娜等学者研究了当代中国的政党体制发展和执政党建设，并致力于研究构建中国特色的政党政治体制。三是比较研究。其中，周淑真、高奇琦等学者分析比较了政党政治的前沿进展；梁琴、柴尚金、程恩富、黄卫平、陈家喜等学者对于中外政党制度进行了比较研究，总结各国政党政治变迁发展的利弊得失。四是国别和地区研究。俞可平、张文红等学者系统整理出世界主要政党的规章制度文献，并出版了一系列国别著述；郇庆治深入研究欧洲绿党、社会民主党等不同政党家族的发展规律；张耀军、谭鹏等学者研究西欧左翼政党的兴衰沉浮和执政经验；高奇琦等学者研究欧美和东亚政党与公民社会的关系；张莉则研究了欧洲右翼民粹主义政党的规律。此外，国内学界也大量译介了西方政党研究理论，不仅将唐斯、萨托利、米歇尔斯等政党研究中的经典名著引入国内，而且编译了穆勒-罗密尔、迈尔、霍尔特曼、瓦尔特等西方学者关于民主社会主义理论和欧洲绿党以及德国政党政治的走向等政党主题的研究成果。

具体到德国政党体制，国内学界也积累了一定的研究基础。其中，吕耀坤、连玉如、张文红等学者深入分析德国政党制度的发展变迁、宪政建设以及主要政党的政治定位和规章制度；张莉、殷叙彝、谢礼圣、肖应辉等学者集中关注德国左翼党的政治机会与挑战；张鑫从比较研究视角分析德国的混合选举制度对于政党体系的影响；崔英楠、程迈等学者则从法律视角出发，分析德国政党与法治发展的关系以及德国政治和选举体制中的法律问题，《德国政党法规和党内法规选择》聚焦政党的制度建设，整理编译了基民盟、基社盟和社民党的党内法规，包括组织章程、选举条例、财政、党费收缴规定、党内法院条例、议事规则、专门委员会条例等政党法律规范；笔者本人则对于德国政党体制的变迁、全民党的沉浮等整体趋势以及社民党、绿党、选择党、海盗党等具体政党的发展动向有所涉猎。

本书以两德统一以来联邦德国的政党体制变迁为研究样本，全面系统地剖析德国政党体制的理论基础、制度框架、整体特征、历史变迁、兴衰规律和内在发展逻辑，阐述六个具有全国影响力的主要政党的历史嬗变，梳理两德统一以来德国政党体制和政党格局的整体发展脉络，重点聚焦全民党的兴衰、小规模政党的发展、右翼民粹政党的勃兴以及左翼阵营的潜力等趋势动向，并研究论证社会变迁、社会运动、重大历史进程以及新科技革命给德国政党政治带来的结构转型。在此基础之上，剖析和揭示德国政党运作的深层规律和政治与社会生态的历史变迁，洞察和探讨当前德国政党体制与宪政民主面临的制度困境、弊端和成因，研判和展望德国政党体制的未来趋势与发展前景。

第一章是本书的理论基础部分，该章节借助代表性学说流派和较有影响力的理论工具，集中阐释政党的概念、功能、类型与组织运作，揭示西欧政党的基本运作规律，具体采用社会分歧理论以及社会环境理论阐释西欧政党的兴起根源，采用生命周期理论以及政党竞争理论分析政党发展阶段与成功要素，并采用因果漏斗理论以及政党联盟理论阐释选举结果的决定要素。

第二章概括德国政党体制的制度框架，梳理政党政治赖以生存和发展的法律与制度框架，详细分析联邦和各州对于选举流程，政党的成立、组织结构、经费来源，政党的政治与社会活动等做出的规定。具体而言，该部分分析德国《基本法》《政党法》《联邦选举法》等政党法律对于政党属性、选举程序等内容的规定，探讨联邦制的政治体制对于德国政党的影响；厘清德国两票制混合选举体制的基本原则、"5%条款"等准入门槛、超额议席和平衡议席以及选举法的最新发展；继而剖析德国政党的运作方式，包括领导机构等内部组织、四种主要的收入来源，以及政党在民意动员、竞选活动、组阁谈判、议会党团、政府乃至政治基金会中的运作方式。

在第三章，笔者全面展现德国主要政党的历史嬗变。德国正式注册的政党多达上百个，但自两德统一以来表现相对稳定、具有一定全国性影响力的政党只有基民盟/基社盟、社民党、自民党、绿党、左翼党和选择党，这六个政党各具特色，构成当前德国流动多党制的主体力量。其中，社民党和基民盟/基社盟分别占据左右阵营，长期保持全民党地位，在战后德国内政外交的发展中打下深深烙印，并分别向中间地带靠拢；立场右翼的自民党作为政治天平上举足轻重的砝码,在德国战后三十年间发挥了关键作用;绿党将生态和气候保护议题带入德国政治议程,不断从政治边缘走向主流并提高政治能力;左翼党自两德统一以来日益融入政党政治主流,从左翼政治边缘地带的抗议党演化为以强调社会公正为特色的主流政党;而德国选择党作为首个在联邦层面取得政治成功的右翼民粹政党,不断拓展政策议题和政治影响力,成为两德统一以来德国政党体制中最值得关注的现象之一。该章节逐一详尽梳理这六个政党的历史沿革与发展态势,分析其政治纲领特色的演化和政治路线的调整,考察其党员和支持者的社会基础特征,并探究其组织结构建设以及主要的内部派系。

在此基础之上,第四章对于德国政党格局的整体性演变趋势进行较为宏观的分析。联邦德国建国以来,德国政党格局经历了若干历史发展阶段,从战后最初的形成与巩固、六七十年代稳定的"两个半"政党格局、80年代两大阵营的确立以及两德统一以来"三足鼎立"的格局逐渐演化为当前的流动多党制格局,给德国的内政外交带来新变化。自两德统一以来,德国政党格局加速转型,经历深刻的历史变迁,呈现全新的发展特征:自20世纪60年代起三十年间主导德国政党体制的全民党日益陷入困境,表现出危机症状;小规模政党发展各异,尽管规模和影响力远不及大党,但仍能在政党民主当中发挥重要作用;民粹政党借助全球化和欧洲一体化的困局获得发展机遇,对于建制派政党产生极大冲击;东西部地区的政党格局出现显著分化,东部政治与社会生态呈现鲜明的差异性;左翼思潮的传播获得重要的发展机遇,左翼阵营的政治结盟具备一定潜力和基础,但尚未形成合力整体崛起。当前政党格局表现出碎片化、政治极化、主流政党路线趋同、政党结盟不确定性增加等整体特征。

第五章聚焦研究德国政党政治的结构转型,政党竞争在很大程度上取决于政治、经济、社会、文化、历史等结构性维度的发展变化,社会阶层的变化、价值观的变迁、内政外交领域的历史进程和重大事件均有可能从根本上改变选民偏好、选举行为和选举结果,继而影响和塑造政党格局。该章节集中研究德国社会的结构性维度,剖析社会阶层的变化、价值观演变和社会分歧的新变化等社会结构变迁给政党发展带来的后果,剖析德国重要的社会运动和社会思潮给政党政治带来的挑战以及政党的调整应对,继而聚焦两德统一、欧洲一体化、欧洲难民危机、全球气候变化等里程碑式事件和进程,分析这些改变历史的重要事件和趋势给德国政治文化与政党格局带来的嬗变,进而关注新科技革命给政治传播、动员和交流方式带来的冲击与变革，以及政党在网络政策和数字政策方面的调整与应对。笔者希望通过该章节的研究，更好地把握影响选民选举行为以及政治文化生态、政党功能、政党定位、政治动员方式的深层因素，揭示德国政党竞争的发展规律以及政党格局的趋势变化。

结语部分进一步概括两德统一以来德国政党体制的趋势特点，总结德国传统政党体制与宪政民主面临的整体形势和挑战，包括制度困境、西方政治与社会生态的复杂嬗变以及欧债危机、难民危机等多重危机带来的剧烈变化，着重考察在这些挑战与变迁面前，主要政党在纲领内涵、政治策略和代际更替方面采取了何种调整与适应，继而对于德国政党体制的未来发展进行展望。笔者认为，在时代转折的严峻挑战面前，德国政党体制、政治和社会生态稳中有变，政治生态未表现出明显的左转或右转趋向，如何在守正与创新、自由与安全、开放与封闭以及新旧社会分歧之间找到恰当的定位与平衡，是摆在德国政党面前的世纪挑战。

撰写一本关于德国政党体制变迁的书籍，这是笔者早已有之的想法。在这本书中，笔者将多年来对于德国与西欧政党政治、政治思潮、社会生态以及社会运动的观察与思考付诸笔端。尽管相关头绪纷繁芜杂，笔者仍尝试从中梳理出相互的关联性和逻辑主线，一方面，从历史的视角出发，全面梳理德国政党和政党体制的演变脉络，聚焦两德统一、欧洲一体化、难民危机、全球气候变化等重大事件及进程与政党体制变迁之间的关联，由此把握政党体制的历史变迁规律与趋势；另一方面，从社会变迁的视角出发，剖析经济与社会结构、社会环境、社会思潮、价值观变迁等社会因素对于选民选举行为、政党归属与定位乃至政党兴衰的影响，由此把握德国政党政治的结构转型及其背后的经济、社会和文化逻辑。本书吸收了笔者在《当代世界与社会主义》《当代世界》《国际论坛》《山东大学学报》《德国研究》等杂志上所发表相关主题论文的一部分内容，并对其进行了大幅度的调整与更新。在此，感谢同济大学"2022年文科精品力作培育计划"对于本书出版的支持。希望通过本书的研究，可以厘清德国政党体制和政党格局的历史嬗变与整体特点，继而揭示西方政党乃至西方宪政民主的发展规律，衷心期盼本书的出版面世能够引发读者的共鸣、思考与交流。

伍慧萍

2023年夏，上海

目录

第一章 关于西欧政党运作规律的理论 …………………………… 1
　一　政党的概念、功能与类型 …………………………………… 1
　二　政党的成立与兴起根源 ……………………………………… 12
　三　政党的发展阶段与成功要素 ………………………………… 21
　四　选举结果的决定因素 ………………………………………… 26

第二章 德国政党体制的制度框架 ………………………………… 32
　一　政党法律与联邦制 …………………………………………… 32
　二　选举体制 ……………………………………………………… 36
　三　政党的运作方式 ……………………………………………… 46

第三章 德国主要政党的历史嬗变 ………………………………… 59
　一　基民盟与基社盟 ……………………………………………… 60
　二　社民党 ………………………………………………………… 70
　三　自民党 ………………………………………………………… 83
　四　绿党 …………………………………………………………… 88
　五　左翼党 ………………………………………………………… 95
　六　选择党 ………………………………………………………… 101

第四章 德国政党格局的演变趋势 ………………………………… 110
　一　政党体制的发展阶段 ………………………………………… 110

二 全民党的兴盛与危机 …………………………………………… 118
三 小规模政党的发展与影响 ………………………………………… 128
四 右翼民粹政党的勃兴与制约 ……………………………………… 145
五 左翼阵营的潜力与局限 …………………………………………… 160
六 当前政党格局的整体特征 ………………………………………… 166

第五章 德国政党政治的结构转型 ………………………………… 184
一 社会结构与价值观变迁 …………………………………………… 184
二 社会运动与政党政治的互动 …………………………………… 191
三 重要历史进程与政党格局的重塑 ……………………………… 196
四 新科技革命与政治动员方式的变革 …………………………… 212

结　语 …………………………………………………………………… 218

参考文献 ………………………………………………………………… 236

图表索引 ………………………………………………………………… 249

第一章

关于西欧政党运作规律的理论

西方政党研究成果著述丰富，代表性学说流派众多，其中较有影响力的理论工具，诸如政党竞争理论、社会分歧理论、生命周期理论、因果漏斗理论以及政党联盟理论等，均较为深入地阐释了政党的概念、功能、类型与组织运作，较好地解释了西欧政党的兴起根源以及政党竞争和选举结果的决定要素，并揭示出西欧政党的基本运作规律。

一 政党的概念、功能与类型

（一）政党的概念

政党是民主社会中动员民众参与政治生活的最常见、最有组织性的政治团体。作为一种特定的社会组织，政党的具体形态千差万别，但仍具备一些明显有别于其他社会组织的共性特征。政治学界对于政党这一概念并没有统一定义，其中，美国政治学者唐斯（Anthony Downs）在1957年给出的定义是："政党就是一个由一些谋求通过合法手段控制国家机器的人组成的联盟。所谓联盟，我们指由个人组成的集团，这些个人具有共同的目的，并相互合作以求实现他们的目的。所谓国家机器，我们指政府在执行它在劳动分工中的专业化任务时能运用的物质的、法律的和制度的工具。所谓合法手段，我们指按时举行的选举或合法的影响力。"① 意大利政治学者萨托利（Giovanni

---

① 〔美〕安东尼·唐斯：《民主的经济理论》，姚洋、邢予青、赖平耀译，上海世纪出版集团，2017，第23页。

Sartori)将政党定义为:"根据选举中提出的正式标签来辨明身份的政治团体,能够通过(自由的或不自由的)选举推出候选人担任公职。"① 德国学者冯·阿勒曼(Ulrich von Alemann)认为,政党是"着眼长远创建的社会组织,动员、表达和汇聚其支持者的利益,并通过在议会和政府中获取公职将其转化为政治权力"②。几位学者给出的定义都相对宽泛,但都指出了政党最突出的本质特征和政党活动的核心要义,即参加竞选和参与执政。还有不少学者对于政党的定义更加详细,例如,根据乌韦·容(Uwe Jun)的定义:"政党是挑选和招募政治人员、在政治意志形成过程中阐述目标和实施纲领、推动国家层面政治行为体和选民之间的沟通、参与国家和社会舆论的形成、寻求掌控和协调或是至少影响国家决策的政治组织。"③

卢卡迪(Paul Lucardie)具体从五个维度描述政党的内涵特征。其一,政党的意识形态和政治纲领。政党往往拥有清晰的政治纲领和意识形态内涵归属,通过党纲、竞选纲领等原则文件,对于自身的政治内涵、世界观、意识形态和政治方向、政治制度主张以及关于经济社会生活中重大议题的看法等进行准确描述。其二,政党在政治制度中的目标取向与功能。政党不同于协会等其他社会团体的最重要特征在于其意图参加选举和参与执政,政党在政治制度中的目标千差万别,一些政党的政治活动意在彻底改造世界,另一些只是希望管理和维护现有体制,还有一些政党出于自身资源和发展阶段的限制,甚至不把进入议会作为主要目的,例如,脱胎于社会运动的政党在建党之初的主要目标是以"抗议党"的形象与主流政党相抗争。其三,政党的历史起源与形成。卢卡迪在此区分了政党形成的四种形式,分别是分裂、社会运动、合并与重组。新成立的政党既可能脱胎于现有政党的分裂或者合并,也可能是在社会运动中形成,或者是依托已经解散的政党重组重建。其四,政党的组织结构。政党在国家和社会之间发挥协调作用,一头联系社会,组织动员和参与民众政治意愿的形成;另一头联系政府和议会,通过参与各级选举获取公共职务,在政府、议会等各类各级国家机关中参与决策与

---

① Giovanni Sartori, *Parties and Party Systems: A Framework for Analysis*, New York: Cambridge University Press, 1976, p. 76.
② Ulrich von Alemann, *Das Parteiensystem der Bundesrepublik Deutschland*, 4. vollständig überarbeitete und aktualisierte Auflage, Wiesbaden: VS Verlag für Sozialwissenschaften, 2010, pp. 11-12.
③ Uwe Jun, „Parteien und Parteiensystem der Bundesrepublik Deutschland", *Informationen zur politischen Bildung*, Vol. 328, Iss. 4, 2015, p. 4.

政策实施。其五，政党支持者的结构。亦即政党的选民或社会基础，政党在与对手争夺之时必须重点争取特定人群，汇集志同道合者，成为其利益诉求的代言人，政党所代表的群体可以是特定的社会阶层、阶级、职业和年龄群体，也可以是特定的地区。①

卢卡迪这五个维度的划分较为全面系统地概括了政党的主要特征，涵盖了最重要的维度和范畴，同时也为区分不同的政党类型提供了一个系统和清晰的分析框架，因而为其他政党研究学者在阐述政党内涵特征和类型之时广泛引用，下文中涉及政党类型的内容中还会再次提到这五个维度。②

(二) 政党的功能

政党是民主政治制度中政治参与的重要渠道和工具，在政治制度和政治生活的多个方面发挥重要作用。在多党制国家，政党之间围绕各自的政治纲领，以选举为抓手展开激烈争夺，离开政党，选举无从谈起。政党既要突出纲领特色，推动公共讨论，又要动员尽可能多的支持者，达成妥协和平衡，推动政策的出台和落地，避免出现政治僵局。

学者多从政党行为或是政党组织的角度出发，描述政党在政治制度中的功能和角色定位。施托姆（Kaare Strøm）从理性选择理论传统入手，提出政党的三大行为模式：一是争取选票（vote-seeking），即谋求取得竞选成功，将选民对政党的支持最大化；二是争取政府职位（office-seeking），即在竞选成功之后谋求担任拥有政治资源的重要职位，将政党对公职的控制能力最大化；三是政策建构（policy-seeking），即谋求推出体现自身政治纲领特色的政策措施，将政党对公共政策的影响力最大化。③ 这既是政党的三大行为模式，也是政党同时推进和实施的三大功能和主要目标，乌韦·容十分直观地描述了政党的主要任务（见图1-1）。

具体而言，作为国家与社会之间的联系纽带，政党动员、汇聚和代表民意，直接参与民意的形成，表达所代表群体的利益诉求，引导组织其支持者

---

① Paul Lucardie, „Zur Typologie der politischen Parteien", Frank Decker and Viola Neu eds., *Handbuch der deutschen Parteien*, Wiesbaden: Springer Fachmedien, 2013, p. 61.
② Frank Decker, „Jenseits von Links und Rechts. Lassen sich Parteien noch klassifizieren?", *Aus Politik und Zeitgeschichte*, No. 46-47, 2018, p. 21; Uwe Jun, „Parteien und Parteiensystem der Bundesrepublik Deutschland", *Informationen zur politischen Bildung*, Vol. 328, Iss. 4, 2015, p. 37.
③ Kaare Strøm, "A Behavioral Theory of Competitive Political Parties", *American Journal of Political Science*, Vol. 34, No. 2, 1990, pp. 566-567.

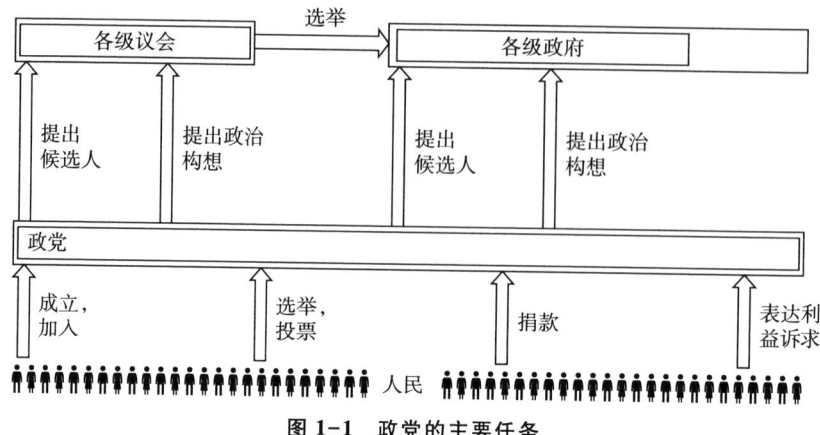

图 1-1　政党的主要任务

资料来源：Uwe Jun, „Parteien und Parteiensystem der Bundesrepublik Deutschland", *Informationen zur politischen Bildung*, Vol. 328, Iss. 4, 2015, p. 9。

参与选举；募集分配竞选资金，开展一系列竞选活动，从推举候选人、提出政治构想、分析民调结果到制作竞选广告；在选举之后，参与执政的政党可以发挥核心作用，确定政府高层人事安排，招募培养政治精英；进入议会的政党也可以不同程度地参与各项法律和政策措施的形成，监督和控制立法和政策的实施。出于自身规模、可支配资源、发展策略以及发展阶段的差异，不同政党可能选择聚焦全部或者部分功能以及优先任务。

一些学者从政党组织的角度进一步描述和区分政党的功能（见表1-1），卡茨（Richard S. Katz）和梅尔（Peter Mair）提出，政党在各个政治层级中的组织往往具有"三副面孔"：其一，"公共职务中的政党"（party in public office），这一面目集中表现在议会党团小组和政党把控的政府部门中，党内政要通过担任公职实现政党目标，并寻求连任和妥协；其二，"基层中的政党"（party on the ground），政党依靠党员、支持者以及政党基金会等与政党联系紧密的个人和团体，将其作为重要资源，并努力满足其对于政党的期待，夯实基层组织；其三，"中央组织中的政党"（party in central office），由政党领导机构和专职管理机构组成，以专门化方式组织运作，代表基层党员和政党利益，监督和控制政党在政府和议会中的表现。① 两位学者的这一理论广受认可，在政党研究中被其他学者反复引用。

---

① Richard S. Katz and Peter Mair, "The Evolution of Party Organizations in Europe: The Three Faces of Party Organization", *The American Review of Politics*, Vol. 14, Winter, 1993, p. 594.

达尔顿（Russell J. Dalton）和瓦滕博格（Martin P. Wattenberg）在其后提出的功能划分与卡茨/梅尔的模式一脉相承，但更为系统地概括了政党在现代民主政治中的功能，在学界中拥有较大影响力。达尔顿和瓦滕博格区分了政党的三种主要功能，分别是："选民中的政党"（parties in the electorate）、"作为组织的政党"（parties as organizations）和"政府中的政党"（parties in government），并阐述了政党在每个维度上的具体功能。[①] 作为选民中的政党，政党的任务是简化选民的选择，教育公民，创造认同和忠诚的符号，动员民众参与；作为组织的政党，政党的任务是招募政治领袖，谋求政府职位，培训政治精英，表达并集合政治利益；作为政府中的政党，政党的任务是获得政府多数票，组建政府各部委，组织异议和反对派，确保政府对其行为负责，控制政府的行政机构，促进政府的稳定性。

这两组划分均清晰体现了政党在政治制度中发挥的协调和纽带作用。作为专门化的政治和社会组织，政党在正式成立之后动员党员加入，获得一定社会资源；通过参与选举得到选民授权，获得表达、交流和实现民意的机会，集中代表相应社会群体的利益诉求和意识形态立场，将社会中的利益诉求带入国家的政治决策过程；通过自身的政策纲领和政治人事安排，引导和影响国家立法和公共政策的出台与实施。

尼德迈尔（Oskar Niedermayer）则从政治制度的基本任务出发梳理政党职能，在他看来，政治制度需要完成四项基本任务，与政党的核心职能逐一对应。其一，政策表达，讨论和做出政治决策。政党在此方面承担多项功能，一是利益表达功能，即在各种政治讨论中充分表达选民或党员的政治立场、诉求和利益；二是利益聚集功能，即在各种高度异质化的观点中寻找共同政治立场；三是利益转化功能，即把利益诉求直接转化到决策过程；四是参与功能，即组织动员公民参与政治生活。此外，尼德迈尔还细化区分了政党其他的相关功能，包括信息传递功能、动员功能、社会化功能等。其二，政策实施，落实各项既定决策。政党在此主要承担执政功能，即在政府体系中直接做出政治决策，担任公职并行使执政权力。其三，政策监督，监督政策实施的过程。政党在此主要承担监督职能，通过在政府、议会内以及议会外等各

[①] Russell J. Dalton and Martin P. Wattenberg, "Unthinkable Democracy: Political Change in Advanced Industrial Democracies", *Parties Without Partisans: Political Change in Advanced Industrial Democracies*, Oxford: Oxford University Press, 2000, pp.6-10.

种形式控制政策实施过程。其四，人事招募，招募政府部门的公职人员。政党在此承担招募功能，在各个政治层级物色和派遣合适的公职人员。①

表1-1 政党的主要功能

施托姆	卡茨/梅尔	达尔顿/瓦滕博格	尼德迈尔
争取选票	公共职务中的政党	选民中的政党	政策表达
争取政府职位	基层中的政党	作为组织的政党	政策实施
政策建构	中央组织中的政党	政府中的政党	政策监督
			人事招募

资料来源：笔者自制。

当前，西方民主政治整体上正在经历结构性转型，政党在政治生活中的功能和作用显著下降。以美国为例，政党的地位正日益为利益团体所取代，无论是在人事选拔、竞选活动还是在影响决策方面，政党的角色都逐步弱化：候选人由助选的金主敲定，无须获得政党支持；执政者不用从基层开始为政党服务，而是可以直接空降，政治的人事安排更多由政府机关、议员办公室、企业、智库、律所、利益集团、媒体共生的"议题网络"所决定或左右；竞选活动由专业运作的特别行动委员会进行，其背后是能源、金融、军工等各个领域的利益集团，立法机关对选区和所在州负责，议员无须服从政党和党团纪律。② 与此相比，政党在德国政治组织参与中的功能和作用仍旧不可替代，德国的选举几乎完全由政党组织并提供资金支持，其中部分资金来自国家财政，有志从政的党员一般从基层开始锻炼，在竞选以及地方各级议会中为政党服务，逐渐从理想激进的新人磨砺成圆滑世故的政治精英。德国政党依然凭借长期积累起的健全的组织资源以及在议会及政府中的参政议政活动，对于政治动员和公共舆论的形成过程发挥影响力。

（三）政党的类型

从历史发展脉络来看，自19世纪以来，欧洲出现过政治纲领、组织结

---

① Oskar Niedermayer, „Die Rolle und Funktionen von Parteien in der deutschen Demokratie", bpb, https://www.bpb.de/themen/parteien/parteien-in-deutschland/42035/die-rolle-und-funktionen-von-parteien-in-der-deutschen-demokratie/.

② Josef Braml, *Auf Kosten der Freiheit. Der Ausverkauf der amerikanischen Demokratie und die Folgen für Europa*, Köln: Quadriga Verlag, 2016, pp. 127-140.

构和行动策略大相径庭且各具特色的各种政党形态。迪韦尔热（Maurice Duverge）、萨托利（Giovanni Sartori）等学者都曾经从不同的维度和范畴出发，将历史上出现的各种政党进行类型学的划分。其中，基希海默（Otto Kirchheimer）具体区分了四种政党类型，分别是权贵党、群众性政党、全方位型政党（catch-all party）和卡特尔型政党，这一划分尽管不能涵盖主要政党类型，但仍可从组织结构和党员构成角度勾勒出最有代表性的政党类型。① 冈瑟（Richard Gunther）与戴蒙德（Larry Diamond）主要从组织结构的维度，考察并归纳得出五个大类的政党类型，分别是精英型（elite-based party）、大众型（mass-based party）、族群型（ethnicity-based party）、选举型（electoralist party）和运动型（movement party）政党，在这五个大类下，戴蒙德和冈瑟又细分了具体政党类型，例如，将运动型政党进一步划分为左翼自由党和后工业极右翼政党这两种类型；将选举型政党进一步划分为全方位型政党、纲领型政党和围绕政治领袖开展活动的个人型政党；而选举型政党也涵盖了帕内比昂科（Angelo Panebianco）提出的专业选民型政党类型（electoral-professional party）。②

卡茨和梅尔根据政党与国家以及公民社会关系的变化，将政党的发展划分为四个阶段，其中涵盖了几种极具特色的政党类型。③ 最早期的政党类型被描述为"精英党"（elite party）、"干部党"或"庇护型政党"（patronage party），多出现在议会内部，此时，参与政治还是少数人的特权，他们代表少数特权阶层，依据自身的优越地位对公共利益进行托管。随着工业革命的发展，19世纪末越来越多的人要求获得选举权和参与政治，政党开始大量吸收党员，并发展成为国家与公民社会间的桥梁，这一时期的主导政党类型是"大众型政党"（mass party），它们多在议会外形成，代表工人、农民等某个特定职业群体，党员基数较大。20世纪20~60年代，欧洲出现新的大众融合型政党。到60年代左右，大众型政党开始遭遇危机，曾经使各种社会群体聚合起来的政治诉求逐一实现，政治目标从社会改革转向社会改良，同

---

① Otto Kirchheimer, „Der Wandel des westeuropäischen Parteiensystems", *Politische Vierteljahresschrift*, Vol. 6, No. 1, 1965, pp. 20–41.
② Richard Gunther and Larry Diamond, "Species of Political Parties. A New Typology", *Party Politics*, Vol. 9, ., No. 2, 2003, pp. 172–173.
③ Richard S. Katz and Peter Mair, "Changing Models of Party Organization and Party Democracy. The Emergence of the Cartel Party", *Party Politics*, Vol. 1, No. 1, 1995, pp. 5–7.

时，媒介的发展丰富了政党竞选和宣传的手段，部分政党面向所有阶层开放，转型成为基希海默率先提出的全方位型政党。此类政党将各阶层民众作为潜在目标群体，刻意淡化传统意识形态的差异，争取吸引各个社会阶层的选民，这一概念在德语语境中演化为全民党（Volkspartei）。① 自20世纪70年代起，随着西方政治环境的变化，少数政党发展成为卡茨和梅尔所言的"卡特尔型政党"（cartel party），此类政党地位稳固，是国家的代理人，拥有并依靠巨大的国家资源，获得国家补贴，渗透融入国家机构，采取卡特尔的运作方式，有权动用国家层面的媒体限制政党竞争，确保自身的选举成功，并导致新政党的出现与发展变得困难。② 经过一个多世纪的演变，如今的大多数政党都已经由职业政客采取专业化的组织运作模式领导和管理，学者对于当前主导性政党类型的描述不一而足，比较有代表性的有帕内比昂科的"专业选民型政党"③、冯·拜莫（Klaus von Beyme）的"职业政客型政党"、乌韦·容提出的"专业大众传播型政党"，以及"现代干部党"和"媒体交流党"等类型。

卢卡迪为政党类型学提供了一个系统而清晰的分析框架，他从政党内涵特征的五个维度出发，总结划分了对应的政党类型。④

其一，在政治纲领和意识形态维度上，政党对于社会经济领域的分配原则、社会文化领域的价值观取向等诸多根本性问题存在截然不同的看法，单单从对国家与社会、国家与市场之间的相互关系这一基本问题的原则立场来看，就可以区分三大传统的政党家族，即自由党、社会党和保守党，此外还有其他以意识形态区分的政党类型，包括共产党、生态党、民粹党等。

其二，在政治制度中的目标取向与功能维度上，可以区分先知型政党、意识形态型政党、实用主义政党。先知型党的主要目标是推行自身的世界观和意识形态而非争取执政；意识形态型政党怀有一定的政治抱负，并争取执政和改变社会；而实用主义政党不受固定意识形态束缚，谋求上

---

① Otto Kirchheimer, „Der Wandel des westeuropäischen Parteiensystems", *Politische Vierteljahresschrift*, Vol. 6, No. 1, 1965, pp. 20-41.
② Richard S. Katz and Peter Mair, "The Cartel Party Thesis: A Restatement", *Perspectives on Politics*, Vol. 7, No. 4, 2009, p. 753.
③ Angelo Panebianco, *Political Parties. Organization and Power*, New York: Cambridge University Press, 1988, p. 264.
④ Paul Lucardie, „Zur Typologie der politischen Parteien", Frank Decker and Viola Neu eds., *Handbuch der deutschen Parteien*, Wiesbaden: Springer Fachmedien, 2013, pp. 61-70.

台执政。

其三，在历史起源与形成维度上，可以以建党来源来区分政党类型，新政党的成立可以是在议会内或者议会外，具体可以来自社会运动、公民倡议，也可以脱胎于已有政党的分裂、转型或者是已解散政党的重组。

其四，在组织结构维度上，可以区分权贵党、干部党、大众型政党和专业选民型政党，其中专业选民型政党是当前较为主流的政党类型，而新的政党组织形式不断出现，也催生出新的政党类型，例如所谓的"运动党"或"框架党"，此类政党的组织架构较为松散，主要依赖具有政治魅力的领袖人物，更多类似于由活跃分子促成的网络。

其五，在支持者结构维度上，又可以区分阶级党、客户党、全方位型政党、移民党、地区性政党等，欧洲有不少以区域自治甚至地区分离主义为宗旨的政党，它们主要在地区层面保有持久的影响力，例如意大利的北方联盟、苏格兰的民族党和德国南石勒苏益格选举联盟。

舒伯特（Klaus Schubert）和克莱因（Martina Klein）主要从组织形式及党员构成出发，区分了六种政党类型。其一，大众型政党（Massen-Partei），拥有较大规模的党员队伍和清晰的政党管理机构以及组织结构；其二，干部党（Kader-Partei），采取等级制和中央集权式的组织形式，党员接受干部的严格领导；其三，权贵党（Honoratiorenpartei），组织结构松散，主要由权贵担任全职或者名誉职务；其四，融合党（Integrationspartei），多根植于某一特定社会阶层，并影响其日常生活和社团生活；其五，现代全民党（Volkspartei），尝试以相对广泛的政治议题谱系赢取尽可能多的选民支持；其六，碎片化小党（Splitterpartei），也称"市议会党"，这些政党大多根植于地方层面，选民数量有限，其核心政治议题也相对狭窄。[1]

此外，尼德迈尔根据规模和影响力，将政党划分为四种类型。其一，大党（Großpartei），即指从得票率来看有能力在国会中组建执政联盟的政党，大党往往拥有较长的历史和建党传统，组织机构完备，党员人数众多，支持者广泛分布在各个社会阶层，是影响力卓越的全方位型政党，在较长时间里主导政党格局；其二，较小规模政党（kleinere Partei），即指所有其他进入了国会的政党；其三，小规模政党（Kleinpartei），指没有进入国会但至少进入

---

[1] Klaus Schubert and Martina Klein, *Das Politiklexikon*, Bonn: Verlag J. H. W. Dietz Nachf. GmbH, 4. erweiterte und aktualisierte Auflage, 2006, pp. 224-225.

了一个州议会或者欧洲议会的政党；其四，最小规模政党（Kleinstpartei），指没有进入欧洲议会、国会和州议会等政治层级议会的政党，这些小党往往只代表某个特定年龄、性别、族群或地区群体的利益。尼德迈尔指出，最小规模的政党还可以根据其重要性细分为无足轻重的政党和重要政党，其重要与否的界定标准是看其在最近一次选举中是否获得了1%及以上的得票率，或在最近一次国会和欧洲议会选举中是否获得了0.5%的得票率。[1] 与尼德迈尔类似，乌韦·容也笼统地将政党划分为大党和小党，他认为，大党亦即全民党，是典型的依靠其党员力量的政党，它们多拥有较大规模的党员队伍，活跃在各个政治层级，政治纲领涵盖范围较广，可以在较大程度上影响选民的价值观和政治观点，在选举中成功概率更高；反之，小党选举成果明显不及大党，往往专注于某些特定议题或者代表一定人群的特殊利益，但其对于一个政治制度同样重要，小党可以根据党员人数、组织结构分布、财政资源、组阁能力、决策影响力、社会接受度等各种综合因素，区分为建制派和非建制派的小党。[2] 这种分类法将规模和政治影响力作为划分依据，也不失为在错综复杂的政党谱系中把握政党类型的一种思路。笔者在此总结了以上几位有代表性学者关于政党类型的分类依据以及具体类型（见表1-2）。

表1-2 政党类型的分类

学者	卢卡迪					卡茨/梅尔等
划分依据	政治纲领和意识形态	目标取向与功能	历史起源	组织结构	支持者结构	与国家和社会的关系
政党类型	自由党 社会党 保守党 共产党 生态党 民粹党等	先知型政党 意识形态型政党 实用主义政党	社会运动 公民倡议 政党分裂 政党转型 政党重组	权贵党 干部党 大众型政党 专业选民型政党 运动党等	阶级党 客户党 全方位型政党 移民党 地区性政党等	精英党 大众型政党 全方位型政党 卡特尔型政党 专业选民型政党 职业政客型政党 专业大众传播型政党 现代干部党 媒体交流党

---

[1] Oskar Niedermayer, „Aufsteiger, Absteiger und ewig 'Sonstige': Klein-und Kleinstparteien bei der Bundestagswahl 2013", *Zeitschrift für Parlamentsfragen*, No. 1, 2014, p. 75.

[2] Uwe Jun, „Parteien und Parteiensystem der Bundesrepublik Deutschland", *Informationen zur politischen Bildung*, Vol. 328, Iss. 4, 2015, pp. 38-49.

续表

学者	基希海默	舒伯特/克莱因	尼德迈尔	戴蒙德/冈瑟
划分依据	组织形式和党员构成	组织形式和党员构成	规模和影响力	组织结构
政党类型	权贵党 群众性政党 全方位型政党 卡特尔型政党	大众型政党，干部党，权贵党，融合党，现代全民党，碎片化小党	大党 较小规模政党 小规模政党 最小规模政党	精英型，大众型，族群型，选举型，运动型

资料来源：笔者自制。

（四）政党制度的定义与类型

关于政党制度，尼德迈尔将其定义为"一个政治制度中的政党及其相互关系的总和"①，换言之，政党制度是由政党构成的，但同时也包含了政党之间的竞争互动与结果。政党类型和具体形态特征千差万别，而政党制度因各国政治制度、选举体制、历史发展和政治社会生态的差异同样表现出极大的差异性，可以归纳出不同的类型。

萨托利综合结构特征和内涵特征从是否具有竞争性的角度出发，将政党制度划分为竞争性和非竞争性两类。在非竞争性政党制度中，不允许或者仅允许非常有限的政党竞争；而在竞争性政党制度中，对于政党竞争不采取任何限制。萨托利进一步将非竞争性政党制度分为两类，即一党制和霸权党制，换言之，此类政党制度中要么只有一个政党，要么存在一个占绝对主导地位的政党。他将竞争性政党制度细分为四种类型，分别是两党制、温和多党制、极化多党制和一党主导制。其中，两党制是指两个政党轮流坐庄；温和多党制中有多个政党同时发挥影响力，政治极化程度较低；在极化多党制中，多个政党之间的意识形态差距较大；而在一党主导制中，由同一个政党长时间执政。②

萨托利的类型学划分涵盖了世界上多数政党制度，而尼德迈尔则聚焦欧洲政党制度，将政党的数量、得票率，尤其是政党在议会中所占议席比例作为分析政党制度结构特征的主要标准，对于政党制度进行了更为精确的分类

---

① Oskar Niedermayer, „Die Analyse von Parteiensystem", Oskar Niedermayer ed., *Handbuch der Parteienforschung*, Wiesbaden: Springer VS, 2013, p. 84.

② Giovanni Sartori, *Parties and Party Systems: A Framework for Analysis*, New York: Cambridge University Press, 1976, p. 125.

和界定。尼德迈尔区分了四种政党制度类型，分别是一党独大、两党占优势、多元化以及碎片化的政党制度，其中，一党独大是指一个政党在议会中获得绝对多数，从而有能力单独执政，第二大党最多只能占据 1/4 的议席，议席份额最多是第一大党的半数；两党占优势是指两大党的得票率加在一起必须超过某一最小规模，这两党的规模基本旗鼓相当，并与第三大党之间保持较大差距；碎片化的政党制度是指进入议会的政党数量超过 5 个，从而使得政党在议会内的影响力相对分散；多元化的政党制度则是指进入议会的政党数量不超过 5 个，且不属于一党独大和两党占优势的结构类型（见图 1-2）。① 如果按照这一分类标准，则当前很多欧洲国家政党制度都可以归入碎片化的类型，就连德国这样保持较高政治稳定性的国家也日益从多元化政党制度向碎片化的政党制度过渡。

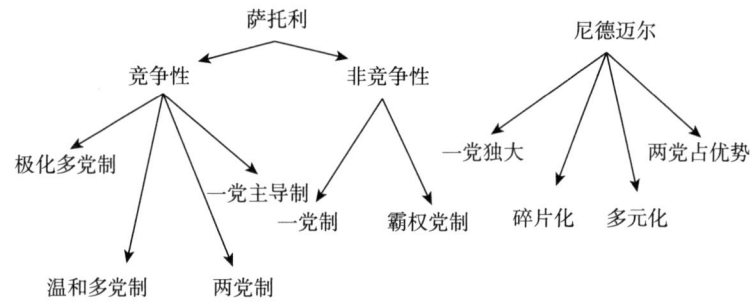

图 1-2　政党制度的类型

资料来源：Giovanni Sartori, *Parties and Party Systems：A Framework for Analysis*, New York：Cambridge University Press, 1976, p.125。

二　政党的成立与兴起根源

在当今西方政党体制中，个人的社会化过程以及政治参与方式日趋个性化和多元化，政党在政治生活中的影响力不同程度地式微，与此同时，各种新成立的政党不断涌现，政党制度仍然保持了较强的活力。如果单纯从组织机构来源看，新成立的政党可以脱胎于现有政党的分裂、合并，或是源于已解散的政党重建，也可以形成于新兴社会运动之中。以德国若干政党为例，

---

① Oskar Niedermayer, „Von der Zweiparteiendominanz zum Pluralismus：Die Entwicklung des deutschen Parteiensystems im westeuropäischen Vergleich", *Politische Vierteljahresschrift*, No.51, 2010, pp.2-4.

联盟党和自民党是在二战结束之后,基于历史上在德意志帝国和魏玛共和国时期曾经存在过的保守天主教政党和自由民主主义政党重新成立;在联邦宪法法院 1956 年裁决对德国共产党(KPD)实施党禁之后,西德共产党人于 1968 年重组成立了德国的共产党(DKP);劳动与社会公正选举联盟(WASG)2005 年从社民党左翼和亲工会力量分裂而来,并进一步在 2007 年与民主社会党(PDS)合并成立德国左翼党;而绿党的建党则源于 20 世纪 70 年代的绿色环保和反核能运动。

从 19 世纪以来,学界对政党形成和发展的原因及成功要素的研究不断深入,提出了多种较有影响力的理论,各种观点及切入视角不尽相同,充分考察了政党成立背后复杂多元的深层动因,包括历史和政治环境因素,选举体制等制度性因素,经济形势、失业现象等经济因素,以及社会结构、社会思潮变化等社会因素。这其中最为经典、最具影响力的理论首推由政治和社会学者贡献的社会分歧理论和社会环境理论,为观察政党和政治思潮的兴起提供了有力的分析工具。其背后的基本逻辑是:一个国家的社会结构决定其政治制度,考察社会结构以及与此相关的社会心理,可以为政党的创立和勃兴的根源提供具有说服力的解释。

(一)社会分歧理论

社会学和政治学者李普赛特(Seymour Martin Lipset)和罗坎(Stein Rokkan)1967 年提出社会分歧理论,其使用的分歧(cleavages)一词在选举研究中普遍采用,是理解选民政治行为的重要概念。分歧既可以是政治分歧,也可以是社会分歧,意指在个人、社会群体或组织之间围绕某个有争议性的问题立场不同,实际也是基于阶级、种族、宗教或者地域等特征的差异长期形成的一种社会冲突。[①] 分歧作为一种理想类型的建构,指向每个有争议性的政治或社会问题和社会矛盾,借助分歧的概念,不仅可以描述社会生态,将社会群体划分为对于某一根本性问题所持立场的支持者和反对者,区分不同社会群体间的利益与价值分野,而且可以描述政治生态,厘清选民在政治体制中的政治归属和政治分野。在选举社会学看来,政党的产生是为了

---

① Seymour M. Lipset and Stein Rokkan, "Cleavages Structures, Party Systems and Voter Alignments: An Introduction", *Party Systems and Voter Alignments: Cross National Perspectives*, New York: Free Press, 1967, pp. 2-5.

代表不同社会群体或社会组织的物质或精神利益,① 那些引发重大争议和立场差异的原则性政治或社会问题,恰恰也是政党产生的动力源泉以及开展政治竞争的主要领域,作为结果,各种不同类型的政党正是这些社会分歧在政治层面上的体现。当然,其他分歧,例如阶级、地区、意识形态等也是客观存在的,但是并非所有的社会分歧都会导致全新政党的产生。

李普赛特和罗坎明确指出,社会分歧在历史上对于欧洲政党体制的形成发挥了重要作用。随着19世纪民族国家的形成和工业化进程的发展,西欧社会出现了四组社会分歧(见图1-3):一是"中心-边缘"分歧,该分歧源自伴随着民族国家的形成而产生的中央与地方之间的矛盾,主要体现在当时的普鲁士和其他各邦国特别是南部一些邦国间的冲突,在当今联邦德国的政治体制中几乎不再发挥作用;二是"城市-农村"分歧,该分歧是工业革命和现代化进程带来的,城市与农村的分歧在当时主要是东易北河地区的大地主和工业家之间的冲突,保守派成为农村利益的代言人,而自由派成为城市企业家的代表,自二战之后,受到联邦德国经济奇迹以及居民移居等因素影响,此种分歧逐渐失去了原有的重要性;三是"资本-劳动"分歧,该分歧同样是随着工业革命和现代化进程形成的,导致了工人阶级政党的产生,与主张市场自由主义和代表资方利益的政党形成对峙;四是"国家-宗教"分歧,该分歧的产生可以追溯至宗教改革时期,国家与宗教的分歧导致在普鲁士产生了德国中央党,成为天主教的政治代表,与主张世俗化的政治力量形成对峙。

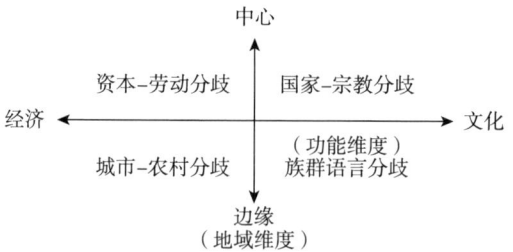

图1-3 历史上西欧社会分歧模型(李普赛特/罗坎)

资料来源:Frank Decker, „Jenseits von Links und Rechts. Lassen sich Parteien noch klassifizieren?", *Aus Politik und Zeitgeschichte*, No. 46-47, 2018, p. 22.

---

① Dieter Nohlen and Florian Grotz eds., *Kleines Lexikon der Politik*, fünfte, überarbeitete und erweiterte Auflage, München: C. H. Beck, 2011, p. 319.

在德国,"资本-劳动"和"国家-宗教"这两组分歧在19世纪的后30年发挥了重大的作用,通过俾斯麦时期打压天主教势力的文化斗争政策以及针对社会民主运动出台的《反社会党人法》得到固化,形成了相应的选民阵营,这一传统在魏玛共和国时期及至纳粹统治下也未曾丢失,直到20世纪50~60年代,"国家-宗教"分歧(社民党、自民党对基民盟/基社盟、中央党)和"资本-劳动"分歧(基民盟/基社盟、自民党对中央党、社民党)仍旧是联邦德国两大主导性的社会分歧和政治分野(见图1-4)。① 因为这两组分歧并不重叠,而是相互交叉,在一组分歧中处于同一阵营的两个政党可能在另一组分歧中处于对峙状态,因而在当时的政党格局中出现了基民盟/基社盟、中央党、社民党和自民党等四大党派对峙的局面。

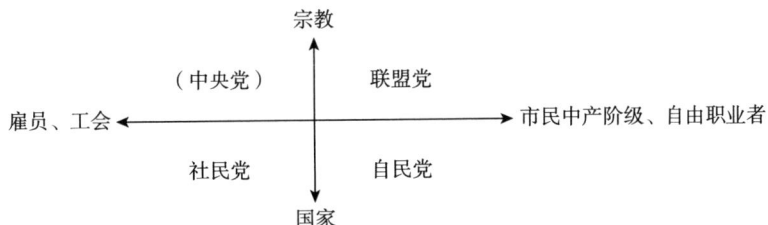

图 1-4 20世纪50~60年代联邦德国的社会分歧与政党分布

资料来源:Ulrich von Alemann, *Das Parteiensystem der Bundesrepublik Deutschland*, 4. vollständig überarbeitete und aktualisierte Auflage, Wiesbaden: VS Verlag für Sozialwissenschaften, 2010, p. 120。

随着二战后西欧产业结构的不断变化和世俗化进程的持续,这两大主要社会分歧在70年代逐渐重叠,融合为左右阵营之间的对立:社民党代表以工人阶级、新中产阶级为代表的左翼政党;基民盟/基社盟代表有基督教信仰、企业主、旧中产阶级的保守右翼政党;自民党主张实行自由经济政策,保护中小企业的利益,同时主张维护公民权,其规模远不及其余两党(见图1-5)。

```
              社民党              联盟党  自民党
  左翼 ←─────────────────────────────────→ 右翼
```

图 1-5 20世纪70年代联邦德国的政党分歧

资料来源:笔者自制。

---

① 德国中央党是德国历史最悠久的政党之一,20世纪50~60年代仍获得一部分信仰天主教的工人阶级选民支持,但渐渐被基民盟所取代,如今仅仅是一个小党。

20世纪70年代末期，政治学家英格尔哈特（Ronald F. Inglehart）基于马斯洛（Maslow）的需求层次理论①提出了价值观变迁理论，认为在一个物质水平已经达到一定标准的后现代社会，人们的价值观念会发生变迁，不再看重金钱、财物等物质主义的富足，而更倾向于追求后物质主义价值观，如和平、妇女解放、生态环境保护等。② 由此，西欧出现"物质主义-后物质主义"这一组新的、基于价值观导向的社会分歧，体现在形形色色的新社会运动中。新社会分歧的出现带来政治文化的变迁，一个全新类型的政党——绿党应运而生，成为后物质主义价值观的政治代言人（见图1-6）。

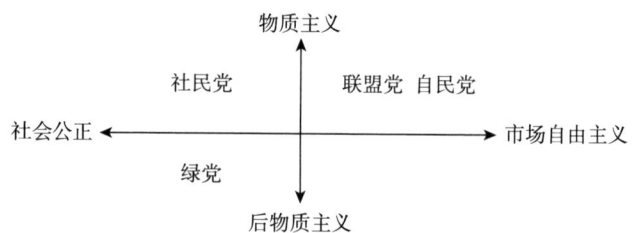

图1-6　20世纪80年代联邦德国的社会分歧与政党格局

资料来源：笔者自制。

冷战结束后，经济全球化自90年代迎来新一轮发展，欧洲社会结构和社会环境加剧重构，传统政党价值纽带更加松动，政党归属和政治效忠日渐解除，旧有的左右政治分野被打破，新的社会阶层、生活环境、生活方式和政治动员方式不断出现，"资本-劳动"分歧已经不再是反映欧洲社会主要矛盾的主导性分歧。欧洲大学学院政治和社会学者克里斯（Hanspeter Kriesi）提出"新社会分歧说"，清晰勾勒出欧洲文化价值观和社会文化心理在此种背景下经历的变迁和冲击。克里斯借助社会分歧理论工具，经过对西欧多国的实证调查得出结论，认为随着经济全球化的飞速发展，西欧出现了"融入-划界"（integration-demarcation）这一组新的、具有划时代意义的分歧。③ 与社会经济领域的"资本-劳动"分歧不同，新的分歧基于文化价值

---

① 马斯洛的需求层次理论将人类的需求分为五种，像阶梯一样从低到高、按层次逐级递升，分别为生理上的需求、安全上的需求、情感和归属的需求、尊重的需求、自我实现的需求。在低层次需求满足之后，人类才会去寻找更高需求。
② Ronald F. Inglehart, „Traditionelle politische Spannungslinien und die Entwicklung der neuen Politik in westlichen Gesellschaften", *Politische Vierteljahresschrift*, No. 24, 1983, pp. 139-165.
③ Hanspeter Kriesi, "Restructuration of Partisan Politics and the Emergence of a New Cleavage Based on Values", *West European Politics*, No. 3, 2010, pp. 673-685.

观，出现在社会文化领域，具体表现为自由开放与封闭划界、世界主义与社群主义、全球主义与民族主义、普遍主义与特殊主义之间的冲突与对立（见图1-7）。①"融入-划界"相应成为政党政治较量的新领域，绿党和选择党则成为两大对峙阵营的主要竞争对手。

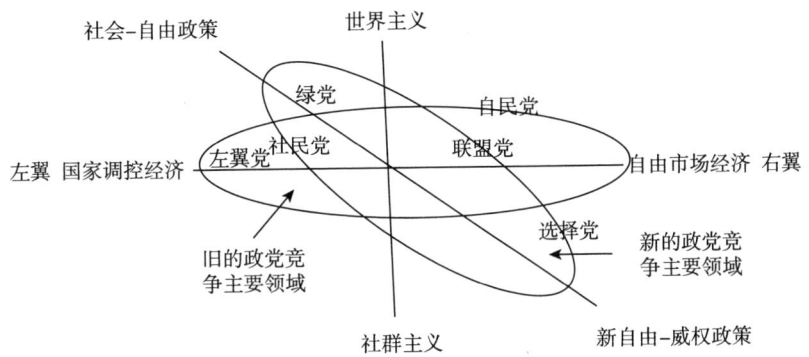

图1-7 当前德国的社会分歧与政党竞争的主要领域

资料来源：笔者自制，部分综合了Wrich von Alemann 与 Uwe Jun 的图表，参见 Ulrich von Alemann, *Das Parteiensystem der Bundesrepublik Deutschland*, 4. vollständig überarbeitete und aktualisierte Auflage, Wiesbaden: VS Verlag für Sozialwissenschaften, 2010, pp. 123-124; Uwe Jun, „Parteien und Parteiensystem der Bundesrepublik Deutschland", *Informationen zur politischen Bildung*, Vol. 328, Iss. 4, 2015, p. 36。

北卡罗来纳大学政党研究学者贝克（Ryan Bakker）等人基于专家观点得出的分析结果同样反映出德国当前主要政党的政治分野：在经济政策定位维度上，联盟党、自民党和选择党等右翼政党主张减少国家对经济的调控，左翼党、社民党和绿党等左翼政党更主张国家通过税收、规制和再分配等手段主动对经济进行调控；在生活方式维度上，联盟党、选择党偏好传统的生活方式，认为国家应当在维护社会团结共生方面承担道义责任，而绿党、左翼党则偏好后物质主义的自由生活方式，社民党和自民党这样的传统政党也日益偏向后物质主义。②

（二）社会环境理论

社会环境（social milieu）是另一个描述政党及政党制度所依托社会结构

---

① Philip Manow, *Die Politische Ökonomie des Populismus*, Berlin: Suhrkamp Verlag, 2018, p. 14.
② Ryan Bakker et al., *2019 Chapel Hill Expert Survey*, University of North Carolina, Chapel Hill, 2020.

的研究视角和分析工具,其基本出发点是:人类日常生活方式受到文化、价值观念、思潮、制度、原则等观念性因素的作用和影响,可以通过社会环境来划分社会群体,不过,社会环境不仅涉及社会文化维度,同样也涵盖受教育程度、职业状况和收入水平等社会经济维度。社会环境的概念本身在社会科学中得到广泛使用,最早是由法国文艺理论家丹纳(Hippolyte Taine)在19世纪提出,并在20世纪上半叶盛行一时,其中最有影响力的分支首推德国社会学者雷普修斯(Rainer Lepsius)在20世纪60年代基于德国社会的历史发展所提出的"社会道德环境论",以由宗教传统、阶级构成等结构性维度历史叠加形成的社会结构来解释选民的选举行为和德国政党的社会根源。雷普修斯认为,德国直到20世纪20年代一直存在四种社会道德环境,分别是天主教环境、新教-自由环境、新教-保守环境和工人环境,德国的政党组织和政党政治冲突正是围绕这四种社会道德环境展开,例如社民党和中央党就分别是工人环境和天主教环境的政治代言人。[①] 雷普修斯的理论学说对于后续的社会环境研究产生了一定影响。

二战之后,社会学者更多采用阶级和阶层而非社会环境的概念来研究社会结构,致使社会环境理论一度失去影响力。不过,这一情况到80年代有所改观,随着战后社会福利制度趋于完善,社会目标从改革转变为改良,欧洲国家社会的经济状况和社会结构相应发生变化,大量民众持续改善个人社会经济境遇,提高受教育程度,向上流动成为社会的中流砥柱,新兴中间阶层的队伍日渐壮大,旧有的阶级和社会对峙被打破,同时,持久繁荣的乐观情绪也推动民众的思维方式、生活方式与行为方式脱离阶层归属感的束缚,变得更加多元化和分散化。在这一背景下,社会环境理论在80年代再度受到追捧,推动了以德国海德堡西努斯研究所(SINUS-Institut)和柏林西格玛研究所(SIGMA-Institut)为代表的社会环境实证研究。其中,西努斯研究所自80年代起将社会环境作为考察对象,采取数据分析、问卷等各种研究方法,对各国的社会形态开展长期的定性定量分析,依据民众文化生活方式和价值观的基本取向划分不同的社会环境类型,并量化分析各种社会环境所占的比重。

以德国为例,根据西努斯研究所的最新分析结果,当前的德国社会可以

---

① Stefan Hradil, „Soziale Milieus-eine praxisorientierte Forschungsperspektive", *Aus Politik und Zeitgeschichte*, No. 44-45, 2006, p. 3.

划分成十类特征各异的社会环境，其中，保守优越环境、后物质主义环境和业绩派（Performer）都归属于主导环境；后现代前卫环境和新生态主义环境属于未来环境；自我适应的实用主义中间派、消费享乐主义环境和不稳定就业环境属于现代主流环境；而怀旧市民环境和保守环境都属于传统主流环境。表 1-3 描述了各类社会环境的典型特征，例如，后物质主义环境是当前主导的社会环境类型之一，该群体是现代化和全球化进程的受益者和拥戴者，对自身经济社会条件较为满意，受教育程度普遍较高，强调个性化和自我实现，超越物质主义的价值取向，更容易接受公共福祉、后增长、可持续发展和多元文化主义等后物质主义思想观念；与此相反，怀旧市民环境是典型的传统主流环境，其相对应的群体属于传统的中产阶层，偏好取得社会共识，在全球化浪潮的冲击下安全感下降，担忧自身会滑向社会底层，希望维持稳固的经济社会地位，观念上比较怀旧保守。

表 1-3　西努斯研究所界定的社会环境类型

社会环境	主要特征
主导环境	
保守优越环境	传统保守精英阶层，拥有典型的责任伦理，要求秩序与平衡，社会领导角色日益受到侵蚀
后物质主义环境	积极独立的教育精英，拥有后物质主义价值根源，自我发展与公共福利取向相结合，奉行后增长和可持续理念，主张多元主义
业绩派	奉行效率导向和进步论的精英，具有自由主义和全球化经济思维，主张自我责任，熟悉技术与数字
未来环境	
后现代前卫环境	具有创新精神的后现代精英，城市、时尚的世界主义者，熟悉数字化生存，勇于尝试非常规的体验和新的边界
新生态主义环境	思想进步的实用主义者，积极乐观，全球转型的推动者，主张新的混合价值观
现代主流环境	
自我适应的实用主义中间派	调整适应能力强，效用思维，极其需要归属感，对于社会现实的不满和不安全感日益上升
消费享乐主义环境	注重消费和娱乐的中下阶层，看重当下享受，对于可持续和政治正确性话语日益厌烦
不稳定就业环境	努力向中产阶层看齐，时常遭遇社会歧视和排斥，有被边缘化的感觉

续表

社会环境	主要特征
传统主流环境	
怀旧市民环境	偏好社会的和谐共生，希望经济社会地位稳固，日渐产生力不从心和滑向底层的担忧，怀念旧时代
保守环境	热爱安全感和秩序感的老一代，囿于小市民时代和传统的劳动者文化，日渐接受新的可持续标准

资料来源：„Sinus-Milieus Deutschland", *Sinus-Institut*, https://www.sinus-institut.de/sinus-loesungen/sinus-milieus-deutschland/。

西努斯研究所对于这十类社会环境在德国社会中的占比持续进行动态分析，甚至分析和展示其地理分布，其最新研究结果显示，各类社会环境的占比较为均衡，充分体现出当前德国社会环境的复杂多元，各种保守和未来的生活和思维方式并存（见图1-8）。

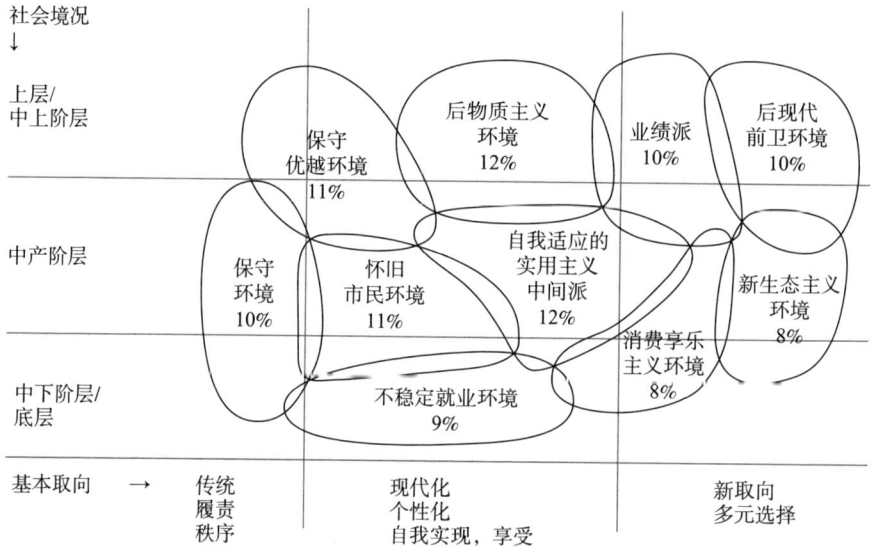

图1-8 当前德国的社会环境分布

资料来源：„Sinus-Milieus Deutschland", *Sinus-Institut*, https://www.sinus-institut.de/sinus-loesungen/sinus-milieus-deutschland/。

当然，社会环境作为一种社会建构得出的概念，将秉承类似基本取向和生活方式的群体划分为同一类型，而在现实中，各种社会环境群体内部未必存在认同感，相互之间的边界也是模糊的、流动的。尽管如此，社会环境理论仍旧对于理解和分析政党的起源以及政党与社会之间的互动关系提供了极具说服力的视角。

三 政党的发展阶段与成功要素

(一) 政党发展阶段理论

政党在成立之后经历哪些发展阶段，又有哪些因素影响和决定政党能否取得政治成功？在描述新兴政党的发展阶段尤其是政党在整个政党体制中地位作用的质变方面，丹麦学者彼德森（Mogens Pedersen）在1982年提出政党生命周期理论（party lifespan approach），对于其他学者产生了极大的影响。彼德森认为，政党在整个政治体制中类似生物学的细胞，有着自身的生命周期，既经历成长与上升阶段，也可能经历衰落与死亡，政党在发展过程中需要迈过四道"门槛"：第一，宣布参选（declaration），即宣布决定参加选举角逐；第二，获得许可（authorization），即完成相关程序，获准参与竞选活动；第三，进入议会（representation），即在选举结束之后成功进入议会；第四，体现重要性（relevance），在如何衡量政党重要性的问题上彼德森参考了萨托利的评价标准，主张一个政党的重要性要么表现在具备组阁潜力，被其他政党纳入组阁的考量，要么具备"勒索"潜力，即该党的存在或出现影响到其他政党的竞争策略，尤其是改变了政党竞争的基本方向。① 换个角度来看，这四道门槛的提法实质上也就是政党进阶的四个阶段。

在分析西欧绿党发展的过程中，穆勒-罗密尔（Ferdinand Müller-Rommel）1993年将彼德森的理论与李普塞特和罗坎的西欧政党体系理论相结合，在此基础上提出政党在发展过程中必须跨越三大门槛：第一，选举动员（electoral campaigning），即提名本党参加地方选举的候选人，完成法律前提条件；第二，进入议会（representation in parliament），即争取进入国家议会；第三，参与执政（government participation）。②

尼德迈尔在2010年发表的《政党体制中新政党的成功条件》一文中，对上述学者尤其是彼德森的模式进行了反思和综合，在此基础之上，以德国

---

① Mogens Pedersen, "Towards a New Typology of Party Lifespans and Minor Parries", *Scandinavian Political Studies*, No. 1, 1982, pp. 6-8.

② Ferdinand Müller-Rommel, "The 'Lifespan' of Green Parties in Western Europe: An Evaluation", Erik Baltz, Sven Kosanke and Susanne Pickel eds., *Parties, Institutions and Preferences. The Shape and Impact of Partisan Politics*, Wiesbaden: Springer VS, 2022, p. 127.

政治体制作为参照框架，提出了衡量新成立政党成功与否的五阶段理论。他认为，新兴政党必须经历参加选举、影响竞选、进入议会、纳入组阁考虑和参与执政这五个阶段。① 第一，参加选举，即新成立政党在联邦选举领导委员会登记在册，获得州议会或联邦议院的参选资格。与彼德森不同的是，尼德迈尔认为，一个社会团体只有事实上而非只是口头宣布参加选举才能被界定为政党。第二，影响竞选，即新成立政党的存在和活动影响到政党竞争的策略，促使其他政党做出相应的策略调整。关于政党重要性的问题，尼德迈尔的判断也与彼德森的看法不一致，他认为在这一阶段的新政党对其他政党而言已经具备重要性，而且政党不一定非得进入议会才具备"勒索"潜力。第三，进入议会，这意味着新政党进入州议会、联邦议院或者是欧洲议会，若其能够达到此阶段，表明该党获得了相当数量选民的支持；而如果能够进入联邦议院，更是标志着该政党的发展迈上了一个新台阶，能够在全国范围内发挥更大的政治影响力。第四，纳入组阁考虑，在这一阶段，新政党由于进入议会而拥有参与组阁的潜力，其他政党可能考虑与之组阁以获得议会多数席位，不过，这里重要的不是看其与其他政党的得票率相加可以达到多数票即可，而是要看该党是否原则上被纳入其他政党实际的组阁考量。第五，参与执政，新政党成为执政联合伙伴，从而达到政党上升阶梯的最高阶段。在2013年关于海盗党发展的著述中，尼德迈尔又新增了接管政权这第六个阶段，即成为主要执政党。②

此外，德国学者德克尔（Frank Decker）将新兴政党的发展轨迹归纳为三个阶段。在第一阶段，新政党必须提出自身独具特色的政治纲领，充分调动被现有政党忽视的选民群体。在这方面，只有单一议题的政党的存活概率远不及拥有多个议题的政党，毕竟这个单一议题很有可能也被其他政党所吸收采纳。在第二阶段，新政党需要积累人力资源，代表本党进行对外宣传、吸纳党员和扩展影响力的工作，解决在党派成立初期经常遇到的组织机构不成熟、不完善的问题。在第三阶段，新兴政党的任务就是进一步加强组织建设，确保其组织结构能够不受人员变动和议题变化的影响冲击，同时培养自

---

① Oskar Niedermayer, „Erfolgsbedingungen neuer Parteien im Parteiensystem", *Zeitschrift für Parlamentsfragen*, No. 4, 2010, p. 839.

② Oskar Niedermayer ed., *Die Piratenpartei*, Wiesbaden: Springer VS, 2013, p. 9.

己的铁杆选民。①

对比表1-4中的各类政党发展阶段理论可以看出，彼德森、穆勒-罗密尔和尼德迈尔均聚焦政党能否成功争取公共职务包括政府和议会的公共职务，将其作为划分发展阶段和门槛的依据；与之不同的是，德克尔更多着眼于政党在组织建设方面任务完成的情况，以此区分不同的发展阶段。

表1-4 各类政党发展阶段理论比较

彼德森	宣布参选		获得许可	进入议会		体现重要性
穆勒-罗密尔	选举动员		进入议会		参与执政	
尼德迈尔	参加选举	影响竞选	进入议会	纳入组阁考虑	参与执政	接管政权
德克尔	提出政治纲领		积累人力资源		加强组织建设	

资料来源：笔者自制。

（二）政党竞争理论

在西方民主国家的政党体制中，政党的政治活动主要围绕一个核心目标展开，即参加从国家到地方各层面的选举，并争取获得尽可能多选民的选票，政党之间为此展开自由竞争。美国学者唐斯1957年率先从经济学视角出发，运用经济学原理解释政党竞争这一政治现象，在经济学与政治学之间建立了某种统一性。他将经济学中关于"理性人"和理性选择的基本假设引入了对政治行为的实证分析，分析投票人、政党和联合政府等行为体的政治行为意图和影响因素，并建立了政党竞争的民主模型。唐斯认为，政党主要是围绕着意识形态的分野展开竞争，具体涉及的问题是政府对于经济的干预度有多大，无论是新政党还是已经存在的政党都不能脱离一定数量选民的支持独立存在。具体到新兴政党的起源，唐斯运用了霍特林（Harold Hotelling）的空间市场理论来研究选民的偏好分布与政党意识形态的变动，提出了新兴政党产生的主要前提条件是选民在从左到右的政治标尺上偏好分布的变化，这些变化有可能是任何产生社会动荡的事件带来的，例如普选权的扩大或者战争带来的传统观念衰落，现有政党意识形态的运动也有可能带来新政党的产生。唐斯进一步认为，选民的偏好分布变化还决定了新政党的作用是取代

---

① Frank Decker, *Parteien und Parteiensysteme in Deutschland*, Stuttgart: Kohlhammer, 2011, pp. 57-58.

现存政党还是仅仅是影响其政策立场,在这里应当区分两种不同类型的新政党:一类是现实型政党,创建政党就是为了赢得选举,为了达到这一目标,该政党应当代表一大批任何现存政党都无法代表的投票人的观点;另一类是影响型政党,成立的动因是为了影响现存政党,促使它们改变或者不改变某项政策。①

唐斯的研究成果为其他学者进行政党研究提供了新的研究视角与研究路径,德国学者尼德迈尔在其基础之上进一步发展出了较为系统的政党竞争理论框架。在他看来,政党竞争对西方政党体制的变化产生决定性作用,政党体制的发展变化是由政党竞争的环境以及环境的变化导致的,由此,可以对引发政党的合并或拆分、政党的解散或者新政党的成立等政党体制结构变化的各种原因进行系统归纳。尼德迈尔认为,新政党在跨越各个发展阶段时的表现就像在市场上相互竞争的商家,所有的竞争都是由供应方、需求方和框架条件共同决定的,只不过在政党竞争中争夺的是"政治市场",政党是供应方,选民是需求方,政党能否在竞争中脱颖而出并巩固地位,同样取决于供求关系和市场框架条件这三方面的成功要素。②

第一,框架条件因素,包括外部环境、重大历史进程或者政治与法律制度等整体性因素。政党的生存和发展受到多个框架条件的制约。一是法律框架,尤其是政党法、选举法等政策与法律规定,例如,关于进入议会的门槛和对政党财政支持的规定尤其影响到小规模政党的生存,政党法和选举法的改革与修订也会对单个政党的发展起到推动或者限制的作用;二是国体,是联邦制还是中央集权制的国体,这个外部条件对于政党的发展也会产生或限制或促进的作用;三是媒体、协会和社会运动对政党的支持程度,这些因素构成了政党生存的社会和舆论环境,例如,新媒体的普及和数字革命以及生态环保运动的兴衰给政党竞争的内容和方式带来深远影响;四是经济、社会、生态、内政、外交的发展和重大事件,这些都有可能引发选民选举行为

---

① 〔美〕安东尼·唐斯:《民主的经济理论》,姚洋、邢予青、赖平耀译,上海世纪出版集团,2017,第115~119页;Steffen Kühnel et. al. eds., *Wähler in Deutschland: Sozialer und politischer Wandel, Gender und Wahlverhalten*, 1. Aufl., Wiesbaden: Verlag für Sozialwissenschaften, 2009, pp. 37-38。

② Oskar Niedermayer, "Erfolgsbedingungen neuer Parteien im Parteiensystem", *Zeitschrift für Parlamentsfragen*, No. 4, 2010, p. 840.

以及政党策略的变化，例如，两德统一或者欧债危机等重要进程极大改变了德国的政党竞争态势。

第二，需求方的因素，主要是指影响选民选举行为的各种要素，包括若干方面的具体内容。首先，围绕着重大原则性政治或社会问题产生的社会分歧，这些分歧往往与经济、社会和文化转型进程有关，基于不同的价值导向引发重大争议和立场差异，也是政党竞争的主要领域，新的社会分歧也会影响选民的偏好和行为方式，引发政党竞争领域的新变化；其次，选民与政党的长期关联程度，根据后文提到的密歇根学派的因果关系漏斗模型，这是影响选民选举行为的长期因素，从长远看，政党成功与否取决于能否扎根社会并夯实自身的铁杆选民队伍和社会基础；再次，选民的利益和可组织性，主要是指政党能否找准并且成为选民利益诉求的代言人；最后，选民对于政党的认识，包括选民对于相关政治议题及政党高层政要的偏好程度等。

第三，供应方的因素，主要涉及政党及其对手所拥有的各种资源、能力以及自我定位。首先，政党及其对手的组织建设情况，包括政党的成立、合并或解散，政党在组织结构、党员人数、领导人物、财务状况及资金来源等方面的情况，政党加强自身地位的动力，内部形成政治意志的过程，制定策略的能力，等等；其次，政党的政治策略选择，包括政党在动员选民方面的纲领路线、行动策略及组织策略，以及其他政党针对新兴政党采取的应对策略；最后，政党及其对手的议题及政治纲领，尤其是各个政党在主要社会分歧和重大原则性问题上的立场和定位。① 鉴于此，政党在参与竞争的过程中需要提供多方面的内容。对内，必须稳定和壮大党员队伍，巩固财务状况，广开资金来源，在内部形成政治意志的过程中平衡党内不同的利益和观点，统一认识、寻求妥协；对外，需要努力凸显核心特色，展示自身在重要社会分歧中的定位，提出切实可行的解决方案，引领公共政治讨论，宣传自身纲领立场，最大限度地动员支持者。尼德迈尔关于政党竞争理论的三方面要素详见表1-5。

---

① Oskar Niedermayer, „Erfolgsbedingungen neuer Parteien im Parteiensystem", *Zeitschrift für Parlamentsfragen*, No. 4, 2010, p. 840.

表 1-5 尼德迈尔的政党竞争理论

框架条件	供应方	需求方
法律框架 国体 媒体、协会和社会运动对政党的支持度 经济、社会、生态、内政、外交的发展和重大事件	组织结构、党员人数、领导人物、财务状况及资金来源、动员能力 政党的政治策略选择 政党及其对手的议题及政治纲领	基于不同价值导向的社会分歧 选民的偏好和行为方式 选民与政党的长期关联度 选民的利益和可组织性 选民对相关议题及政党高层政要的偏好程度 选民对政党的认识

资料来源：笔者自制。

从这三个方面成功要素各自的影响和限制条件来看，政党竞争的供应因素是由政党体制内政党的资源投入以及政治行动决定的；需求因素主要取决于选民的偏好和行为方式，同时又与经济、社会和文化的宏观转型进程息息相关；政党竞争的框架条件主要受到选举法的规定、政党筹款的规定以及禁令等法律法规的约束，同时也受到例如媒体技术的发展变化以及政治沟通方式的变化等方面的影响。① 当然，上述因素是否影响政党竞争结果，也因政党类型的不同而各异，此外，这三个方面的影响因素相互之间也有不少重叠之处，其中的界限难以界定，社会分歧既反映出需求，也指导了供应方的行动，对于政党竞争的供需同时产生着结构性影响；而媒体、协会、社会运动以及内政外交发展中的重大事件，既可以视为影响政党竞争的整体框架条件，也可以视为需求方面的社会环境因素。尽管如此，尼德迈尔的政党竞争理论仍然为分析和解释政党成功原因提供了一个极其清晰的分析框架，因而被其他政党研究者大量借鉴，用于分析政党发展走向与入选结果。

四 选举结果的决定因素

选举是西方民主政治生活中最重要的活动和政党最主要的目标，政党力量此消彼长，每次选举都是政党格局重新洗牌的机会。政党研究学者对于影响政党选举结果的长短期因素以及政党结盟行为的理论研究成果，为深入理解选举过程中选民行为和政党行为背后的规律提供了有益的分析工具。

---

① Oskar Niedermayer, „Von der Zweiparteiendominanz zum Pluralismus: Die Entwicklung des deutschen Parteiensystems im westeuropäischen Vergleich", *Politische Vierteljahresschrift*, No. 51, 2010, p. 8.

(一) 因果关系漏斗模型

密歇根学派较早提出了解释选民选举行为的因果关系漏斗模型①，尽管其理论学说只是基于对美国选民这个特定群体在特定时期（1956 年总统大选）选举行为的分析，但为今后几十年的相关学术研究奠定了权威的分析基础，产生了广泛和深远的影响。在 1960 年的经典著作《美国选民》中，以坎贝尔（Angus Campbell）等人为代表的密歇根学派建构了因果关系漏斗模型，用以分析解释政党胜选的原因。其主要观点是：候选人、政治议题和政党认同这三大因素构成因果关系漏斗，共同影响选民的选举决定，其中，候选人和政治议题是两个短期因素，位于漏斗底部，位于漏斗上端的政党认同是长期因素。②

在候选人因素方面，政党推出的候选人作为政党的"面孔"，在竞选活动中直接代表政党与潜在的选民进行互动，是否具备政治领袖的个人魅力和影响力，能否在竞选集会中感染和打动民众，影响选民投本党一票，这一点对于很多选民做出选举决定产生极大的作用。正因如此，政党普遍重视选拔有志竞选重要职位的候选人，让其先在基层开始历练，在从地方到全国的各级议会中为政党服务，而后逐渐从新人磨砺成政治精英。大量选举案例充分显示，候选人的选择往往体现政党希望向选民传递的政治信息，例如，希望彰显本党候选人保守稳健、年轻有活力的特点，或是突出候选人务实有能力的特点，候选人的表现也时常影响选民对于政党的好恶。

在政治议题因素方面，政党高度重视选民在大选当前最关心的热点问题，在竞选中推出的政策重点也大都围绕着这些话题展开，提出有针对性的解决方案和竞选纲领。选民长期关注的话题有社会公正、经济形势、教育、养老以及气候保护等。短期的关注和情绪往往受到政治、经济或社会领域一些重大现实问题的左右，例如在欧债危机的背景下，欧洲各国选民最关心的问题是经济形势、失业和欧元的前景；在难民危机的背景下，选民的关注点更多转向社会治安以及移民政策。与此相应，政党抓住选民的这些重大关切，提出自身在这些政治议题上的基本立场和政策特色，往往能更有效地吸引选民的注意力。

在政党认同因素方面，密歇根学派的一个重要研究结论是：大多数选民

---

① 该模型通常也按其提出地点被称为安娜堡模式（Ann-Arbor-Modell）。
② Angus Campbell et. al., *The American Voter*, Chicago: The University of Chicago Press, 1960.

的选举行为都是基于对于某个政党的长期忠诚度，选民的社会属性（例如族群归属）、社会身份（例如职业）和家庭环境都会影响其对政党的归属感。无论是雷普修斯的社会道德环境论，李普塞特与罗坎的社会分歧理论，还是其他相关理论，都深入剖析了政党与宗教、地区传统、经济状况、文化导向、阶级构成等结构性维度叠加而成的基本社会结构之间的关系，揭示了政党铁杆选民阵营的社会根源，解释了政党体制保持稳定的原因。政党也多会重点面向铁杆选民不断巩固和强化自身的纲领特色内涵，拉紧与这些选民之间的联系纽带，从而保障选举结果的基本盘。

自密歇根学派提出因果关系漏斗模型以来，欧美国家整体的政治条件与社会环境均发生了巨大变化，20世纪早期政党与社会环境之间的传统联系日益松动，尤其自七八十年代以来，个人生活受到商业趋势、消费文化、媒体渗透、个性解放以及其他时代精神的影响，选民不太可能停留在固有的社会环境中，难以长期维系对于某个政党的忠诚度。① 具体到选举行为上，就表现为摇摆选民增多，甚至可能选择不参加选举，政治市场日益复杂难料。随着西方政党体制走向职业化和媒体化，新技术革命的迅猛发展为新老政党的政治动员提供了新渠道，在这样的背景下，候选人的选择日益重要。一些学者也发现，关注政治领袖和选民关心的话题更容易把握大选的总体走向。整体而言，密歇根学派提出的这三个决定因素仍在继续发挥影响，有助于分析大选结果和选民选举行为，不过，相对于政党认同这个长期因素，候选人和政治议题这两个短期因素变得越发重要。

（二）政党联盟理论

受选举体制和多党制政治传统的影响，不少西方国家难以实现一党单独执政，两党或多党联合执政成为常态。在这样的背景下，政党可能需要通过认可某项政策立场或避开某些争议性议题来争取与潜在组阁伙伴结盟，或是排除其他竞争者。② 如何组成执政联盟，在强调自身独立性的同时保持与潜在结盟伙伴在纲领议题上的兼容性，成为政党在选举中需要权衡的策略。自20世纪60年代以来，以政府组阁为研究对象的联盟理论也相应成为政治学

---

① Ulrich von Alemann, *Das Parteiensystem der Bundesrepublik Deutschland*, 4. vollständig überarbeitete und aktualisierte Auflage, Wiesbaden: VS Verlag für Sozialwissenschaften, 2010, pp. 125-133.

② Sabine Kropp, „Koalitionsoptionen vor den Bundestagswahlen 2017. Strukturelle Dominanz der CDU, begrenzte Möglichkeiten der SPD", *Neue Gesellschaft/Frankfurter Hefte*, No. 9, 2017, p. 38.

的一个学科领域和比较活跃的讨论分支。穆勒（Wolfgang C. Müller）认为，联盟理论是一个跨学科的研究领域，例如需要运用博弈论等经济学原理，不过重点仍在政治学。①

联盟理论认为，多党制并没有带来组阁的无限可能，政党在开展政府组阁之时主要看重的是政府职务、政策内涵等政治偏好。在各种联盟理论当中，早期较为系统的理论是由赖克（William Riker）在1962年提出的"最小获胜联盟"（minimal winning coalition）理论，该理论以选举得票率为计算基础，首要考虑政党争取政府职位（office-seeking）的行为模式和政治偏好。赖克认为，政党优先组成议席数尽可能少的执政联盟，所谓尽可能少是指缺少一个议席都无法达到上台执政所必需的议会多数，例如在议席总规模为100个的情况下这一数字为51，也就是说，联合执政各党的议席数相加应当超过且最接近51。莱泽森（Michael Leiserson）进一步认为，参与执政政党的数量也应当是尽可能少的，其原因在于"谈判成本"，这种成本不仅存在于组阁谈判的过程中，在执政过程中也是客观存在的，参与执政的政党越多，组阁谈判和维持执政联盟所需要付出的成本就越高，单个参与执政党的权重以及获益也相应越低。②

"最小获胜联盟"理论可以精确预测最有可能的组阁形式，例如在德国，最常见的执政联盟形式正是容易因为某一执政党退出就失去议会多数的"最小获胜联盟"。不过，此类理论的主要问题在于单纯考虑了选举结果和政党执政的意图，并在此基础之上通过计算得出单纯出于执政目的最有可能的联盟形式，但没有考虑各个政党的政策内涵与政见立场差距，以及实现政治结盟的现实可能性。事实上，并非两个政党得票率相加超过半数就代表可以组阁结盟，该理论也难以解释在西欧国家实际执政联合当中一些常见的结盟形式，比方说议席数未达到议会多数的少数派政府，以及执政联盟的议席总数或者参政党数目超过"最小获胜联盟"议会多数所必需的数量，即所谓"盈余联盟"（surplus coalition）的存在。

---

① Wolfgang C. Müller, „Koalitionstheorien", Ludger Helms and Uwe Jun eds., *Politische Theorie und Regierungslehre: eine Einführung in die politikwissenschaftliche Institutionenforschung*, Frankfurt/New York: Campus Verlag, 2004, p. 267.
② Wolfgang C. Müller, „Koalitionstheorien", Ludger Helms and Uwe Jun eds., *Politische Theorie und Regierungslehre: eine Einführung in die politikwissenschaftliche Institutionenforschung*, Frankfurt/New York: Campus Verlag, 2004, p. 270.

因此，以莱泽森为代表的一些学者对于以获取政府职务为目标的联盟理论进行了修正，提出了基于政策内涵的理论，主张政党在组阁之时同样需要考虑未来的政策内涵，故而应当更多在政策建构（policy-seeking）的行为模式下考虑组阁策略。其中，莱泽森 1966 年提出"最小范围联盟"（minimal range）理论，使用"范围"这一概念描述政党在政策和意识形态维度上的序位排列，范围越小，序位越小，意识形态也越接近。根据他的预测，最有可能形成的组阁形式不会包含已经超出形成议会多数所必需并且还扩大了政策立场范围的政党。从政党组阁的实践来看，纲领观点接近的政党事实上更容易结盟，同为左翼或者右翼阵营的政党往往是天然的结盟伙伴，一旦两者议席或者得票数相加超出半数，往往成为最有可能执政的组合形式。

德斯旺（Abram de Swaan）1973 年在莱泽森的理论基础之上进一步提出"序位最小范围联盟"（ordinal minimal range）和"区间最小范围联盟"（interval minimal range）这两种理论，两种理论的基本出发点都在于：执政联盟内部各党的政策和意识形态差距不会超出所有其他可达到议会多数的执政联盟形式中政党之间的差距。德斯旺在讨论联盟策略之时，综合考察了诸如超过议席半数、参政党数量控制、议席数量最小化、意识形态差距最小化、在政党光谱上更接近等多种特征和准则。阿克塞尔罗德（Robert Axelrod）则在 1970 年提出"最小关联获胜联盟"（minimal connected winning）理论，他首先从利益冲突的考虑出发，认为政策和意识形态差异越小，越有利于组成并维持执政联盟，而"最小关联获胜联盟"正是由政策立场最接近的政党所组成，并且所涵盖政策领域范围不会超过任何其他可能组合的执政联盟。表1-6 总结了这几种有代表性的政党联盟理论的基本情况。

表 1-6　较有代表性的政党联盟理论

联盟偏好	联盟理论	代表性学者	提出时间
争取政府职务	最小获胜联盟	赖克	1962 年
政策内涵	最小范围联盟	莱泽森	1966 年
	序位最小范围联盟	德斯旺	1973 年
	区间最小范围联盟	德斯旺	1973 年
	最小关联获胜联盟	阿克塞尔罗德	1970 年

资料来源：Wolfgang C. Müller, „Koalitionstheorien", Ludger Helms and Uwe Jun eds., *Politische Theorie und Regierungslehre: eine Einführung in die politikwissenschaftliche Institutionenforschung*, Frankfurt/New York: Campus Verlag, 2004, pp. 267–276。

除了上述理论，还有学者尝试将政府职务偏好和政策偏好结合起来，或者从组阁过程、新制度主义等角度出发提出了其他一些联盟理论，并从意识形态多样性、政策距离、政治体制的特征等方面入手分析了执政联盟的稳定性和存续时间问题。一些学者还关注到政治中间力量的结盟能力，即在组成执政联盟之时，位于政治中间位置的政党往往处于更加有利的地位，发挥关键作用，因为此类政党既可以与位于其左翼也可以与位于其右翼的政党组阁，从而"左右逢源"，表现出更强的政党联盟能力。[①] 反之，那些位于政治边缘位置或者立场相对极端的政党往往组阁能力受到极大限制，尽管可以进入各级议会，但其他政党均不愿与其组成联合政府，或者完全没有组阁能力。因此，不同政党的组阁能力各有不同，而政党体制的碎片化程度越高、组阁可能的选项越多，组阁的难度也越大。

[①] Wolfgang C. Müller, „Koalitionstheorien", Ludger Helms and Uwe Jun eds., *Politische Theorie und Regierungslehre: eine Einführung in die politikwissenschaftliche Institutionenforschung*, Frankfurt/New York: Campus Verlag, 2004, p. 276.

第二章

德国政党体制的制度框架

在西欧国家中,德国的政治制度和政党体制相对稳定,政党政治赖以生存和发展的法律与制度框架比较完备,联邦和各州对于选举流程、政党的成立、组织结构、经费来源、政党的政治与社会活动均做出详细规定,并不断根据现实发展进行修订和改革。

一 政党法律与联邦制

在实施议会民主制的德国,政党在政治体制中发挥核心作用,承担重要任务,各政党通过参加州或联邦议院等各级议会选举,进入各级议会和政府,执政党的领袖出任联邦总理,政党的政策主张影响各级议院、政府及其他社会团体。政党的法律地位通过一系列法律法规得到确立,这其中最根本的法律是作为德国宪法的《基本法》。《基本法》第21条专门论及政党问题,阐述了政党的地位、任务以及权利与义务,具体指出:"政党参与人民政治意愿的形成,其成立是自由的,内部组织必须与民主原则相符合。政党必须公开自己的经费来源和使用以及财产情况。"根据这一条款规定,宪法认可政党在人民和国家之间发挥必要的民主工具的作用,与此同时,也要求德国各政党都必须承认《基本法》,接受并维护现行的国家制度和基本政治秩序,接受国家有关法律法规的监督和约束,必须公开自己的纲领以及经营情况。

尽管根据《基本法》第21条第1款,政党的成立是自由的,但联邦和各州还对政党的成立、地位、任务、组织结构、内部运作、人事和财政资源等具体事宜颁布了一系列法律和程序，包括《政党法》《联邦选举法》《联邦选举规则》《宪法法院法》《选举审核法》《选举统计法》，以及针对欧洲选举、各州和地方等其他政治层级选举的规定，包括《欧洲选举法》《州选举法》《州选举规则》等。此外，《民法典》也对政党作为社团的组织进行了规定。这些法律条文均对政党提出详细的限制性前提条件和流程要求，共同构成影响政党发展和成功的重要制度性因素。其中，1967年首次颁布并数次修订的德国《政党法》详细规定了各方面的法律细节，包括政党的概念、宪法地位与任务、纲领、内部组织架构、国家资助、党禁等内容。

根据《政党法》第2条界定的概念，政党"是一种公民联合会，希望持续或较长时间影响国家或联邦州范围内的政治意愿形成，并在德国联邦议院或州议会参与代表民众"。① 从具体规定来看，政党的成立无须经过国家批准，但必须作为具有法人资格的社团在社团登记册中正式注册，其内部结构应当符合民主原则，政党必须在成立大会上通过党纲和章程，选举理事会，建立州联合会、县联合会等基层组织。新成立的政治组织必须事先征集支持性签名并递交签名名单，以彰显其政治活动的严肃性和组织能力。此外，政党必须在六年以内至少参与一次联邦或州层面的议会选举，提出自己的候选人提名，并且履行财务报告公开义务，方可持续保留作为政党的法律地位。在党员人数方面，《政党法》没有规定最低下限，但要求政党根据自身的党员人数保障参与政治意志形成的严肃性，这意味着，政党应当在公民和国家机关之间发挥联系纽带的作用，制定明确的政治目标和政治主张，积极鼓励公民参与国家的政治生活，参与各级选举以及议会和政府的形成。

《联邦选举法》以及其他层级的选举法则对各级选举的程序、选举体制、选举机构和选举结果的确认等进行了详细规定。《联邦选举法》规定，联邦议院每四年选举一次，凡年满18周岁、具有德国国籍的公民均具备选举权和被选举权。德国选民的年龄规定经历过调整，联邦德国建国时允许选举的年龄为21岁，1972年6月联邦议院将选举年龄从21岁下调至18岁。在竞选活动的组织方面，选举法规定，竞选由联邦选举委员会负责管理，政党在参加选举之前必须经过审批，需要向联邦选举委员会提出申请方可参加选举，后者在确认政党参选资格之时，往往会综合考虑党员的地域分布以及其他情况，但不会考虑政党的政治纲领或者政治目标，而只是认定其政党属

---

① „Parteiengesetz", *dejure*, https://dejure.org/gesetze/PartG/2.html.

性。例如，2012年4月成立的"不！主张党"尽管只有区区61名党员，也被联邦选举委员会认可为具备参选2013年联邦大选的38个政党之一；同时该党同样必须在六年以内至少参加一次联邦或州层面的选举，方可继续被认可为政党。将选举中的选票折算为议席的具体计算方法比较复杂，在2009年大选之前德国使用的是Hare/Niemeyer方法，此后则改用了Sainte-Laguë/Schepers方法。

除了政党的成立与议会选举办法，德国法律同样对于政党的废止即"党禁"问题做出了详细规定。《基本法》第21条规定："如果政党宗旨和党员行为意在破坏或推翻自由民主的基本秩序，或者危害德意志联邦共和国的存在，则该政党是违反宪法的。政党违宪问题由联邦宪法法院裁决。"根据这一规定，党禁问题由联邦宪法法院依据《基本法》和《宪法法院法》等相关内容做出决定，只有联邦政府、联邦议院和（各州通过）联邦参议院有权向联邦宪法法院提出党禁申请，宪法法院全面审查体现了政党路线纲领及政策目标的纲领、官方言论、政党出版物、演讲等内容，确定该党是否损害了自由民主的基本秩序或危害到德国的存在。政党一旦被裁决违反了《基本法》，将被宣布为非法或被取缔，可以按程序解散，其议员将被取消资格，党产被没收，且不得成立类似组织。

二战后至今，联邦宪法法院只宣告违宪并取缔过两个政党，分别是1952年禁止了继承纳粹党衣钵的社会主义帝国党（SRD），以及1956年禁止了公开要求颠覆德国现政权、建立无产阶级专政的德国共产党。① 除此之外，联邦和各州还曾经两次针对拥有5000多名成员的极右翼政党——德国国家民主党（NPD）② 提出过政党违宪申请，但均以失败告终。2001年，联邦议院、参议院和联邦政府共同向联邦宪法法院提起针对国家民主党的党禁申请，但因联邦宪法保卫局在该党内安插了"线人"，因而出现党禁程序形式方面的瑕疵而在2003年被宪法法院宣告终止审理。在2011年发生"国家社会主义地下组织"（NSU）系列种族主义谋杀事件之后，2013年底联邦参议院再度向联邦宪法法院提出党禁诉讼，引发了德国法律、政治和社会各界的广泛讨论，联邦宪法法院在2017年1月17日的最终裁决中，认定该党尽管

---

① 德国共产党在1956年8月17日被联邦宪法法院取缔之后转入地下活动，1968年获得政府当局的默许组建成立"德国的共产党"，政治目标和纲领诉求基调有所缓和。1972年德国共产党正式解散。

② 该党在2023年改名为"家乡党"（Die Heimat）。

反对德国的宪法和民主秩序，但不具备实现反民主政治目标的潜力，不构成现实威胁。

德国是由拥有独立而有限国家主权的联邦州组成的联邦制国家，联邦州和更低一级的行政州、县、市、镇等地方政治层级享有充分的地方自治权，而各个联邦州对于政党成立、选举的具体法律法规有所不同。德国特殊的联邦制国体构成政党政治活动的重要制度性框架，也给政党的组织、分布、发展与作用的发挥带来较大的影响，导致德国政党在不同地域以及不同政治层级均表现出极大的差异性。

其一，政党根据联邦制的制度框架进行组织建设。德国联邦制的国体直接影响了政党的组织架构，导致政党在联邦、各州和地方层面分别建立起各级党组织。在联邦层面，各政党在联邦层面建立起涵盖全国的联邦联合会，成立联邦理事会、主席团等全国性管理机构，组织参加联邦议院大选，政党在联邦议院选举中所获得的议席都是以联邦州为单位、按照得票率进行分配。除了在联邦层面，政党在各个联邦州以及更低政治层级的地方也建立起州联合会以及县联合会、地方联合会等各级党组织，在各自联邦州、县、地方范围内进行常规的政治民意动员，并组织参加相应政治层级的议会选举和政府工作。① 同一政党在联邦和地方层面的党组织独立运作，但相互之间始终保持紧密合作，联邦层面的领导层作为政党的全国性权力中心，对于本党在各州的政治活动往往保持较大影响力，其领导层人员也有重叠，不过，各州联合会保持了较强的独立性，不时出现实力较强的州联合会在做出重要决定如是否参与执政、与谁组阁等的时候不完全听从联邦领导层意见的情况。

其二，政党在不同政治层级的发展呈现极大的差异性。联邦制国体也使政党格局呈现区域分布的特征，政党在联邦和各个联邦州层面的发展态势和政治影响力各不相同，导致联邦和各州的组阁形式大相径庭。有些资源优势突出的政党在全国各地建立各级党组织，均衡发展政治影响力；还有一些政党则深耕地方，势力集中于个别联邦州甚至是更小的政治单元，影响地方政治决策，在自身的大本营可能是第一或者第二大党，但在其他州却不一定能进入议会。联邦层面的执政党不一定能够在各州参与执政，甚至不一定能进

---

① 这当中比较特殊的情况是基民盟和基社盟这两个进行紧密合作的"姊妹党"，基民盟在除了巴伐利亚州以外的其他 15 个联邦州设立党组织，反之，基社盟只在巴伐利亚州设立州联合会和基层组织，在其他州则不设立党组织，两党在联邦议院共同组成联盟党议会党团。

入多数联邦州的议会。联邦制的特殊制度框架也对具体高层政要的政治活动重心选择产生影响，一些政要将自身清晰定位在某个联邦州，在相应地方层面根基牢固，对政治决策发挥较大作用；还有一些政要则更多立足于联邦政治层面，表现出在联邦层面取得政治成功的雄心，例如谋求在本党联邦联合会担任党主席、秘书长，进入联邦议院担任议员甚至议会党团主席或干事长，或者进入联邦政府担任国务秘书、联邦部长甚至更高职务。

其三，政党在各州的地域发展呈现差异性。尤其对于小规模政党而言，由于资源有限无法在所有联邦州建立政党组织，往往只能集中自身力量在部分地域发挥影响力，其主要的动员工作多集中在非常有限的地域，即仅活跃在地方层面。一些政党只能在一个联邦州甚至只能在几个选区提出候选人名单有些小党的活动半径更小，它们将自身定位为"市议会党"，提出的纲领、议题或候选人都只瞄准在县市一级的地方层面，只在有限区域开展活动，施加政治影响。这样的策略虽然限制了小党在全国范围内的发展，但同时也使得小党可以更多地在地方层面把握有利时机动员选民、争取民意，甚至参与执政，例如南石勒苏益格选民联盟（SSW）就长期稳定地在石荷州发挥影响力。

其四，政党在联邦参议院发挥特殊作用。联邦参议院作为德国立法机关中某种意义上的"上院"，首先代表的是联邦州层面的利益，尤其在诸如卫生防疫政策、移民政策或税收政策等不少涉及地方层面的公共政策制订和立法过程中发挥重要作用。联邦参议院的成员不是通过联邦大选选举产生，而是由各个联邦州派遣。这一现实制度设计带来的结果是：尽管政党政治并没有止步于联邦参议院，联邦参议院在投票表决的过程中同样也表现出一定的政党竞争态势，但政党在联邦参议院的表决行为更多以本州利益为优先考量。

二 选举体制

（一）基本原则

西方选举体制大体可划分为两种类型：一种是多数选举制，在这种情况下，全国划分成多个选区，在每个选区以多数票原则选举产生单个议员，此种选举制容易产生两党制，美国和英国都是两党制的典型代表；另一种是比例选举制，全国被视为一个选区，议会席位根据各党在选举中的得票率按比例分配，在这种情况下，得票率低的小党也有可能获得议席，从而在议会中被代表，此种选举机制容易产生多党制，荷兰就是其中的典型代表。

德国迄今采取的是将多数制与比例制结合起来的混合选举制。自2002年以来，全国根据行政区划分为299个选区，① 每位选民在投票时拥有两张选票。其中，第一票用于直接选出选民所在选区的联邦议院议员，构成联邦议院的半数议席，适用多数制，各政党在一个选区内只推出一位议员候选人，由获得选票最多的候选人根据简单多数原则当选，鉴于此，政党在推出各自候选人之时往往首先要考虑候选人在该选区的个人影响力；选民的第二票用于选举政党，构成联邦议院的另外半数议席，② 适用比例制，政党在第二票中获得的得票率决定其在联邦议院中拥有席位的整体比例和数量，因而既对单个政党能否上台执政具有举足轻重的意义，同时又决定了联邦议院当中各个政党的力量对比。在具体的议席分配方式上，每个政党在参选时都需要提交一份包含参选政要姓名排序的州名单（Landesliste），这一排序通过党内提名和竞争产生，是分配本党获得议席的依据；在第二票选举结果揭晓并确定了每个政党可以派遣进入联邦议院的议席总数之后，政党首先将议席分配给通过第一票直选进入联邦议院的候选人，然后按照该党的州名单排序分配本党余下应得议席。

在联邦州层面，除了不来梅、汉堡和萨尔州，各州选举基本遵从个人化的比例选举制原则，即选民第一票选出所在选区的直选议员，第二票决定政党在议会中的力量对比，州议席的具体分配方式与联邦层面相同。不过，也有个别州采取特殊的选举办法，例如巴伐利亚州将第一票和第二票合并计算。

德国的混合选举制最重要的特点是"个人化的比例选举"，其迄今为止的基本原则是：一方面，确保第一票的直选议员能够进入议会；另一方面，确保议席的分配整体上能够体现政党在第二票的得票比例，亦即充分体现民意，从而保障政党的机会均等。德国这种特殊的选举体制是多党制得以发展的基础，带来的结果就是德国温和的多党制，也就是说进入议会的虽不止两

---

① 各联邦州选区的数量与其人口占比成正比，人口占比出现较大幅度变化时可调整各州选区的数量和划分。1949年联邦德国11个州划分为242个选区，其后有过数次调整，自2002年起联邦德国选区数量稳定在299个。
② 正因为两票制的制度设计，联邦议院的常规议席为299乘以2即598席，只是由于超额议席的存在，联邦议院的实际规模通常超过598席。对此后文将具体交代。

个政党，但能够进入议会从而在政治生活中发挥较大影响力的政党还是有限的，议会当中不会出现政治力量分布过于碎片化，从而导致议会难以正常运行的情况。

在常规选举程序之外，《基本法》《联邦选举法》等德国法律也对提前选举这种可能出现的情况规定了特殊程序。只有在议会解散的情况下，方可在解散后60天内举行提前选举，而联邦议院不得自行解散，只能通过联邦总统在两种可能的情况下解散。第一种情况是选举总理失败，在联邦议院选举结果揭晓之后，德国总理需要由总统提名并经议会多数票选举产生，如果总理人选未获得议会绝对多数票支持，则总统可以解散议会，重新举行大选；第二种情况则是针对总理的信任问题投票失败，而信任问题投票只能由总理提出，往往发生在出现政府危机之时，总理如果失去议会多数信任，总统可应总理申请在21天内解散议会，不过，如果联邦议院提出并选举产生了另外一名总理人选，则总统必须任命该人选，解散议会的权力也相应消失。还有一种可能情形是议会提出针对总理的建设性不信任投票，前提是必须有不少于1/4以上的议员提出针对现任总理的建设性不信任投票并提名总理的继任人选，在这种情况下，如果议会多数议员选出了新总理并向总统申请解除现任总理职务，则总统必须任命新当选者。

（二）准入门槛

参加选举并进入议会是政党取得成功的重要阶段，选举由此成为政党重要的政治活动。在德国，政党进入包括联邦议院和州议会等在内的各级议会客观上存在多个方面的准入门槛，能否成功迈过这些门槛，在很大程度上影响和决定着政党尤其是新兴小党的生存与发展。

1. 参选资格

德国法律对于政党的参选资格和参选流程均规定了详细的限定条件。在参选资格方面，根据《联邦选举法》第20条第2款的规定，参加选举的政治团体必须满足的首要条件是：自最近一次联邦议院或某一州议会选举以来，该团体候选人名单上至少有5名候选人不间断地担任联邦议院或该州议会的议员职务，符合这一条件的政党为"地位稳固的政党"，而不符合这一条件的则是"地位不稳固的政党"。后者要参选必须满足发出参选告知书和征集支持性签名这两个基本条件。

一方面，参选政党必须发出参选告知书。即必须最晚在选举前97天以书面形式向选举监督官发出参选告知书，参选告知书中需要提供该党的章程、纲领、理事会合法设立的证明、党员人数、地区组织的数量及运作形式以及迄今为止的参选经历和公开竞选宣传活动等各种信息。显然，绝大部分小规模政党都需要按规定发出参选告知书，由联邦选举委员会对其政党属性做出判定后方能参加选举。根据《联邦选举法》第18条第4款的规定，联邦选举委员会最晚必须在竞选前79天召开会议，对所有申请参加选举的政党和政治团体进行资格认定。经联邦选举委员会确认为政党的团体可以提出自己的候选人名单。

另一方面，地位不够稳固的小规模政党必须按规定征集支持性签名，根据《联邦选举法》，这些政党提交的选区候选人名单必须获得相应选区至少200名具有选举权的公民的亲笔手写签名①；州候选人名单则必须获得相应联邦州内在上届联邦议院选举中享有选举权的公民的1‰（最多不超过2000名）亲笔签名支持②。自1953年以来，少数民族政党可以不适用此项征集支持性签名的规定，不过，至今也只有南石勒苏益格选民联盟这个德国唯一的少数民族党参加过两次联邦议院选举，因此这一规定的实际作用不大。征集支持性签名的规定是小规模政党在参与选举之时较难跨越的门槛，一些小规模政党可能由于无法收集到足够数量的签名而无法参与选举。

以2013年9月举行的联邦大选为例，大选之前有58个政党宣布有意参选，其中有39个政党获得了参选资格，而最终实际参选的政党数量为34个。具体而言，在当年7月4日和5日，联邦选举委员会会议认定58个政党当中的9个政党符合最为"地位稳固的政党"条件，可以直接参加选举，另外29个政党具有参选资格，但需要在7月15日的截止日期前递交必需的选区和州候选人名单，并征集必要的支持性签名，此外，德国国家议会党（DNV）尽管没有获得联邦选举委员会认定的选举资格，但其上诉到联邦宪法法院后获得了支持。但包括德国国家议会党、德国的共产党在内的5个政党由于未达到支持性签名数量的要求，从而最终无缘2013年的联邦大选。③

不过，尽管小规模政党在参选资格的认定和实施方面面临较大限制，《政党法》还是保障了小规模政党在选举宣传方面的竞争机会平等，这一原

---

① 参见《联邦选举条例》第34条第4款中表格的第14条。
② 参见《联邦选举法》第27条第1款第2项。
③ Oskar Niedermayer, „Aufsteiger, Absteiger und ewig ‚Sonstige': Klein-und Kleinstparteien bei der Bundestagswahl 2013", *Zeitschrift für Parlamentsfragen*, No. 1, 2014, p. 73.

则性规定主要适用于公法性广播电视媒体。德国对于选举宣传有着严格规定，公法电视台有义务为政党免费播出竞选宣传节目，而小党在竞选宣传的时间分配上享有平等的机会，这一原则通过联邦宪法法院1957年和1962年的两次相关裁决逐步得到落实。由于广播电视属于各州的主管权限，除了不来梅州，各联邦州都在本州的广播电视法规中分别规定了选举宣传播出时间的分配办法。

2."5%条款"

德国《政党法》规定进入联邦议院和各州议会的政党得票率不得低于5%的要求，这无疑是另一个衡量政党是否具备影响力的重要依据和指标。二次大战后，联邦德国出现了许多政党，1949年建国之初已经有36个政党参加第一届联邦议院选举，最终进入联邦议院的政党多达11个。1953年联邦德国两次修改并通过《联邦选举法》，其中最主要的变化就是增加了"5%条款"，该条款规定，参选政党只有至少在联邦议院第二票选举中获得5%的得票率，才可以根据第二票的得票率分配除了第一票直接选举以外的其余议席，如果得票率低于5%，则不会获得任何议席。之所以做出这一新规定，主要原因在于魏玛共和国的历史经验教训，即在政党和民意代言过于碎片化、议会当中政治立场过于分散化的情况下，难以进行有建设性的合作，议会也难以做出有效决策，新规定避免了规模过小的政党进入议会，有助于形成有执政能力的多数派，可以在一定程度上保障民意的相对集中和政局的相对稳定。

"5%条款"在其他层面的适用情况不完全一样。在联邦州层面，多数选举程序都采纳了联邦议院的做法，包括同样适用"5%条款"；在乡镇等地方层面，绝大部分议会选举都已经取消了相关条款；而在欧洲选举层面，"5%条款"在2011年之前一直适用，2011年联邦宪法法院将"5%条款"修改为"3%条款"的准入门槛，而在2014年，联邦宪法法院应19个小党的上诉，进一步裁决"3%条款"违反了宪法规定的政党机会均等原则，因此自2014年欧洲议会选举以来，欧洲议会选举不再适用任何有关得票率的限制条款，这也直接导致2019年欧洲大选之后共有14个德国政党进入欧洲议会，其中5个小党分别只有1个议席。

"5%条款"的规定自1953年至今受到不少政党和观察人士的诟病，他们向联邦宪法法院提出大量违宪申诉，认为该项规定更有利于地位稳固的政党，不利于新兴小规模政党进入议会，因为这一条款意味着投给未迈过

"5%条款"门槛的政党的第二票在分配议席时成为废票,直接导致选民在将第二票投给小党的时候会更为慎重,担心自己投出的选票有可能会成为废票。例如,在2013年的联邦议院选举中,只有联盟党、社民党、左翼党和绿党这四个政党突破了这一重要瓶颈进入议会,在分配议席时被考虑在内,选民投给其他参选政党的总共690万张第二票,即相当于第二票总票数的15.7%在议会中无法被代表。① 此外,批评者还认为这项规定不够民主,扭曲了选举结果,违反了民主平等原则下每张选票的同等价值。不过,联邦宪法法院在做出相关裁决之时优先考虑必须保障议会的有效运作。"5%条款"在客观上的确限制了许多小党的发展,由于不能进入联邦议院,一些小党逐步从联邦德国的政治舞台上消失,自1990年两德统一以来,联邦议院中稳定保持着4~6个议会党团。不过,"5%条款"对于政权的平稳更迭无疑发挥着关键作用,可避免由于政治力量过于分散难以组成稳定的多数派政府,导致组阁过程变得旷日持久,或者是在执政过程中由于政见不合提前解散政府。

此外,德国对于代表少数民族利益的政党做出特殊的例外规定,免除其进入联邦议院以及所在州议会的5%门槛限制,以及对于参选政党征集支持性签名的要求,其目的在于鼓励少数民族政党通过参加竞选更好地融入政治意志形成的过程。德国国家认可的少数民族有四个,分别是索布人、丹麦人、弗里斯兰人以及辛梯人和罗姆人,但仅有南石勒苏益格选民联盟这一个代表丹麦人和弗里斯兰人利益的少数民族政党,该党党员人数只有3000多人,主要扎根于该民族聚居的石荷州,在联邦层面影响力有限,仅在联邦德国建国之初的1949年以及在2021年参加过联邦大选,并分别派驻一名议员进入联邦议院。

3. 基本议席条款

除了少数民族政党,"5%条款"的另一种例外规定是基本议席条款(Grundmandatsklausel),该条款是指政党如果在第一票选举中至少获得3个直接议席,那么该党即便在第二票选举中未能跨过5%门槛,仍旧可以凭借直选议员的基本议席,按照第二票选举中实际得到的有效选票比例分配到更多议席,并在联邦议院当中组成独立的议会党团;而如果该党只在1~2个选区有候选人直接胜出,则在联邦议院中只有这1~2个议席,则不会按照第二

---

① Oskar Niedermayer, „Aufsteiger, Absteiger und ewig ‚Sonstige': Klein-und Kleinstparteien bei der Bundestagswahl 2013", *Zeitschrift für Parlamentsfragen*, No. 1, 2014, pp. 74, 93.

票比例分配到更多议席，从中可以看出政党至少要在3个选区获得直选基本议席的意义所在。基本议席条款诞生于1949年，其历史比"5%条款"更长，当时所有政党仅需1名直选议员便可进入议会，后经自民党提议，将直选议员数量提高至3名，该规定在1956年纳入《联邦选举法》并一直适用至今。该条款在联邦德国历史上曾被使用过数次，其主要受益者为保守的边缘小党。例如，在2021年的联邦大选中，左翼党尽管得票率只有4.9%，没有跨过5%门槛，但由于在东部选区有3名直选议员当选，最终得以在联邦议院组成由39名议员构成的独立党团。从中亦可看出，基本议席条款的规定对于政党进入议会并发挥影响力具有重要意义。

（三）超额议席与平衡议席

1. 超额议席（Überhangmandat）

德国个人化的比例选举制带来的一个直接结果是产生所谓的超额席位。根据德国现行选举法，如果政党在某个联邦州通过第一票获得的直接议席数量超过按照第二票得票比例所分摊到的议席数量，就会产生超额议席，超额议席同样计入政党议席总数中。产生超额议席的主要原因在于政党通过第一票获得的直选议席可以保留，例如，政党A在某个联邦州第一票获得10个议席，而该党根据第二票的得票率计算只能获得总共8个议席，则该党在这种情况下可以保留直选的10个议席，由此产生2个超额议席。由于超额议席的存在，联邦议院的实际规模时常超过598个的常规议席。这意味着，某个政党联盟即便在大选中没有获得50%以上得票率，只要包括超额议席在内的议席总数超过半数亦可胜出。这种情况在2009年的大选中尤为突出，当年大选中就产生了24个超额议席，且全部为联盟党所有，包括基社盟在巴伐利亚州取得的3个和基民盟在其他各州取得的21个议席。① 表2-1列出了1949～2009年历次选举后各大政党在联邦议院中获得超额议席的情况，从中明显看出，超额议席多见于联盟党和社民党这两个传统大党，尤以联盟党优势更为明显，历次获得的超额议席总数几乎是社民党的1倍，而小党几乎无法获得超额议席。这一现象背后的主要原因在于：小党的资源相对较少，无论是从候选人人选还是从竞选资金和动员能力来看，都难以在较多选区夺得直选议席。

---

① 由于超额议席的议员如果退出议会不再补缺，2021年大选后的超额议席缩减至22个。

表 2-1　1949~2009 年联邦议院的超额议席

单位：个

选举年份	基民盟	社民党	基社盟	德意志党	当年超额议席总数
1949	1	1			2
1953	2			1	3
1957	3				3
1961	5				5
1980		1			1
1983		2			2
1987	1				1
1990	6				6
1994	12	4			16
1998		13			13
2002	1	4			5
2005	7	9			16
2009	21		3		24
政党历次超额议席总数	59	34	3	1	97

资料来源：„Überhangmandate"，*bpb*，https://www.bpb.de/kurz-knapp/zahlen-und-fakten/bundestagswahlen/zuf-btw-2009/55584/ueberhangmandate/。该表仅列举了 2009 年以前的超额议席，因为在此后的联邦议院选举中针对超额议席开始适用新的规定。

2. 平衡议席（Ausgleichsmandat）

2009 年联邦大选之后，以社民党为代表的反对党提出改革选举法的要求，认为超额议席扭曲了各政党在第二票中的比例，其背后主要原因是联盟党在超额议席上的优势。对此，当时执政的黑黄联盟 2011 年通过了《联邦选举法》改革法案，提出以平衡议席来平衡和消除超额议席带来的扭曲，即如果一个政党获得超额议席，则其他政党可以相应获得平衡议席。然而 2012 年 6 月，联邦宪法法院判定该项改革法案违宪，认为改革方案并没有充分平衡超额议席，违背了公平原则和政党机会均等的原则，因而要求联邦政府促成新规定在下次大选前通过，尤其在超额议席方面要做出修改。对此，联邦议院在 2013 年 2 月通过《联邦选举法》修正案，对于超额议席进行了大幅修改，突出之处在于纠正了联邦宪法法院主要指出的在公平和机会均等方面的偏差，即超额议席应完全、充分地通过平衡议席得到弥补，如果一个政党获得超额议席，则所有其他政党可获得平衡议席作为补偿，议席数相应增加，直至最终的议席比例完全符合第二票的政党得票率。在当时联邦议院的五个议会党团中，只有左翼党反对这一改革方案，其理由是这一改革将导致联邦议院过度扩大，而事实上也的确如此。

2013年修订的《联邦选举法》通过了平衡议席对于超额议席的修正，这一重要修订带来的直接结果是在议席分配中提升了各政党第二票的重要性，各个政党第二票的得票率在大选中发挥比以往更加重要的作用，即便某个政党获得的超额议席再多，也不会改变通过第二票结果确立的政党力量对比。这一选举体制的改革带来的间接影响是有利于政党体制的多元化发展趋势，因为新规定更加有利于小党，德国选举体制从多数制和比例制相混合的选举体制向更加名副其实的比例选举制倾斜，从中长期来看将加剧多党制即多党共分选票的碎片化趋势，并导致可能的执政联盟形式趋向多元。

这一改革的优点在于体现了政党之间的平等，贯彻了只有选民通过选票才能决定联邦议院中的议席分配及政党力量对比的原则，确保了选举中的民意不会因为单纯的技术性计算结果而遭到扭曲。不过，这一改革的缺点也是显而易见的，即整个议会规模因新增的平衡议席显著扩大。自2013年联邦议院选举开始适用改革后的新规以来，联邦议院的规模不断刷新历史纪录，在2013年的联邦大选中，基民盟获得4个超额议席，其他政党为此额外增加了总共29个平衡议席，而在2021年大选之后，由于超额议席数量高达34个（基民盟12个，基社盟11个，社民党10个，德国选择党1个），其他政党为此获得总共104个平衡议席，最终联邦议院规模创下736个议席的历史最高纪录，图2-1显示了联邦德国建国以来议席总数的变化情况。

3. 选举法改革的最新变化

联邦德国自建国以来，除了始终保留混合选举制、两票制等基本原则，也在不断修订《联邦选举法》等相关法律规定，根据现实需要对于选举的具体资格、程序等内容进行调整，包括准入门槛、选区数量等。在法定投票年龄方面，社民党、绿党和左翼党一直希望参照欧洲议会选举和德国地方选举的规定，将联邦大选的选民最低投票年龄由现行的18周岁下调至16周岁，以提高年轻人的政治参与热情，但尚未达成共识。而自从2013年通过平衡议席修正了超额议席对于民意的扭曲之后，如何避免联邦议院的过度膨胀、减轻国家财政负担就成为选举法改革的一个重要目标，但联邦议院提出的若干改革方案也一直受到个别政党的质疑。2020年联邦议院通过选举法改革方

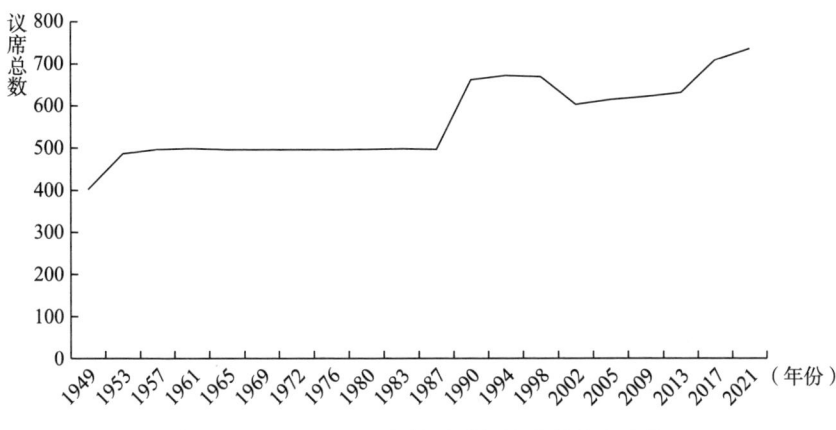

图 2-1　1949~2021 年德国联邦议院的议席总数

资料来源：„Anzahl der Sitze der Parteien im Deutschen Bundestag von 1949 bis 2021", *Statistisches Bundesamt*, https://de.statista.com/statistik/daten/studie/1222386/umfrage/sitze-der-parteien-im-deutschen-bundestag/。

案，计划通过压缩选区数量来控制联邦议院的议席规模，具体计划在2021年选举中仍保留299个选区，而到2025年的选举时将选区数量缩减至280个。不过，在2021年大选因超额议席和平衡议席而创下736席的历史纪录之后，三个执政党议会党团在上台执政之后于2023年1月向联邦议院提交了新的方案，希望修订2020年的选举法改革方案，联邦议院也于3月17日投票表决通过了该项提案。

2023年通过的选举法改革方案计划对传统的选举体制进行了较大幅度的调整，并对有重大争议性的问题做出明确规定。其一，取消超额议席和平衡议席。具体将以第二票为"主要票"，一旦某党第二票比例少于第一票直选比例，将根据选举结果对直选议席进行"末位淘汰"，严格根据第二票分配各党议席数量。该情况将会导致直选议席获选的人不一定完全能进入议院，少数赢得直选议席的候选人无法成为联邦议员，这也意味着有少数选区没有直选议员进入联邦议院。其二，保留299个选区数量不变。其三，将议员数量控制在630人以内。其四，取消"基本议席条款"，即政党不再能通过3个以上直选议席获得对"5%条款"的例外豁免。

尽管联邦议院已经正式通过了最新的选举法改革方案，但相关调整触碰了具体各党和议员的实际利益，一经提出之后就饱受争议，受减少议席方案影响最大的基社盟和左翼党议会党团均对此提出批评，并威胁将上诉至联邦宪法法院，左翼党尤其坚决反对改革草案当中取消"基本议席条款"的做法，因为2021年选举之后左翼党正是得益于"基本议席条款"，才能免于"5%条款"的限制进入了联邦议院。鉴于此，2023年选举法改革方案遇到较大阻力，能否顺利落实还有变数。

三 政党的运作方式

（一）政党的内部组织

1. 领导职务

在德国政党内部，最重要的政治职务有四个，分别是党主席、秘书长、议会党团主席和议会干事长，前两个职务的职责范围涵盖整个政党的对内对外运作，后两个职位的职责范围则限制在联邦议院以内。其中，党主席对外代表政党，对内领导政党，遵守党代会确定的重要纲领、路线和决议，平衡党内的意见分歧，增强政党的凝聚力。一段时间以来，左翼党、绿党、社民党和选择党等政党设立了双主席，选举产生两位党主席，以体现性别或者地区代表性等方面的平等。秘书长为党主席提供协助，绿党称其为联邦干事长，往往承担着上下沟通、稳定党内基层的纽带作用，在必要时必须能坚决有力地回击政治对手。党团主席承担的工作同样十分多元，既要能够在议会工作中凝练党团特色，时常在媒体中代表本党团阐述立场观点，又要维护党团议员的精诚团结，在推进本党政策理念方面形成政治合力。议会秘书长或干事长的功能类似于英美语境下的"党鞭"，主要管理党团的各项日常业务，协调各个工作小组和委员会的工作，筹备议会内会议的日程安排，确保党团议员在尤其是涉及一些争议性议题投票的时候能够遵守党团纪律，从党团以及本党的基本政治原则和共识出发约束个人的投票行为。

2. 领导机构

政党内部的组织架构中，最重要的领导机构是政党理事会和主席团。政党理事会是经由联邦党代会选举产生的政党执行机关，每两年重新选举一次，对内对外代表联邦层面的政党，商议、决定和领导本党决策，审批本党财政预算，执行联邦党代会和各个联邦委员会的决议，处理日常事务，并联络和支持各州联合会的发展。以社民党为例，2021年12月选举之后产生的理事会由35名理事组成，包括2名党主席、4名副主席、1名秘书长和1名财务主管在内，其他理事多为在联邦、欧盟或者地方等不同政治层面具备一定影响力的政要，例如联邦部长、州长、市长、本党州层面的党主席、全国性联合会领导人或议会议员。基民盟自 1962 年起还在联邦理事会内部设置了更为核心的主席团，其具体成员随着历次党章的修订不断变化。根据 2003 年 12 月 2 日的党章，该党联邦主席团由党主席、秘书长、4 名副主席、联邦财务主管、名誉主席、联邦总理、联盟党议会党团主席、欧洲议会欧洲人民党党团主席（如果该职务由基民盟成员担任）、基民盟执政的各州州长以及其他 7 名成员等构成，而理事会成员除了主席团之外，还包括该党联邦干事长、各州联合会主席等。①

3. 重要组织机制

政党内部设立各种决策机制，其中，大多数政党的章程都将联邦党代会确立为党内联邦层面的最高决策机关。德国政党法规定，政党必须召开联邦党代会，由州联合会以及地方联合会推出的党代表参加，做出本党重要决定，包括审议通过原则纲领、选举产生联邦理事会、提名总理候选人、表决是否参与执政等。个人或各级党组织可以在党代会上提出议题提交大会进行讨论，并通过投票表决做出决定。除了联邦党代会，政党还可召开各种党内大会，集体讨论政治纲领、人事安排、财务政策等政党事务和原则性问题，这是党内形成政治意志最重要的工具，其形式既可以是党员代表大会，也可以是党员大会，可以是定期的也可以是不定期的。各个政党还设立联邦仲裁委员会、基本价值观委员会等各种以职能区分的委员会和青年组织等分支机构，以及以议题领域划分的工作小组与论坛，开展日常的政党工作。一些政党内部还会形成非正式的团体，例如联盟党的"价值观联盟"（Werteunion）和"中小企业与经济联盟"（MIT），社民党的"泽海姆团体"（Seeheimer Kreis），等等，这些团体更多体现党内对于某些政策立场的派系差异与分化。

德国各个政党日益注重加强党内民主建设，在党的组织结构上越来越多引入具有基层民主色彩的参与渠道和党内监督机制，采取多种方式加强与基层党员的联系，提高基层党员的积极性和对本党各项决策的认同感，具体的手段包括召开所有党员都可参加的基层党代会，从基层推荐产生选举候选人，通过全体党员表决本党与其他政党签订的联合执政协议，组织党内专题

---

① Bundes (partei) vorstand und Präsidium, *Konard Adenauer Stiftung*, https://www.kas.de/de/web/geschichte-der-cdu/bundes-partei-vorstand-und-praesidium.

讨论或者投票活动，等等。

（二）政党的收入来源

政党的经费来源和资金分配从一个侧面体现出政党内部和政党之间的权力结构和资源对比，由于纳粹党在魏玛共和国时期曾获得过工业界和经济界的大量捐款，联邦德国建国之后十分重视政党的收入来源状况，《基本法》第21条明确要求政党必须公布其财政状况，公开披露其资金的来源和使用，并对财产状况进行说明，政党必须向联邦议院议长提交全年的账目报表，在上交之前还要经由国家认证的审计核查并附上评语。1967年颁布并经过数次修订的《政党法》则对国家资助政党参加竞选做出了详细规定。在政党的各种收入来源中，最主要的三类收入分别是国家财政补贴、私人政治捐款和党费。

1. 国家财政补贴

国家公共资金可以为获得一定竞选成功的政党报销竞选费用，这是政党最重要的资金来源，而在1992年联邦宪法法院的一项裁决之后，德国将报销竞选费用的说法修正为国家为政党提供资金支持，但实质内容并没有太大变化。德国联邦议院议长审阅各政党提交的资金说明报告，在此基础上决定国家资金的分配，议长为政党分配国家资金主要视其"根植于社会的程度"，实际上就是政党在联邦大选、欧洲议会选举和各州选举中的成功程度，以及其党费情况和所获捐款来决定。根据《政党法》的最新规定，如果一个政党在最近一次联邦议院或欧洲议会大选中取得的有效得票率超过0.5%，或在最近一次联邦州层面的选举中获得超过1%的得票率，即可获得联邦议院选举委员会的财政补贴，获得稳定的财政来源以发展壮大组织结构。具体而言，根据现行标准，政党在欧洲大选、联邦议院或是州议会选举中每获得一张选票，每年就可获得0.83欧元的国家资金，其中，前400万张选票每张可获得1欧元的补贴。此外，政党每获得1欧元的捐款、党费以及议员税款，就可以获得0.45欧元的国家资金，但是每人最多只能以3300欧元的捐款或党费来抵换国家资助。

根据《政党法》第18条规定，所有政党每年从国家财政获得的公共资金总金额是有上限的，这一国家补贴总金额的上限由联邦议院确定，每年会根据通货膨胀程度和工资调整幅度进行相应调整，例如在2012年，拨给政党的国家资金总额上限为1.508亿欧元，2018年，德国政府将政党公共资金总额上限从 1.65 亿欧元增至 1.9 亿欧元，这是最新的上限水平，然而，2023 年 1 月联邦宪法法院裁定德国政府的这一决定论证不足，要求德国政府撤回相关决定。国家对于政党所获公共财政规定明确的上限，这一做法的主要目的是确保政党竞选支出和国家在政党上的开销不会无限制增长，而德国同时也规定，政党必须保证半数以上的收入不是来自国家资助，也就是说，政党不应当过于依赖国家财政。

2. 私人政治捐款

德国没有规定私人政治捐款的上限，理论上来说，政党可以接受任何人、任何企业或社会团体的无限制政治捐款，向政党所支付捐款和所缴纳党费的半数是免税的，这一规定旨在鼓励政治参与，但因国家放弃了税收，也可算是间接的国家补助。个人、企业或协会为政党提供大额捐款的原因有多种，最常见的动机是希望触及政党高层决策权，尽量在议会立法和政府决策中维护和贯彻自身的利益，或者认同政党的政治主张，希望支持该党的政治发展。

《政党法》自 1967 年生效以来不断进行修订，对于政治捐款持续提出更加严格和精确的要求，根据其规定，政治捐款必须遵守信息公开的透明度要求，政党必须在账目报表中公开一年内捐款超过 1 万欧元的捐款者姓名和地址，在收到单笔超出 5 万欧元的大额政治捐款时必须立即向联邦议院议长汇报，并及时在联邦议院印刷品中公开明示捐款人的姓名和地址信息。如果政党故意遮掩资金或财产的来源及使用，或者将捐款分成许多部分，或者没有履行大额捐款的汇报义务，其有关人员将会面临被监禁或被处以罚款。

根据联邦议院发布的报告，德国各政党 2022 年获得的大额政治捐款总额约为 400 万欧元，相比联邦大选之年即 2021 年的 1353 万欧元明显缩水[①]，其中，2020 年 10 月刚刚成立的"公正党"获得党主席本人捐赠的 175 万欧元，其他政党获得大额政治捐款的情况分别是基民盟全年累计获捐约 57 万欧元，南石勒苏益格选民联盟获捐 50 万欧元，德国的共产党获捐 35 万欧元，基社盟获捐 35 万欧元，绿党获捐 19 万欧元，社民党、自民党和德国伏特运动党分别获得 5 万欧元的大额捐款，而左翼党未获得任何大额政治捐款。[②]

---

① 2021 年的政治捐款总额也远远超过其他联邦大选之年。
② 参见联邦议院官网，"Parteispenden über 50.000-Jahr 2022", *Bundestag*, https://www.bundestag.de/parlament/praesidium/parteienfinanzierung/fundstellen50000/2022/2022-inhalt-879480。

3. 党费收入

党费由党员定期支付给政党，一般按月缴纳。每个政党的党员规模不同，两个传统大党的党费收入相应更多，2020年党费收入最多的分别为社民党（5330万欧元）和基民盟（3770万欧元）。① 各个政党在章程中规定具体的党费标准，通常不会规定一个适用于所有人的统一党费标准，而是对学生、退休人员或低收入者等特定群体提供党费优惠。例如，社民党的组织条例将党员收入水平分为6档，月收入在1000欧元以下的党员每月缴纳6欧元党费，收入1000~2000欧元的党员可以选择缴纳8欧元、16欧元或者21欧元，而月收入在6000欧元以上的党员每月至少应当缴纳300欧元，此外，社民党对于各级议会议员和政府成员的党费另作规定，标准远高于普通党员，而无工资或退休金收入的党员每月党费仅需缴纳2.5欧元。②

4. 间接的收入来源

除了以上三种直接收入来源，政党还有两种间接的收入来源。

其一，国家对于议会党团和政府的公职补贴。担任议会议员和政府部长等公职的党员都需要将其收入的一定比例作为"政党税"上交本党，在政党的财务报表当中作为收入单独列出，而这些收入是由国家支付的。更为重要的是，政党议会党团拥有国家提供的良好组织资源，国家为议员配置大量行政人员，为党团提供基本运行经费、议员津贴以及补贴等财政资金。从1990年到2022年，随着党团规模的不断扩大，国家财政每年向议会党团支付的资金总额从8000万马克逐步增至1.26亿欧元。③ 这些资金和组织资源对于政党的重要性不言而喻。尽管《政党法》规定党团和公职人员不能直接或间接为政党提供资金，但在政治运作的实践中很难完全切割，议员、部长及其在议会、政府部门以及各选区的工作人员势必也会参与政党工作和竞选工作，由此，政党从各种意义上都受益于本党提名推出的各级议员和政府官员，包括在财务上，这也决定了政党内部的权力重心逐步从政党组织本身向"政府中的政党"转移。

---

① Oskar Niedermayer, Einnahmen und Ausgaben der Parteien, *bpb*, https://www.bpb.de/themen/parteien/parteien-in-deutschland/zahlen-und-fakten/42237/einnahmen-und-ausgaben-der-parteien/

② SPD, Organisationsstatut, 11. Dez. 2021, pp. 83-84.

③ „Geldleistungen an die Fraktionen", *Bundestag*, https://www.bundestag.de/resource/blob/272530/97f3ed828ed45a573f1d419506d636e6/kapitel_17_03_geldleistungen_an_die_fraktionen-pdf-data.pdf.

其二，国家对政治基金会的补贴。政党间接受益于政治基金会这一德国政党体制当中的独特现象，政治基金会90%以上的经费来自国家财政，根据不同职责从各个联邦部门获得相应资金，尤其是联邦内政部、外交部、教研部、经济合作与发展部。在2019财政年度，德国联邦财政为除伊拉斯谟基金会之外①的其他六大基金会总共提供了约6.6亿欧元的资金支持。②

综合而言，德国政党的收入来源渠道十分多元，国家财政、私人捐助、党员缴纳的党费、政党财产、政党名下产业，以及政党活动与出版物等带来的收入都是其重要的财政渠道，而政党也间接地受益于国家对于政党议会党团和政治基金会的财政支持。此外，在州议会、联邦议院以及欧洲选举期间，德国政党还可在公法电视台获得免费的广告时段，用于播放其宣传短片，而无须像在其他国家那样在播放宣传片之时支付高额的广告费。

表2-2列出了自2021年大选后进入联邦议院的八个政党（基民盟与基社盟分开计算）2020年的收入总额及其资金来源构成情况。2020年，八个政党所有收入合计近5.2亿欧元，以其中收入最高的社民党为例，其34%的收入来自国家资金，33%来自党费，16%来自党团和政府补贴，7%来自政治捐款，还有10%来自政党财产等其他收入。从该表可以看出，国家公共资金和党费对于各政党都是非常重要的收入来源，而在吸收私人政治捐款方面，左翼党、社民党和绿党等左翼政党的能力明显不及基民盟、自民党等右翼政党。

表2-2　主要政党2020年的收入来源及其构成

政党	收入总额（欧元）	各类收入来源的占比				
		国家资金	党费	公职补贴	捐款	其他收入
所有政党	5.19亿	37%	28%	14%	14%	7%
社民党	1.61亿	34%	33%	16%	7%	10%

---

① 伊拉斯谟基金会尽管2018年已经与德国选择党建立起合作关系，但一直被排除在国家财政资助之外，联邦议院2022年甚至通过一项关于财政资助的附加条款，允许政府拒绝对不忠于《基本法》所规定的自由民主秩序的政治基金会发放资助，不过，2023年2月底联邦宪法法院正式裁定联邦议院将伊拉斯谟基金会排除在国资助之外的行为违背《基本法》，主要违背了宪法规定的各党平等参与政治活动的原则，并要求立法机关后期制定关于政治基金会资助标准的专项法律。

② 数据参见联邦议院官网，„Förderung politischer Stiftungen erfordert Parlamentsgesetz", *Bundestag*, https://www.bundestag.de/dokumente/textarchiv/2023/kw08-bundesverfassungsgericht-935124。

续表

政党	收入总额（欧元）	各类收入来源的占比				
		国家资金	党费	公职补贴	捐款	其他收入
基民盟	1.51亿	36%	25%	14%	18%	8%
绿党	6605万	39%	29%	19%	10%	3%
自民党	3693万	42%	27%	8%	17%	5%
选择党	2458万	48%	18%	11%	19%	4%
基社盟	4544万	33%	25%	9%	28%	5%
左翼党	3368万	42%	32%	16%	7%	3%
南石勒苏益格选民联盟	68万	13%	11%	1%	75%	0

资料来源：Oskar Niedermayer, "Einnahmen und Ausgaben der Parteien", bpb, https://www.bpb.de/themen/parteien/parteien-in-deutschland/zahlen-und-fakten/42237/einnahmen-und-ausgaben-der-parteien/。

（三）政党的政治与社会活动

正如达尔顿与瓦滕博格所言，政党不仅是"选民中的政党"和"作为组织的政党"，同时也是"政府中的政党"，联邦德国各政党的政治职能既包括动员与组织社会政治力量，争取选民支持，设置政治议题，也包括在政府和议会中担任议员、部长等公职，通过参政、议政谋取各政党所代表的各社会集团的利益，其活跃和博弈的场所既有议会内和政府内，更包括议会外和政府外广阔的公民社会空间。

1. 民意动员

政党作为连接公民社会与国家的中间机构，必须扎根公民社会，保持与选民和公众持续和紧密的联系；必须长期研究和追踪舆情动向，关注民众当前最关心的热点问题，在此基础上不断修正本党的相关政策主张；必须利用传统媒体和新媒体的各种沟通渠道保持一定的媒体曝光度，阐述本党政策路线，持续吸引和争取选民和公众的支持；继而主动设置政治议题，在大众民众意见形成和发展的过程中发挥引领作用，真正成为公众民意的代言人。为此，政党必须积极参与社会运动，甚至走在街头政治和社会运动的最前线。政党与社会运动之间时常处于共生状态，社会运动可以催生新的政党成立，社民党和绿党等不少德国政党都是由社会运动逐步演化而来，而政党也可以植入社会运动的因素，依托社会运动的力量获得更多关注，从而进一步发展壮大，政党内部派系也会受到社会运动的持续影响和塑造，可能会大幅转变方针路线，以适应整体的社会结构变化或者是选民社会心理的变化。例如，20世纪70年代以来西欧生态运动、反核能运动以及和平运动等新社会运动兴起，就曾导致社民党适应价值观变迁的趋势，在纲领中吸收文化自由主义和环境保护的思想。

2. 竞选活动

政党最重要的政治功能和活动之一是参加联邦、欧洲、地方等各个政治层级的选举，政党通过参加各层面的竞选活动，使其政策主张影响到联邦议院、政府及其他社会团体，政党发挥政治影响力的先决条件是进入联邦议院。如果不能稳定地进入议会，其政治影响力会受到极大的限制，只能活跃在地方层面，甚至可能会逐渐销声匿迹。正因如此，政党高度重视联邦大选、欧洲选举和各州议会选举，主要政党在竞选中推出自身的领衔候选人，往往在全国各地开展巡回的竞选活动，在市中心集市广场、市民活动中心、党内地区会议等各种场合进行竞选演讲，与选民以及党员开展直接对话。

自20世纪70年代以来，受到美国总统大选沟通交流方式的影响，德国的竞选活动组织方式日益专业化，重视组成职业竞选团队，制订专业的竞选策略，瞄准目标群体研究选民市场和舆情动向，并日益将电视作为主要的竞选媒体和博弈战场，策划"政治秀"，将候选人放到中心位置，突出个人风格，争夺媒体和选民观众的注意力。一方面为本党候选人树立良好的公众形象，另一方面围绕公众感兴趣的议题开展公开讨论，例如前总理施罗德就曾一度以善用媒体的"媒体总理"形象而著称。鉴于此，以拉顿斯基（Peter Radunski）为代表的学者提出"美国化论"，认为德国和欧洲的竞选和政治交流日益美国化，面对选民群体和媒体格局变迁带来的挑战采取积极的竞选策划，精心设计竞选口号和议题，尤其更加重视打造候选人的个人形象。[①]近年来，德国日益盛行由主要政党的领衔候选人进行电视辩论，为选战增加热度。而随着媒体格局发生较大转型，各种网络平台、新兴媒体和工具软件不断涌现，政治交流和民意动员的方式和渠道不断拓展，政党也日益重视开设推特等社交媒体账户，通过新的沟通渠道来加强与公众沟通互动并直接接触更多潜在选民。

[①] Christina Holtz-Bacha, „Massenmedien und Wahlen: Die Professionalisierung der Kampagnen", *Aus Politik und Zeitgeschichte*, No. B15-16, 2002, pp. 23, 27.

3. 组阁谈判

根据《基本法》的规定，只有在联邦大选中获得半数以上得票率或者在议院中占有半数以上议席的政党或政党联盟才能成为执政党，组成联邦政府，其他政党则成为所谓的在野党。联邦德国绝大多数的时间里都是由两党或多党联合执政，只有在1957年大选之后，以阿登纳为首的联盟党在联邦议院获得50.2%的选票和超过半数的议席，但开始联盟党仍旧与德意志党（DP）组成联合政府，只是在1960~1961年联合政府破裂之后才短暂单独执政。而自1961年至今，没有任何政党有能力单独执政。

一般而言，在联邦大选结果揭晓各政党的力量对比之后，有希望参政的政党进入组阁阶段。德国不适用正式的优先组阁权，得票率靠前的政党各自公开主张组阁权，与潜在的联合执政伙伴分别举行接触性质的预谈判，如果接触下来意向比较明确，则进入正式的组阁谈判过程。在第二票中得票率最高的政党往往更有底气宣称获得优先组阁权，但并不能由此自动成为主要执政党，甚至不一定能上台执政，能否领导政府主要看组阁谈判的结果，在1969年、1976年和1980年的联邦大选中，联盟党均获得最多选票，但实际却都是由社民党成功完成组阁过程并领导政府。组阁谈判的各方都会派出核心团队密集开展会谈，谈判内容主要围绕两个方面：一是执政重点，各党必须就未来四年的重点政策领域和重大议题达成原则性共识，形成联合执政协议；二是人事安排，具体讨论新一届联邦政府的部委设置，以及各党之间对于部长职务的分配方案。能否顺利完成谈判，主要看各党能否克服政策理念差异甚至是阵营差异形成基本共识，但同时也需要看各个政党上台执政的意愿。德国并未对组阁谈判所需时间规定期限，理论上可以持续数周或者数月之久，随着进入联邦议院的政党数量增加，多数派政党结盟的可能形式日益复杂，可选项增多，导致组阁谈判的不确定性明显上升，谈判过程也相应可能持续较长时间，近30年以来，联邦层面的组阁谈判最短历时30天，而耗时最长的2017年创下172天的历史纪录，2021年大选之后到内阁宣誓就职的时间则又缩短至73天。不过，与曾经创下535天组阁时长纪录的比利时相比，德国各党组成联合政府的时间也从另一个角度体现了德国政治相对稳定的一面，即较少陷入阵营固化带来的政治僵局中。

4. 议会党团中的工作

对于政党而言，公共领域是一个位于政治决策过程之前或之后的舞台，政党真正的博弈场所是具备很强规制力的议会和政府空间，政党在这里既可以获得决策权、财政权、参与权和知情权,又可直接展开激烈竞争,因为选票和公职均为零和博弈。联邦大选之后,通过直接选举产生或由各个政党指定的议员进入联邦议院,分别组成议会党团,影响立法决策。联邦议院党团多由议会党团主席、议会干事长、执行理事会和按照政策领域划分的工作小组构成。在各党团之间,可以形成议会多数派的党团拥有更多权力,两个最大政党的议院党团影响力最大,其成员比不少州议会的成员数量还多,这些多数派党团参加议会内各种委员会工作小组的会议,影响重要决策,可以迫使政府变更且最终放弃某个立法提案。

联邦议院党团的组织结构看似架构清晰,但议会党团内部不是一个同质化的整体,实际构成很复杂,而且处于持续变化之中,始终伴随着利益矛盾和权力争夺。议会党团内部存在各类正式和非正式的行为体,其构成不断变化,常见的行为体包括地方结构,比如联邦州团体,不同年龄段的群体比如年轻议员群体,党内不同派系例如左翼、右翼和中间派,以及委员会里的工作小组。正因如此,党团的管理并非易事,管理层对其成员的约束手段有限,党团内部常常发生权力争夺,尽管存在党团纪律约束,一些情况下党团还会对其成员提出强制要求,但议员并不会保持缄默,时而与本党团理事会的意见相左,甚至可能会与总理和内阁形成对峙局面。为维护党团内部团结,议会干事长和议会国务秘书与议员保持紧密联系,并采取各种约束或激励手段监督和确保议员遵循本党管辖部委的政治路线,尽量不违抗部长的政治意愿,最有效的手段是给予激励措施,比如将议员调至一个重要的议会委员会中任职等。

5. 政府中的工作

在组阁谈判成功之后,执政联盟中得票率和议席最多的政党成为主要执政党,其总理候选人出任联邦总理,根据《基本法》和政府工作条例,代表政府行使职能。不过,政党推出的总理候选人不一定是所在政党的党主席,例如在2021年的德国大选中,社民党的总理候选人朔尔茨就不是该党主席。联邦德国历史上出现最多的联合执政形式是由一个大党联合一个小党执政,代表某一政治阵营,而代表其对立阵营的另一个大党成为反对党。德国传统上以颜色来代表政党,基民盟/基社盟为黑色,社民党和左翼党均为红色,自民党为黄色,绿党为绿色,选择党为蓝色。各政党之间的联盟也相应地采用颜色组合来表示,例如,由基民盟/基社盟和自民党组成的联合政府相应称为黑黄联盟,社民党和绿党组成的政府称为红绿联盟,这两种执政形式均为同一阵营的天然结盟伙伴。不过，随着进入议会的政党数量增多，跨阵营的联合政府日益常见，其中，由基民盟/基社盟和社民党这两个传统大党组成的执政形式称为大联合政府，而其他各种颜色组合也都被形象地冠以各种称呼，三党联合执政的形式在联邦层面事实上只有在2021年大选后出现，由社民党、自民党和绿党组成，被形象地称为"交通灯"（红黄绿）政府（"交通灯"政府的部委权限划分情况参见表2-3），其他的三党联合形式还有"基民盟/基社盟、社民党、绿党""基民盟/基社盟、社民党、自民党""基民盟/基社盟、绿党、自民党""社民党、左翼党、绿党"等组合，但这些组阁形式迄今仅限于理论上，或者曾出现在联邦州的层面，因为最终组阁形式不可能仅仅是理论上将各政党的支持率累加起来看能否超过半数，更多要看它们能否在具体政策领域达成共同目标。

表2-3　2021年大选后"交通灯"政府的权限划分

序号	部委	主管领导	政党归属
1	联邦总理	朔尔茨	社民党
2	联邦经济与气候保护部部长	哈贝克	绿党
3	联邦财政部部长	林德纳	自民党
4	联邦内政与家乡部部长	费泽	社民党
5	联邦外交部部长	贝尔伯克	绿党
6	联邦司法部部长	布什曼	自民党
7	联邦劳动与社会部部长	海尔	社民党
8	联邦国防部部长	皮斯托里乌斯	社民党
9	联邦粮食与农业部部长	奥茨德米尔	绿党
10	联邦家庭、老年、妇女与青少年部部长	帕乌斯	绿党
11	联邦卫生部部长	劳特巴赫	社民党
12	联邦数字与交通部部长	维辛	自民党
13	联邦环境、自然保护、核安全与消费者保护部部长	莱姆克	绿党
14	联邦教育与研究部部长	施塔克-瓦青格	自民党
15	联邦经济合作与发展部部长	舒尔策	社民党
16	联邦住房、城市发展与建筑部部长	盖维茨	社民党
17	联邦总理府部长	施密特	社民党

资料来源："Das Bundeskabinett", *Die Bundesregierung*, https://www.bundesregierung.de/breg-de/bundesregierung/bundeskabinett。

在签署正式的联合执政协议并宣誓就职之后，联邦政府进入执政阶段。一般而言，统一阵营的联合政府在政策领域的基本共识多，稳定性更强，而跨阵营的联合政府由于分属左右不同阵营，执政各党对于具体政策领域立场分歧大，又希望凸显自身特色和贡献，容易阻挠其他执政党所提方案设想，导致政府的具体决策常常陷入停滞或僵局，而置国家发展实际需求于不顾。例如，"交通灯"政府的三党在经济、财政、劳工和税务等不少政策领域的基本立场相左，2021年底上台执政后具体争端议题从国家安全战略、延长核电站运营时间、出台供暖法案、财政预算、欧盟债务政策到气候保护目标等不一而是，政府内部争吵攻讦不断，三党之间相互掣肘，矛盾争端公开化，民众对"交通灯"政府的满意度显著下降，三个执政党及其政要的民调支持率也受到极大拖累。与此同时，联邦政府的各种政策计划也可能会遭到反对党的批评与反对，导致相关决策在联邦议院无法通过。

6. 政治基金会

政治基金会是德国政治文化生活中的独特现象，对于政党工作起到重要的辅助支持作用。各个政治基金会均与某个政党保持紧密的合作关系，认同其基本纲领内涵和政治价值观，与该党合作开展形式多样的政治教育工作，其领导层成员也多为该党出生的议员以及现任或前任政府高官，但政党现任高层人员不得担任政治基金会的领导层职务。尽管如此，政治基金会不是政党的下属机构，多强调其组织和章程上的独立性和公益性。德国共有七大政治基金会，分别是亲基民盟的阿登纳基金会（KAS）、亲社民党的艾伯特基金会（FES）、亲基社盟的赛德尔基金会（HSS）、亲绿党的伯尔基金会（HBS）、亲自民党的瑙曼基金会（FNS）、亲左翼党的卢森堡基金会（RLS），以及亲选择党的伊拉斯谟基金会（DES），其中，历史最悠久的是创建于1925年的艾伯特基金会，历史最短的是2017年刚刚成立的伊拉斯谟基金会，该基金会成立次年与选择党建立起合作关系。

德国政治基金会的核心任务有多个方面：一是从事政治教育和民主教育工作，具体包括举办形式多样的会议、报告会和研讨班，以促进社会各界的沟通对话，增强公民的民主参与意识和责任感；二是为国内外大学生提供奖学金，在一定意义上为政党培养后备力量；三是开展科学研究和政策咨询，开展经济和社会领域的研究以及舆论分析，整理关于议会的重要资料，研究政党发展历史，部分基金会还设立了专门的战略规划部门；四是进行国际合作，具体包括维持基金会在世界各大主要城市代表处的日常运营，在第三世界国家与伙伴机构共同实施发展援助项目,并在世界各地开展其他国际合作。

  德国的政治基金会尽管在形式上必须独立于政党,不得向政党捐款,其领导层也避免由政党高层担任,但还是在很多领域和政党紧密合作,不仅在经济上为政党减轻负担,也为政党提供了重要的组织资源。德国政治基金会尤其在政策研究和决策咨询方面发挥重要影响力,甚至成为极具德国特色的全球顶级智库。根据由美国宾夕法尼亚大学"智库研究项目"(TTCSP)研究编写、具有国际权威性的《全球智库报告2020》,阿登纳基金会和艾伯特基金会分别名列全球顶级智库的第15位和第17位,伯尔基金会也榜上有名(第89位)。[①]

---

① James G. McGann, "2020 Global Go To Think Tank Index Report", *TTCSP Global Go To Think Tank Index Reports*, No.18, 2021, pp.65-69, https://repository.upenn.edu/think_tanks/18.

第三章

德国主要政党的历史嬗变

联邦德国是一个多党制国家，正式注册的政党多达上百个，相对稳定和持续进入联邦议院和各州议会从而发挥一定政治影响力的政党主要包括基民盟/基社盟（联盟党）、社民党、自民党、绿党、左翼党和选择党，其建党历史、成立背景、纲领立场、发展演变和当前处境各不相同，但共同构成德国温和多党制的政党格局。根据《基本法》规定，政党的成立是自由的，在举行成立大会、决定成立政党、通过纲领和章程并选举产生理事会之后，即可宣告成立。之后，理事会需要按照《政党法》的要求，将成立材料报送给联邦选举委员会，由后者审核其完整性，收录入不断更新的材料汇编（《政党和政治团体目录》）当中，公布其名称、简称、联系人地址、电话和电子邮件等信息，并需要在6年以内至少参加一次联邦或州层面的议会选举。不过，收录入政党材料汇编并不意味着该团体已被确认政党属性，只有当政党向联邦选举委员会提出参加竞选活动的申请、提交所需材料并被确认参选资格之后，其政党属性才能被正式认可。截至2023年8月，联邦选举委员会的《政党和政治团体目录》共计收录121个政党。①

德国政党数量虽然有上百个，但其影响力大相径庭。无论是从参政经历、党员规模，还是从所获得的议席和政府职务来看，德国最大的两大政党非基民盟/基社盟和社民党莫属。从联邦层面的参政经历看，自1949年联邦

---

① 数据出自联邦选举委员会，参见 Verzeichnis der Parteien und politischen Vereinigungen, die gemäß § 6 Absatz 3 Parteiengesetz bei der Bundeswahlleiterin Parteiunterlagen hinterlegt haben, *Die Bundeswahlleiterin*, https://www.bundeswahlleiterin.de/dam/jcr/477203a4-8602-497d-9311-89d9a7c7b78a/anschriftenverzeichnis_parteien.pdf。

德国建国至2021年，基民盟/基社盟执政52年，社民党作为主要政党执政20年，两党在历次联邦大选中的得票率也无一例外地分列前两位，1990~2021年，基民盟/基社盟领导政府24年，社民党领导政府7年（见表3-1）。从党员规模看，社民党长期稳居德国党员最多的政党地位，自2006年以来，社民党和基民盟的党员人数大体相当，如果将基民盟和基社盟党员人数相加，则已经超出社民党的规模。

表3-1 1990~2021年联邦议院第二票选举结果

单位：%

选举年	基民盟/基社盟	社民党	自民党	绿党	左翼党	选择党	其他
2021	24.1	25.7	11.5	14.8	4.9	10.3	8.7
2017	32.9	20.5	10.7	8.9	9.2	12.6	5.0
2013	41.5	25.7	4.8	8.4	8.6	4.7	11
2009	33.8	23.0	14.6	10.7	11.9		6.0
2005	35.2	34.2	9.8	8.1	8.7		4.0
2002	38.5	38.5	7.4	8.6	4.0		3.0
1998	35.2	40.9	6.2	6.7	5.1		5.9
1994	41.5	36.4	6.9	7.3	4.4		3.5
1990	43.8	33.5	11.0	5	2.4		4.3

资料来源：„Bundestagswahlergebnisse seit 1949-Zweitstimmen", *Bundestag*, https://www.bundestag.de/parlament/wahlen/ergebnisse_seit1949-244692。

除了两个大党，再撇开适用特殊规定的南石勒苏益格选民联盟不计，自2021年大选后进入联邦议院的政党还有四个，分别是绿党、自民党、选择党和左翼党，这些政党不但相对稳定地进入联邦议院，从而发挥全国性影响力，而且多次进入部分联邦州议会，甚至在联邦州层面参与执政，在德国政党格局中持续发挥作用，其中绿党和左翼党在个别联邦州成为主要执政党。鉴于此，本章聚焦阐述这六个具有全国影响力的主要政党的历史沿革、纲领演化、社会基础和组织架构。

一 基民盟与基社盟

基民盟和基社盟是所谓的"姊妹党"，通常合称为联盟党，它们共同构成了德国政党生态当中的特殊现象。这两个政党的组织架构相互独立，基社盟只在巴伐利亚州建立党组织，而基民盟则在除了巴伐利亚州以外的各州设立各级党组织。两党长期面向基督教教派的选民结成政党联盟，在联邦政治中步调一致，开展紧密合作，提出共同的总理候选人参加联邦大选，在联邦议院共同组成一个议会党团，联合进行各种活动。

（一）基民盟

1. 历史沿革

基民盟全称为德国基督教民主联盟（Christlich Demokratische Union Deutschlands, CDU），其历史可追溯至魏玛共和国时期的天主教和新教运动，继承了昔日德国中央党（Deutsche Zentrumspartei）保守的天主教社会理念，其成立于二战结束后的1945年，1950年10月发展成为一个全国性的政党。1945年下半年，美、英、法等国占领的德国西部地区开始允许政党活动，各地方组织纷纷涌现，基民盟也应运而生，1949年在战后的第一次议会选举中其以31%的得票率成为第一大党，组成了基民盟、基社盟、自民党和德意志党组成的多党联合政府，从而在一定程度上掌握了新成立的联邦德国的政治命运。1950年12月，来自全国各地的基民盟组织在戈拉斯召开联合党代会，宣布成立全国统一的党组织，并推举时任联邦总理阿登纳出任首任党主席。作为首任总理，阿登纳带领联邦德国逐渐走出战败国的阴影，融入西方，并逐渐为国际社会所认可，基民盟也稳居主要执政党20年之久，其中1960~1961年曾短暂单独执政。该党1969年在联邦议院选举中失利，屈居反对党地位，直至1982年在科尔的领导下东山再起，重新成为执政党，与自民党组成联合政府直至1998年。2005年大选后，该党在默克尔的领导下再度主导德国政治，尤其在欧债危机爆发后的2013年联邦选举中取得了41.5%的不俗成绩，差一点获得单独执政资格。在1949~2021年，该党领导联邦政府执政的时间长达52年。鉴于此，尽管该党在2021年联邦大选中以24.1%的史上最差得票率屈居反对党地位，但从其在联邦与各州层面的执政经历以及整体民调趋势看，仍旧保持着德国最为成功、最有影响力的政党地位，其执政理念在战后德国内政外交的发展上打下深深烙印。在各州层面，基民盟也占据较为主动的优势，长期在多个联邦州领导州政府，截至2023年4月，基民盟在6个联邦州领导州政府，在另外2个州参与执政，而该党在过去的表现更好，甚至曾经数次单独执政。建党70多年来，基民盟发展出独具特色的纲领内涵，并在应对各种内外挑战的过程中不断调整政策路线和政策主张。

2. 纲领演化

基民盟在德国政治光谱当中属于传统的右翼阵营，纲领立场保守，强调基督教价值观和自由价值观，同时也兼顾社会福利。作为一个政治上保守的政党，基民盟在各领域的政治保守主义色彩浓厚，对内推行社会市场经济理念与实践，也正是在基民盟籍的经济部部长艾哈德的主持之下，德国在二战之后建立起社会生产经济体制，与其主要竞争对手社民党相比，基民盟更加强调市场和自由竞争作用，在社会政策上更加主张控制和紧缩社会福利。在对外政策方面，基民盟特别重视与美国和其他西方盟国的合作伙伴关系，在战后初期积极推动德国走向西方：一方面，加强跨大西洋同盟伙伴关系，在北约的框架下获得重新武装和必要的军事安全保障；另一方面，将自身发展融入欧洲一体化进程，支持实现以欧洲共同体为基础和核心的欧洲统一，寻求在欧洲联合的框架下发展德国自身的实力和主导地位。

进入21世纪以来，尤其是在2005~2021年默克尔带领基民盟执政期间，为了吸引和争取位于政治中间地带的选民，拓展更广泛的社会基础，满足社会基本面的重要诉求，同时也是为了与诸如绿党这样潜在的合作伙伴结盟打下基础，基民盟不断调整政策重点领域，相关的纲领路线调整主要体现在该党提出的各类原则纲领、立场文件、政策文件以及竞选纲领当中。一方面，其逐渐吸收大量关于家庭政策、社会政策、环保政策、移民政策等并非该党传统内核的新议题，发展出自身的立场主张；另一方面，在已有政策领域则悄悄调整了传统的纲领内涵，努力对外展现一个适应时代变化、不断创新发展的现代政党形象。在这一调整过程中，基民盟从传统右翼政党悄悄地向左倾斜，向政治中间地带偏移，演变成为"中间偏右政党"。在基民盟2007年12月召开制定了第三份原则纲领并为今后20年的发展确定思想基础的汉诺威党代会上，默克尔就公开表示要占领社民党自动让出的中间阵地。

具体而言，在社会福利领域，进入21世纪之后的基民盟着重强调德国社会市场经济不仅是一种经济模式，也是一种社会模式，支持"人性化的社会市场经济"（2009年竞选纲领），体现"劳有所值"的理念。默克尔执政期间，在家庭政策、劳动政策等领域倡导并出台了不少看起来更加符合社民党特色的政策措施，在2002~2005年冯德莱恩担任家庭部（联邦家庭、老年、妇女与青少年部）部长期间，基民盟推出不少家庭政策措施，例如提高对家庭的补助和贫困人群的养老金水平，扩建托儿所等儿童照看设施，引入父母双方都可以领取的育儿费，等等。2015年德国正式引入法定最低工资标准。在环境、能源和气候政策领域，基民盟日益将生态和环境保护作为政策重点，该党也开始打出环保牌，支持扩建可再生能源，明确拒绝新建核电站，将核能作为过渡性技术，并最终在福岛核灾之后做出了2022年德国核能下马的重大决定。在移民政策领域，基民盟过去一直反对德国成为移民国家，主张面对外来文化的冲击，德国应当坚持推行以基督教传统价值观念和生活方式为特色的"主导文化"，不过，继2000年红绿联合政府对国籍法进行改革并于2005年生效《来民法》（Zuwanderung-sgeetz）之后，基民盟也逐渐开始接受德国已经成为移民国家的现实，主张加强促进外来移民在劳动力市场、社会政策、教育政策等各领域融入的举措。当然，与左翼政党相比，基民盟更侧重强调保障社会治安和加强管控。需要看到的是，基民盟阵营内部围绕路线调整也始终存在立场分歧和争执，党内左翼主张该党的路线方针应当更多兼顾社会政策，右翼则主张坚持经济自由主义，而在避难政策、国内安全和基因工程等新旧议题领域，党内观点立场的分化更加明显。

这一路线调整和政治"跨界"的整体结果是导致基民盟党员和支持者的范围不断拓宽，从企业家、经理人、公务员、专业技术人员和农场主拓展到工人、普通职员和自由职业者，延伸到几乎所有社会阶层，并吸引其他政党的支持者倒戈。例如，在2009年的欧洲议会选举中，从选民的职业背景来看，有35%的工人、34%的职员、38%的独立职业者、45%的退休人员和21%的失业者都投票给了联盟党，该党也成功争取到55万名原为社民党的选民。

从生态到社会福利，走亲民路线的基民盟不断吸收社民党和绿党的传统议题，挤压其生存空间，不过，在移民、避难、内部安全等右翼政党的传统议题上，该党难以牢牢把握主流话语权，也未形成鲜明特色，而且在基民盟整体政策立场向中间左倾的情况下，其右侧势必空虚，给其他右翼保守政党提供了乘虚而入的机会。2021年，基民盟在连续领导政府16年之后成为在野党，经历了一段时间后，该党在新任党主席默茨（Friedrich Merz）的带领下重新回到第一大党的地位，民调支持率逐渐止跌企稳，并与其他政党拉开了至少10%的差距。在政策纲领上，该党在2023年出台了题为"我们的德国议程"的纲领性文件，提出只有基民盟/基社盟才能代表市民阶层，并突出自身在治理国家、提供稳定政策和为中产阶层、中小企业和工业界减负等方面的能力特色，而在移民政策上，既强调德国面临劳动力短缺的现状需要制定移民政策，同时更强调需要严格限制非法移民并加快遣返。

3. 社会基础

从党员和铁杆选民的社会构成和所依赖的社会资源来看，基民盟是典型的立场保守的"社会环境党"，其党员主要是传统保守精英阶层和基督教徒，拥有传统保守的责任伦理观和家庭观，要求秩序、平衡与安全感，职业上主要包括企业家、经理人、公务员、专业技术人员和农场主等，该党的忠实选民也更多来自这些社会群体，与其他政党相比，基民盟也获得比较多的经济界财政支持。① 不过，随着二战结束之后德国社会的世俗化进程加速，传统的基督教社会环境日益式微，自20世纪60年代起基民盟所依赖的社会基础和权力资源趋于弱化，基民盟在1969年和1972年两次大选失利后沦为反对党。此后，基民盟开始着手调整自身定位和组织架构，以适应社会环境的变化趋势，向全民党转型，逐步向非基督教徒开放，意图将不同社会背景和职业群体的支持者统一在本党基本价值观的引导下，这一调整也取得显著效果。从党员规模的发展来看，该党由阿登纳上台初期大约30万名党员增加到1990年的79万名党员，长期保持着党员规模第二大政党的地位。

和其他传统政党类似，进入21世纪以来，基民盟的社会基础日渐薄弱，这主要体现在党员规模的缩减以及支持者群体的老龄化现象上。一方面，该党党员规模整体萎缩，2021年党员人数锐减至38.4万名，较之1990年的高位下跌了一半；另一方面，老龄化程度较高，无论是从本党党员和还是从支持者来看均如此。截至2022年，该党党员当中半数以上都已经超过60岁，该党党籍的联邦议员平均年龄为49.5岁，超过了联邦议院各党团47.3岁的平均年龄。② 如果考察不同年龄段选民的选举行为，则可以清楚看出，基民盟更多得到老年群体的支持，以2021年联邦大选的投票行为为例，基民盟在70岁以上的年龄组选民当中最受欢迎（30.8%），而在18~24岁年龄组选民当中，其所获得的选票率（8.2%）远低于该党在各年龄组的平均水平（18.9%，以有效第二票计算）。③

4. 组织架构

基民盟在组织架构上表现出两个突出特点：一是联邦制结构；二是相对

---

① 基民盟一个重要的资金来源是企业捐款，不过，科尔执政末期的政治献金丑闻一度令该党陷入危机。
② "Der Bundestag wird weiblicher und jünger", *Bundestag*, https://www.bundestag.de/dokumente/textarchiv/2021/kw39-wahlstatistik-863722.
③ Frank Decker, "Wahlergebnisse und Wählerschaft der CDU", *bpb*, https://www.bpb.de/themen/parteien/parteien-in-deutschland/cdu/42068/wahlergebnisse-und-waehlerschaft-der-cdu/.

稳定的领导层。基民盟在组织结构上的联邦制特点比其他政党更为突出，无论是从人员配备还是从收入角度而言，各联邦州联合会都拥有较多的权力资源，传统上独立性很强，往往会根据各自地方政治的特点制定各具特色的政策纲领。一般而言，可以上台执政乃至较长时间执政的州联合会和州长在党内的影响力更大，尤其是当基民盟在联邦层面在野的时期，那些基民盟的州长的地位更加突出。另外，联邦大选的议员候选人都是由各州联合会以及县联合会推荐产生，这也增加了地方层面政党组织的分量。基民盟执政的联邦州州长一般都会进入联邦理事会，这在一定程度上加强了两个层面之间的相互融通。

与其他政党相比，基民盟的领导层相对稳定，更注重内部团结和较为紧凑的领导结构，党主席对于决策发挥核心作用，历来就有党主席由在政府或者议会当中担任最高职务的党内政要来兼任的传统，以便保障党内的团结一致。换言之，如果该党执政，党主席通常由联邦总理兼任；如果该党在野，则党主席通常由联邦议院党团主席兼任。在基民盟历任党主席中不乏任期超长的"政治常青树"，以至于该党建党至今总共只出过10位党主席，其中，任职时间最久的科尔担任党主席25年、联邦总理16年之久；阿登纳担任党主席20年①、联邦总理13年；默克尔担任了18年党主席、16年联邦总理。在科尔担任党主席期间，基民盟主要对手社民党前后出现5位党主席和多位总理候选人，默克尔担任党主席期间，社民党更换过9位党主席，基民盟内部的政治稳定性由此可见一斑。不过，自从默克尔2018年辞去党主席职务后，该党内部短暂出现过领导层危机和权力斗争，一度频频换帅，在这期间的2021年，拉舍特仅担任了不到一年的党主席职务，在该党历史上创下任期最短纪录，直到2021年底默茨担任党主席之后，该党领导层才重新归于稳定。

自默克尔上台以来，基民盟开始对党内政治意志形成和决策过程进行较大幅度的改革与调整，着手推进民主化进程，加强党内普通党员的参与权。尽管党内高层仍旧在重要决策中发挥主导作用，但党内各种委员会的作用有所削弱，决策过程比以往更多考虑基层以及地方层面党组织的意见和诉求。一方面，基民盟日益重视在所谓的"地方会议"发挥作用，因为通过这一形式，可以更好地将党内基层引导到高层路线方向上，并且可以直接与选民以

---

① 20年时间的算法计入1945~1950年基民盟初创阶段。

及媒体加强联系；另一方面，基民盟日益重视采取以党内初选、即全体党员投票选举的方式做出重要的人事决定，尤其是各州联合会在例如领衔候选人等问题上越来越多地诉诸党内初选，问计基层党员，而这在以前更多是社民党这种左翼政党的特色。例如，在2021年拉舍特因为联邦大选失利辞去党主席职务之后，基民盟就采取了党内初选的做法，由全体党员投票选举党主席，实际有大约60%的党员即24万人参与投票并推举默茨当选，党主席的产生也由此被赋予了更多的民主正当性。

（二）基社盟

基社盟全称为德国基督教社会联盟（Christlich-Soziale Union Deutschlands, CSU），成立于1945年12月的慕尼黑，也是二次大战后在德国新成立的政党，与基民盟同样部分脱胎于天主教特色鲜明的德国中央党，该党建党的初衷是发展成为新的跨教派的基督教自由保守党。基社盟在巴伐利亚州长期执政，是联邦德国唯一具有全国性影响的地区性政党，除了建党初期的1945~1946年以及1954~1957年的短暂时期，基社盟在其他时间里始终作为主要执政党执掌巴伐利亚州政府，其单独执政的时间长达50年，其中在1966~2008年间甚至连续单独执政长达42年之久。自2018年至今，该党与自由选民党（FW）联合执政。在基社盟的领导下，巴伐利亚州实现了由农业州向发达工业州和高科技州的经济发展与现代化转型。

在组织结构上，基社盟表现出典型的联邦制结构。在联邦层面，该党与基民盟实现紧密合作，在议会党团组成联盟党议会党团，提出一位总理候选人，因此在联邦议院大选中这两党实际上是同一支力量，基社盟政要在历史上还曾两度出任联盟党总理候选人，分别是施特劳斯（Franz Josef Strauss）和施托伊伯（Edmund Stoiber），但二人均未能领导联盟党在大选中胜出。与基民盟类似，基社盟领导层相对稳定，党主席是党内核心决策者，在该党历史上最具影响力的政要是施特劳斯，他曾担任27年之久的党主席（1961~1988年）和巴伐利亚州州长（1978~1988年）职务。而在基社盟历史上的大部分时间里，党主席和州长的人选也都是合二为一，党主席索德尔（Markus Söder）自2018年以来就担任巴伐利亚州州长。在各州以及地方层面，基社盟设立的党组织仅限于巴伐利亚州，建有严密的组织结构，按照行政区划设立起州联合会、区联合会、县联合会和地方联合会，其中，区联合会设在该州的上巴伐利亚、下巴伐利亚、上普法尔茨等7个行政专区以及慕尼黑、奥格斯堡等3个大城市。基社盟的最高权力机关是巴伐利亚基社盟代表大会，除此以外还设立了政党委员会、主席团、州理事会以及8个工作小组，包括巴伐利亚青年联盟、妇女联盟、经济工作委员会、中小企业联盟、被驱逐者联盟等附属组织机构。该党办有机关报《巴伐利亚信使报》。

基社盟的党员成分和基民盟基本类似。基社盟的党员绝大多数都是基督教徒，大部分为大企业主和中高级职员等社会境遇较为优渥的社会群体。从政治捐款的来源来看，基社盟的经济后盾主要是汽车制造、建筑、保险、军工、金融等领域的一些大企业和经济联合会，例如金属与电气工业联合会、建筑业联合会、戴姆勒集团、安联保险集团、莱茵金属和空中客车防务与航天公司等。该党在建党初期一度走过权贵党的发展路线，在党员规模、经费和组织管理等方面带来不少问题，直至1955年赛德尔领导该党之后才逐渐将其改造成为一个现代化的大众型政党，党员发展走上正轨，并在组织结构上深度嵌入巴伐利亚州的政治和社会发展，这在极大程度上保证了该党在巴伐利亚州的长期政治成功。不过，自两德统一以来，基社盟的社会基础有所弱化，从1990年到2021年，该党党员人数从18.6万人减少至13万人。

基社盟在政治上的定位是保守力量，该党吸取了第三帝国和两次世界大战的历史教训，并接受了德国战后的世俗化发展趋势，希望在基督教道德伦理、社会福利、法治国家等基本原则和价值观的理念基础之上，发展出面向"所有社会阶层和社会团体公民"的政治纲领。① 自1946年以来，基社盟数次推出党纲和原则纲领，逐步确立了建立在基督教色彩的观念、文化传统和社会政策基础之上的基本政治纲领，该党在对内和对外政策上的立场路线与基民盟基本保持一致，不过在教育、家庭观、堕胎、外来移民以及联邦制等议题上，该党比基民盟更加保守，更加强调保护家庭的角色，并主张加强联邦制的辅助性原则。在经济政策上，该党偏重强调保护财产，保护和促进中小企业和农业。基社盟长期深耕巴伐利亚州地方，希望借助这一传统特色优势获得并维持在该州单独执政的地位，但与此同时，该党也希望突出自己不仅仅是个地方性政党，努力在强大的"姊妹党"基民盟之外确立自己的独立性和特色。

在多年执政的过程中，基社盟不断将自身的政策议题和政治内涵拓展到

---

① Klaus Schubert and Martina Klein, *Das Politiklexikon*, Bonn: Verlag J. H. W. Dietz Nachf. GmbH, 4. erweiterte und aktualisierte Auflage, 2006, pp. 67-68.

外交、教育、科技、研发、欧洲一体化、代际公平、社会福利、环境保护和气候变化等政策领域，不但进一步巩固了自身在经济能力上已经树立起的良好形象，而且在其他政党的传统特色领域上也显著加强了其影响力，由此不断巩固执政地位并稳步提升执政能力。具体而言，在生态领域，基社盟在2011年福岛核灾之后就提出并推行了能源转向的基本政策，在能源环保方面大有和绿党一争高下的势头；在社会公正领域，基社盟也开始原则上支持法定最低工资标准，把为在家抚育幼儿的父母发放儿童抚育津贴树立为本党推动的一项核心政策，并积极主张建立补充养老金机制，以预防老年贫困，逐渐借鉴了社民党的一些特色主张，并发展出自身的相关原则立场和特色纲领；在欧洲政策领域，基社盟也不断提出自身的设想，并着重加强本党在欧洲议会等欧盟机构当中的政治活动，希望扩大在欧洲政治领域的话语权。

（三）联盟党的内部派系

联盟党内部传统上存在一些派系和团体，各自代表党内以及选民的某方面特殊利益诉求，例如代表某一立场方向、行业职业、政策领域或者某种社会特征，提供发声渠道，这些团体有些是联盟党按照党章正式设立的党内组织，有些是正式注册的协会，还有一些则仅仅是非正式的小圈子，甚至不一定获得本党高层的承认和认可，其中一些团体的组织架构采取联邦制的方式，即在联邦、各州以及地方均建立起各级组织。这些团体多数由基民盟成员发起成立，但同样也吸纳基社盟政要和党员参加，由此成为"姊妹党"之间的重要连接纽带。同时，这些团体也允许非党员加入，但各级负责人往往由联盟党要员担任。

联盟党内部围绕政策立场和方向形成的各种派系大体可以分成三大派系，分别是保守派、自由派和社会派，其最有影响力的代表分别是"价值观联盟""中小企业与经济联盟""基督教民主职工委员会"，其中，"价值观联盟"代表党内保守势力，与默克尔时期的现代化改革路线形成抗衡，反对在经济社会和难民政策等各方面向中间地带靠拢；"中小企业与经济联盟"同样代表党内的右翼力量，不过该团体侧重代表党内的市场自由主义势力；联盟党的左翼力量传统上集中在"基督教民主职工委员会"当中。除了政策与立场方向的分野，联盟党内还形成了代表特定社会群体的组织，包括妇女联盟（FU）、老年联盟（SU）以及青年联盟（JU）等，其中，青年联盟的成员有9万多人之众，是不少青年党员在党内发展与晋升的重要平台，因而在联盟党内部拥有一定的影响力。

1. "价值观联盟"

"价值观联盟"成立于2017年，最初注册的协会名称是"自由保守觉醒"，改名后更加突出价值观方面的特色，有4000多名成员。该团体将自身定位为保守的基督教民主团体，着力打造联盟党的"保守品牌内核"，极度不满联盟党在默克尔时期朝着"左倾"方向发展的趋势，在2018年发布"保守宣言"，要求基民盟改变路线方针，回归保守立场。"价值观联盟"在联盟党内饱受争议，由于与领导层观念不和，甚至没有获得本党高层的承认，2018年基民盟理事会和主席团均表态不承认包括"价值观联盟"在内的各种新成立的团体，希望避免党内分裂和碎片化，以默茨为首的党内高层同样与"价值观联盟"之间龃龉不断。2023年1月，前联邦宪法保卫局局长马森当选"价值观联盟"主席，马森曾多次因其右翼民粹主义、种族主义以及关于选择党的言论在基民盟内部引发不满，甚至被要求开除出党。

除了"价值观联盟"，代表联盟党内部保守势力的还有"柏林团体""爱因斯坦团体""艾克桑特团体"等非正式的议员或党员团体，这些团体或私下定期碰头，或出台公开的政治宣言，均偏重强调该党的保守思想要素，主张通过相关政策加强德国传统保守的价值观和家庭观，对于联盟党的路线方向选择也产生一定影响。

2. "中小企业与经济联盟"

"中小企业与经济联盟"是根据基民盟和基社盟各自的党章程正式成立的党内机构。两党成立早期，内部就已经存在代表中小企业经济界利益的各种团体和委员会，1956年中小企业协会在其基础上成立，并获得基民盟联邦党代会的官方认可，1995年中小企业协会与经济协会合并，并于2019年正式改名为"中小企业与经济联盟"。"中小企业与经济联盟"由企业主、自由职业者、农场主、行政管理层以及行业协会和利益团体经理人等各界人士组成，坚持奉行德国"经济奇迹之父"艾哈德时代的社会市场经济政策理念，主张基于自我责任的自由经济社会秩序，保障自由市场竞争，反对国家干预经济生活，重点致力于推动和促进中小企业。

除了"中小企业与经济联盟"，在联盟党内另一支致力于中小企业促进并与前者保持密切合作的力量是"中小企业议会团体"（PKM），其特点在于全部由联盟党联邦议员组成，是联盟党联邦议院党团的内部组织，截至2022年其包含144名成员，不少人都身居要职，历史上艾哈德本人就曾经是该团体成员。"中小企业议会团体"与各类中小企业行会组织保持联系，专门致力于与中小企业相关的议题，在降低赋税、创造公平竞争和市场准入条件等方面代表中小企业的利益，往往在相关立法草案出台之前进行商议。

3. "基督教民主职工委员会"

"基督教民主职工委员会"也称作基民盟社会委员会，1946年正式成立，其思想根源可以追溯到19世纪早期反剥削、反贫困的基督教社会运动和基督教伦理思想，主要由基民盟党内左翼人士组成，并与工会保持密切联系，基社盟党内同样也相应形成"基督教社会职工委员会"（CSA）。"基督教民主职工委员会"从成立之初就对基民盟的纲领以及战后德国的社会生产经济体制产生重要影响，强化了联盟党的政策内核，对于联盟党发展成为代言各阶层利益的全民党发挥了关键作用。具体而言，该团体代表雇员及其家庭的利益，主张国家与经济为人服务，构建社会伙伴关系解决社会问题，其政策重点是社会政策，包括养老金保障、稳定的就业和劳动力市场政策、卫生防护、护理保险和社会保障等。正是在"基督教民主职工委员会"的倡导下，德国在1995年引入护理保险作为社会保障体系的第五大支柱。

二 社民党

（一）历史沿革

德国社会民主党（Sozialdemokratische Partei Deutschlands，SPD）脱胎于工人运动，是德国最早成立的工人阶级政党，也是现存历史最悠久的政党，同时还是欧洲国家执政时间最长的社会民主党之一。2023年是社民党成立160周年，该党历经不同历史时期的风云变幻，在德意志帝国时期遭到俾斯麦的打压，在魏玛共和国时期短暂上台执政，在纳粹帝国时期遭遇党禁和迫害，在联邦德国时期多次参与或者领导政府，以社会公正理念推动福利国家建设和劳工权益保障。在长期发展过程中，社民党见证了工人阶级的形成壮大与德国社会结构的重组变化，自身也完成了若干次路线转型。

社民党始建于社会民主活动家拉萨尔1863年在莱比锡创立的"全德工人协会"（ADAV），这也是德国首个工人阶级政党。1869年，倍倍尔和李卜克内西在爱森纳赫创建社会民主工人党（SDAP）。1875年，两党在哥达举行合并代表大会，正式建立起社会主义工人党（SAP），此后该党成为俾斯麦的重点打压对象。1890 年，在《反社会党人法》废除后，该党更名为德国社会民主党（SPD），这一名称沿用至今。在 1891 年的党代会上，社民党通过《爱尔福特纲领》，将马克思主义确立为纲领意识形态。此后，社民党进入支持率稳步上升的阶段，党员队伍不断壮大，在一战之前发展成为德国最大的政治力量。时至今日，党内尤其是实用主义者当中已经形成了共识，将成立全德工人协会的 1863 年作为本党创建年份，不过，支持马克思主义传统的派系更认可 1869 年爱森纳赫乃至 1891 年爱尔福特时期的社民党，将这一时期视为本党的创建源头，从这当中也可见社民党内不同派系在纲领上的分歧。

一战末期，工人运动和左翼政党均出现分裂势头。1917 年，社民党内围绕战争贷款问题产生分歧，以卢森堡和李卜克内西为代表的党内左翼连同以考茨基和伯恩斯坦为代表的党内中间派退党并成立独立社会民主党（USDP），后者成为 1919 年成立的德国共产党（KPD）的部分建党来源，经历分裂的社民党实力相应削弱。在魏玛共和国时期，社民党在德国历史上首次确立民主共和制中发挥了关键作用，推举出首位总统艾伯特，但难以应对一战之后德国陷入的政治、经济和社会危机，仅仅短暂执政。在 20 年代社民党曾维持了百万之众的党员规模，在 1932 年之前始终保持国内最大政治力量的地位，1933 年 6 月社民党被纳粹解散，并在二战结束后于 1945 年 10 月重建。

1949 年联邦德国成立后，社民党在很长时间里独占左翼阵营。德国共产党在 1956 年遭到党禁，后虽在 1968 年重组成立了德国的共产党（DKP），但始终处于政治边缘地位，无法与社民党匹敌。尽管如此，社民党在联邦德国建国初期的发展并不顺利，由于其主要竞争对手联盟党在推行社会市场经济理念、领导德国战后重建并进入经济发展的快车道方面大获成功，社民党的左翼纲领特色未能展现显著优势，影响力有限。直到 1959 年 11 月，社民党制定具有里程碑意义的《哥德斯堡纲领》，实现"开明的市民阶层与工人阶级"（前总理勃兰特语）之间的政治结盟，走上政治实用主义路线，转型成为全民党后，该党才在 20 世纪六七十年代经历了一段上升期，实现了多个突破：1966~1969 年社民党首次作为执政伙伴加入基民盟内阁；1969~1982 年首次作为主要执政党，先后在勃兰特和施密特的领导下与自民党联合执政；在 1972 年的大选中，该党得票率首次超过基民盟。

在执政期间，社民党在联邦德国的内政外交发展上打下深刻烙印：在经济政策上，该党既与市场经济秩序和解，同时又主张加大国家宏观调控和干预能力，通过强调凯恩斯式的国家规制来降低经济风险，在经济能力上针对基民盟扳回一局；在社会政策上，该党始终推进建设福利国家，增加普通民众受教育机会，赋予工会更多参与决定权，主张文化多元和少数群体权利平等；在外交政策上，该党既接受了阿登纳的亲西方政策，同时又在社民党主席兼联邦总理勃兰特及其幕僚巴尔的设计和推动下，提出和实施了"以接触促转变"的新东方政策，极大缓和了联邦德国与苏联和东欧国家的关系，对德国外交政策的基本原则产生了重大影响。

1982年，社民党在大选中不敌科尔领导的基民盟，之后在20世纪八九十年代进入停滞阶段。1990年9月，原西德与原东德地区的社民党合并，在同年12月的联邦议院选举中得票率达33.5%，成为联邦议院最大的反对党。1998年，施罗德击败科尔出任联邦总理，领导社民党在时隔16年之后重新上台执政，与绿党组成联合政府。在执政期间，施罗德对劳动力市场和社会保障体制进行了改革，但未能立即扭转高失业率和公共债务的局面，只有在外交上凭借对伊拉克战争的态度获得较多民众支持。施罗德推行"第三条道路"和社会保障以及劳动力政策领域的"2010议程"改革，不但引发铁杆选民不满，同时也导致党内分裂，以拉方丹为首的党内左翼于2005年离开社民党，创建劳动与社会公正选举联盟（WASG）。

自1998年之后，社民党在联邦层面不间断执政（除了2009~2013年间的黑黄联盟），尽管多数时间里只是作为执政"小伙伴"。作为长期参与执政的中左翼政党，社民党自觉发挥政治稳定锚的作用，承担起整体责任，将自身定位为广泛社会阶层的政治代表，习惯于在公众沟通、妥协和政治调和方面发挥作用，推行"共识政治"，谋求政治与社会各界就经济、社会与生态的平衡发展形成基本共识。这一中间定位以及调和路线赋予社民党很强的政治结盟优势，容易作为执政联盟的备选项上台执政。尽管2005年社民党失去主要执政党地位，但之后仍旧三次作为"小伙伴"参与默克尔领导下的大联合政府，积极采取共识政治和政治妥协路线。不过，三届大联合政府的执政经历也恰恰成为社民党难以打破的两难困境和"魔咒"，即始终无法走出联盟党的阴影，越是参与执政，发挥政治影响力，民调和选举结果就越差，对本党的损害也越大，公众对其感知度偏低，更多将政绩功劳记在联盟党名下，或是转向支持在野党。在数次大联合政府中，社民党成功推动了法定最低工资标准等一系列劳工权益和社会政策，但均未能将这些政绩转化为本党的特色红利。在 2017 年大选失利后，尽管社民党第一时间宣布不再参与大联合政府，但社民党仍在联盟党陷入组阁僵局且对其政策诉求和部长职位安排做出较大让步的情况下，出于稳定德国政局的考虑再度参与执政。

进入 21 世纪以来，社民党在现实政治和激烈的政党竞争中发展态势不尽如人意，同时遭到来自左翼和右翼阵营的威胁，难掩下滑态势和危机症状，选举得票率持续陷入低谷，2009 年联邦大选中仅获得 23% 的得票率，为联邦德国建国以来的最差表现。2017 年初，舒尔茨以 100% 的超高人气当选党主席并出任总理候选人，引发大量新成员入党和社民党民调支持率激增的"舒尔茨效应"，但该党在 2017 年大选中却以 20.5% 的得票率再次刷新了历史低位，在同期各州议会选举中同样表现不佳。此后，社民党着力从核心特色、纲领内涵、组织结构和社会参与等方面实施改革，努力凸显本党与其他政党尤其是基民盟的差别，改善政治动员能力以及公众对本党的认知和接受度，并收到一定成效。在 2021 年 9 月的联邦大选中，朔尔茨带领社民党以 1.6% 的微弱优势击败联盟党，重新成为主要执政党，领导了德国历史上首个"交通灯"政府。不过，社民党上台执政不到半年时间，其民调支持率即被联盟党稳定反超，只能在 20% 左右的低位徘徊，与全盛时期相比跌落半数有余，仍无法走出较长期的低谷，社民党也因此日益被质疑能否维持全民党的地位。[①]

在联邦州层面，社民党凭借其超强的政治结盟能力在 11 个州上台执政，其中，在 6 个州作为主要执政党领导政府，在 1 个州（萨尔州）单独执政，在其他 4 个州则是作为"小伙伴"参与执政。

（二）纲领演化

在政治上，社民党高举社会公正的旗帜，奉行民主社会主义的指导思想以及自由、公平和团结的基本价值观；在经济上，主张在推行自由竞争和企业自主的同时要有一定的计划和控制。社民党在其 160 年的发展历程中先后制订过八部党纲，分别是 1869 年的《爱森纳赫纲领》、1875 年的《哥达纲领》、1891 年的《爱尔福特纲领》、1921 年的《格尔利茨纲领》、1925 年的

---

① 社民党民调支持率参见"选举研究小组"长期民调数据，„Projektion seit 01/1991: Wenn am nächsten Sonntag wirklich die Bundestagswahl wäre", *Forschungsgruppe Wahlen*, https://www.forschungsgruppe.de/Umfragen/Politbarometer/Langzeitentwicklung_-_Themen_im_Ueberblick/Politik_I/#Projektion。

《海德堡纲领》、1959年的《哥德斯堡纲领》、1989年的《柏林纲领》和2007年的《汉堡纲领》，其纲领路线不断经历传承与演化。《哥德斯堡纲领》《柏林纲领》《汉堡纲领》均延续了民主社会主义的历史传统，但同时也对这一指导思想进行了重新阐释。有学者认为，鉴于民主社会主义的概念同样被左翼党和共产党使用，存在相互混淆的风险，自《哥德斯堡纲领》起，社民党就已经采用社会民主主义这一更加精确的概念取而代之。① 这一观点并未获得广泛支持，在三部纲领中，民主社会主义和社会民主主义这两种表述均同时并存，而《哥德斯堡纲领》中所确立的中左翼全民党的定位和社会民主主义的行动原则一直沿袭至今。伴随着历次纲领路线的调整，社民党在政党体制中的地位发生了根本性的变化，逐渐从阶级党以及工人阶级利益的代言人转型成为代表精英主流的"中左翼的全民党"。

在历史上，社民党的纲领路线多次出现反转，党内围绕着纲领和路线多次出现内部斗争，导致党派分裂并创建新的政党。建党初期，该党在马克思主义和现实政治之间展开激烈的路线斗争。以考茨基为代表的革命派捍卫马克思主义的正统地位，延续马克思、恩格斯对资本主义的批判和阶级斗争思想，要求推翻资本主义政权，以社会主义体制取代；以伯恩施坦为代表的修正派则主张通过社会改良逐步改善工人阶级的社会现状。1875年在哥达的社会主义工人党成立大会上，改革派和革命派尽管在自治、民主、减少统治阶级的特权等方面观点一致，但是对实现的途径争执不休，所通过的《哥达纲领》偏重强调现实政治和折中妥协。1891年的《爱尔福特纲领》虽由考茨基和伯恩施坦共同撰写，但明确将马克思主义确立为社民党的理论精神和纲领意识形态。一战之后的魏玛共和国时期，社民党通过1921年的《格尔利茨纲领》向其他阶级开放，不再提阶级斗争。1925年的《海德堡纲领》却又带来纲领上的再次转折，重新提出社民党的斗争目标是取消阶级统治、实现社会主义。在这一时期，社民党作为执政党尝试在左右阵营之间发挥调解作用，维护国家稳定，但左翼阵营内部缺乏凝聚力，无法实现民主进步力量的联合，并争取市民阶层的支持，最终未能阻止纳粹党的崛起。二战之后，1959年的《哥德斯堡纲领》在经历了12年纳粹统治和10年的波恩共和国之后偏离了马克思主义，摒弃了马克思主义的概念和主张，转而与联邦德国以

---

① Thomas Meyer, „60 Jahre Godesberger Programm.» Auf der Höhe der Zeit«", *Neue Gesellschaft/ Frankfurter Hefte*, https://www.frankfurter-hefte.de/artikel/auf-der-hoehe-der-zeit-2833/.

及社会市场经济和解,并纳入西方体系,社民党在开放之后为其大选成功和参政奠定了基石。之后,从1989年的《柏林纲领》到1998年的竞选纲领,再到2003年的《威斯巴登声明》,社民党最终完成了由"纲领党"向"选举党"的全面转变。

二战结束后,社民党主要经历了三次较大幅度的路线方向选择与战略调整。

其一,二战后完成"去意识形态化"。20世纪中叶,社民党日渐淡化意识形态色彩,1959年《哥德斯堡纲领》的推出标志着该党终结了在马克思主义和现实政治之间的摇摆,放弃了马克思主义关于无产阶级革命的理论基础,实现去意识形态化和思想路线转型,不再突出强调代言工人阶级利益对抗资产阶级,从工人阶级政党转变成为中左翼的全民党。社民党在纲领中将扩建福利国家、提高社会保障和就业水平作为主要政策目标,并将自身定位为包括工人阶级在内的一切民主进步力量、代表全体人民利益的政党。[①]由此,社民党确立了面向社会各阶级开放的市民阶层政党乃至全民党的发展定位。在纲领路线调整到位后,社民党成为实用主义的改革党,开始走向政治务实道路并执政参政。

其二,20世纪末走上"第三条道路"。战后经济的高速发展和福利国家建设给德国社会结构带来变化,催生大批新中间阶层,为争取更多选民支持,社民党对自身进行重新定位,向政治中间地带靠拢,尝试在社会主义和资本主义之间找到"第三条道路,发展成为中左政党和'新中间派'"。1989年,社民党顺应时代要求制订《柏林纲领》,并于1998年进行了修订,新的党纲瞄准后工业化社会选民需求的新特点,告别旧的增长思维,更加强调经济与社会可持续性等后物质主义价值观目标,拓展了生态、社会等新的政策领域和议题。1999年,时任英国首相布莱尔和德国总理施罗德发表"布莱尔-施罗德宣言",宣称要让欧洲社会民主政党跟上时代。为降低长期失业率,施罗德自2003年起主动向社会福利体系和劳动力市场开刀,先后在劳动力市场和社会保障领域推出以"哈茨法案"和"2010议程"为核心的市场自由主义色彩浓厚的社会改革措施,逐步偏离了该党强调和维护社会公正的纲领特色,弱化了社民党树立的传统形象,导致工人及社会底层对其

---

① Uwe Jun, „Parteien und Parteiensystem der Bundesrepublik Deutschland", *Informationen zur politischen Bildung*, Vol. 328, Iss. 4, 2015, p. 38.

失望和摒弃。① 鉴于此，2007年，社民党推出《汉堡纲领》并沿用至今，吸取施罗德时期劳动力市场改革和社保体制改革的教训，尝试在改革派和传统派之间寻求妥协。

其三，经济危机背景下追随新自由主义路线。在2007~2008年国际金融危机、欧债危机及其余波不断发酵的过程中，社民党再度展现出在传统和现实路线之间的摇摆，在与中右阵营联合执政的大联合政府中追随执行传统右翼政党的路线，支持财政紧缩政策和欧元区危机管理理念，纲领思想进一步右转，与新自由主义合流，这一路线同样被视为背离了社会民主主义原则，是向新自由主义的妥协让步。尽管资本主义的危机为左翼政党提供了"驯服资本主义"的绝佳时机，但社民党难以拿出新自由主义之外的其他替代方案。在之后的若干次大联合政府中，社民党的参政行为都表现出其路线上的右转，致使其民调和大选表现均陷入低迷状态。

10多年来，面对长期的支持率低谷，社民党内部对于纲领发展的方向性问题展开了反思和讨论，并着手进行新一轮的调整。在这一过程中社民党表现出两个方面的发展动向。

一方面，社民党逐渐回归社会公正的传统核心特色。作为左翼政党，社民党的核心议题是社会公正、劳工权益、分配正义和社会领域的可持续性，近年来，该党重拾核心议题，将社会公正议题确立为优先政治议程，以期重新争取中低收入阶层的信任，修复施罗德时期劳动力市场改革的后续负面影响。在社会福利、民生、养老、劳动力市场、税收、教育、护理等政策领域，该党持续为弱势群体推出新的平等权益诉求，致力于不断提高公民收入。德国于2015年引入了最低工资标准和基本养老金，在很大程度上都得益于社民党的推动，是其标志性政绩工程。在2021年的竞选纲领中，社民党又提出众多社会权益诉求，包括将最低工资标准提高至每小时12欧元，将"哈茨四号"失业金改为"公民福利金"以提供更高水平的基本保障，扩建免费的托儿所、全日制中小学等基础设施，加强对租赁工的政策监管，提高子女补贴金。

另一方面，社民党希望从时代发展中拓展纲领内涵。该党顺应经济社会新形势和时代要求，对其现有纲领内容进行相应的调整，2021年的竞选纲领

---

① 伍慧萍：《欧洲社会民主政党的生存现状与发展前景：从整体低迷到初现起色》，《当代世界》2019年第2期。

注重结合时代议题，突出数字化、社会、环保等时代任务和挑战。社民党重点聚焦于三大议题领域提出自身的创新政策主张。第一，资本主义批判与替代方案。面对资本主义的危机症状和贫富分化问题，社民党就所有制、社会福利等政策领域提出各种批判、革新和替代方案，并拿出具体的政策主张，例如，社民党在柏林执政期间出台有关房租上限的规定，以抑制大城市房租上涨的势头，社民党青年组织前党主席屈纳特主张将大企业集团和大型房地产企业国有化。第二，数字化转型。社民党持续就"数字资本主义"和"劳动4.0"展开深入研讨，探讨其对于工作世界和劳工权利保护等本党核心议题带来的影响并提出具体应对建议，例如要求在企业数字化建设中保障职员的参与决策权。第三，环境保护。该党希望弥补在环保议题上的短板，在2021年竞选纲领中就此提出了不少具体要求，例如要求2030年前至少有1500万辆电动汽车上路，2040年前以可再生能源覆盖德国所有能源需求，等等。

（三）社会基础

作为拥有悠久建党历史的大众型政党，社民党早年长期定位为工人阶级党，其党员的社会组成也是以亲工会的产业工人为多，[①] 产业工人和新中产阶层始终构成社民党的中坚力量和"铁杆选民"。不过，政党研究学者德克尔认为，社民党从来都不是纯粹的工人党，即便在《哥德斯堡纲领》之前的发展阶段，该党也并不是单纯依靠工人阶级的支持，而是已经向新晋职员阶层开放，之所以如此，主要是社民党在信仰天主教的地区发展缓慢，始终难以争取到这一地区工人阶级的支持，此外，该党只有在同时争取到工人阶级和新中产阶层支持的情况下才会有较好表现。社民党党员中有42%的人都从业于公共服务部门。[②] 从党员教育背景来看，社民党党员的平均受教育程度虽一度低于其他政党，但自20世纪60年代末以来其吸引了大量受过良好教育的左翼知识分子和中产阶层人士加入，因此整体学历水平在稳步上升，尤

---

① Ulrich von Alemann, *Das Parteiensystem der Bundesrepublik Deutschland*, 4. vollständig überarbeitete und aktualisierte Auflage, Wiesbaden: VS Verlag für Sozialwissenschaften, 2010, p. 170.
② Frank Decker, „Wahlergebnisse und Wählerschaft der SPD", *bpb*, https://www.bpb.de/politik/grundfragen/parteien-in-deutschland/spd/42093/wahlergebnisse-und-waehlerschaft; Frank Decker, "Die Organisation der SPD", *bpb*, https://www.bpb.de/politik/grundfragen/parteien-in-deutschland/spd/42090/organisation.

其是近年来党员学历进一步提升，2017年具备大学毕业文凭或者专科大学入学资格的党员比例达到54%，超出了德国人33%的平均水平。① 从地区分布来看，社民党在东西部德国的发展不平衡，在北威州、黑森州、莱法州等工业密集和信仰新教的西部地区拥有较为牢固的选民基础和传统票仓，而在德国东部该党的党员和选民基础则十分薄弱，在萨安州、萨克森州和图林根州等三个东部州的发展趋势不尽如人意，民调或州选得票率时而落到个位数，甚至阶段性地沦落为所在州的第四大政治力量。

社民党在百年历程中经历过党员发展的若干高峰时期，并在联邦德国长期保持党员最多的政党地位，2023年仍能基本维持这一领先优势。社民党党员传统上以工人、职员为主，1914年该党党员首次突破100万人大关②，在二战结束后的1947年达到87.5万人的高峰，之后持续回落，并在1954年触及58.6万人的低位。自1959年借助《哥德斯堡纲领》完成转型后，社民党在传统的产业工人以外争取到大量知识分子、自由职业者和新晋中产阶层人士加入，完成了向全民党的转型。从20世纪60年代以来其支持者队伍不断壮大，党员人数也稳步回升，并在1976年创下102万人的历史最高位，1990年两德统一之际，该党尚且拥有94.3万名党员。③ 不过，在此之后，社民党招募新党员的动能明显下降，党员队伍折损大半，尤其自1998年上台执政以来更是加速萎缩，党员规模从2006年的58万人、2010年的50.2万人一路跌至2021年的39.4万人。与此同步的是，社民党地方党组织的数量在2006~2014年也从1.2万个减至9000个。④ 尽管如此，该党仍微弱领先于基民盟，仍旧勉强维持德国党员数量最多的政党地位。

除此之外，社民党党员年龄结构的老龄化现象严重。从跨党比较来看，社民党党员的老龄化趋势比其他主流政党更加严重。一方面，老年党员比例

---

① Frank Decker, „Wahlergebnisse und Wählerschaft der SPD", bpb, https://www.bpb.de/politik/grundfragen/parteien-in-deutschland/spd/42093/wahlergebnisse-und-waehlerschaft; Frank Decker, „Die Organisation der SPD", bpb, https://www.bpb.de/politik/grundfragen/parteien-in-deutschland/spd/42090/organisation.

② Frank Decker, „Etappen der Parteigeschichte der SPD", bpb, https://www.bpb.de/politik/grundfragen/parteien-in-deutschland/spd/42082/geschichte.

③ Frank Decker, „Die Organisation der SPD", bpb, https://www.bpb.de/politik/grundfragen/parteien-in-deutschland/spd/42090/organisation.

④ Uwe Jun, „Parteien und Parteiensystem der Bundesrepublik Deutschland", *Informationen zur politischen Bildung*, Vol. 328, Iss. 4, 2015, p. 67.

持续上升。1974~2019 年，60 岁以上党员占比已从 17.6% 激增至 56.4%，即已超过半数，这一比例在进入联邦议院的各大主流政党中达到最高，该党党员平均年龄为 60 岁。① 另一方面，青年党员占比持续下降。两德统一以来，社民党 30 岁以下青年党员的比例逐年下降，自 1990 年的占比 10.2% 降至 2005 年的占比 5.8%，在发展青年后备力量的效果方面不及绿党和自民党，尽管该党采取了一些措施，希望提高对青年人的吸引力，但与其他政党相比仍旧表现不佳。2019 年，左翼党 30 岁以下党员占比 19.3%，绿党占比 17.8%，而社民党仅为 7.8%。② 党员年龄结构趋向老龄化，既充分体现了社民党在争取新生血液方面的动员能力和激励机制逊于其他政党，同时也意味着该党向各级公共机构中输送公职人员的人才储备严重不足，在一定程度上削弱了社民党在现实政治中的发展潜力与后劲。

在当前的德国政治生态中，社民党面临激烈的竞争。与基民盟、绿党或选择党相比，社民党长期缺乏无可替代、具有单独代表权的纲领议题特色和核心能力，不利于稳住社会基本盘。联邦德国建国初期，基民盟以社会市场经济的理论与实践特色弱化了社民党在社会公正方面的纲领优势。在社民党人施密特担任联邦总理时期，社民党忽视环保议题的重要性，导致绿党的崛起，分化了部分左翼社会力量。自施罗德上台以来，社民党向政治中间地带靠拢，导致其与中右翼政党的政治主张日益接近，纲领差异日益模糊，同时也在政治边缘地带留下代表性真空，为边缘小党的发展提供空间。如今，社民党在争夺选民支持的过程中同时面临三方面激烈的政党竞争，其一，中右阵营的联盟党左转向中间靠拢，吸引了一部分上升为新中产阶层的全球化的受益者；其二，作为左翼民粹政党的左翼党本身就是部分从社民党阵营中分裂而来，主要吸引失业者或社会底层的民众；其三，选择党借助欧洲近 10 年来的多重危机，尤其是难民危机引发的经济和文化上的不安全感，打出保护主义、工资公平等口号，提出左翼色彩的社会福利纲领，争取到不少担心丧失经济社会地位的中产阶层民众，同样与社民党争夺中下阶层选民。自 2005 年以来，社民党损失了许多选民，昔日劳工阶层的铁杆选民同时向联盟

---

① "Mitgliederzahl der Parteien. Es war nur ein Sommertraum", *Süddeutsche Zeitung*, https://www.sueddeutsche.de/politik/mitgliederzahlen-parteien-studie-oskar-niedermayer-1.4542671.

② Oskar Niedermayer, „Die soziale Zusammensetzung der Parteimitgliederschaften", *bpb*, https://www.bpb.de/politik/grundfragen/parteien-in-deutschland/zahlen-und-fakten/140358/soziale-zusammensetzung.

党、左翼党、选择党等阵营流失。① 虽然在社民党执政参政期间，劳工权利得到显著增强，但其与工人及社会底层之间的天然纽带日益松动，"被全球化遗忘"的工人阶层深感遭到背叛，在大选中转向其他选择。

近年来，为了拓展和夯实社会基础，更积极参与社会进程，促进民众对于本党的了解和接受，提高本党的民众认可度以及对非党员的吸引力，与包括民粹政党和社会运动在内的各类政治力量争夺公众舆论的主导权，社民党采取了各种创新形式以促进社会参与，拉紧其与社会各界的联系纽带，实现某种意义上向非党员的开放。该党各级组织机构尤其是地方和基层组织积极挖掘公民对话渠道，针对社会各界精心设计目标群体，组织各种定期或不定期、线上或线下的公民对话、论坛以及讨论会，商谈民众关切的问题，或者问计于民，邀请非党员为本党在竞选纲领或者是市政建设方面出谋划策，甚至为此设立专门的协调机构。此外，为了改变老龄化的政党形象，该党在2021年联邦大选后注重输送更多年轻的新鲜血液进入联邦议院，将议会党团中40岁以下议员占比从2017年的12%大幅增至33%。②

（四）组织架构

与联盟党相比，社民党领导层的政治威信和稳定性相对较弱。联盟党领导政府的52年间仅出过5位总理，多为在党内拥有较高政治威望的政坛"常青树"，平均执政时间在欧洲国家均属少见，反观社民党，在其领导联邦政府的20年间就已经出过3位总理，尽管历史上也曾出现过倍倍尔和勃兰特这样的魅力型领袖，但在党内能够保持持久影响力的领导人较少。基民盟领导人通常是集党主席与总理职务于一身以彰显党内团结，而在社民党内，这两重职务时常分开，高层人事缺乏稳定性。例如，2021年的总理候选人朔尔茨就在2019年的党主席选举中落败，且在财经政策上与现任双主席存在一定分歧。2019年社民党历史上首次诞生了双主席。

社民党每两年召开一次的联邦党代会是其最高权力机构，领导层由专职的理事会和主席团组成，在联邦、各州和地方分别建立有各级组织机构。其基本组织模式是基于党员人数的委员会模式，按照工作领域建立起青年、女

---

① Jan-Werner Müller, *Was ist Populismus? Ein Essay*, Berlin: Edition suhrkamp, 3. Auflage, 2016, p. 30.
② „Neue Fraktion. Jünger, ostdeutscher, diverser", *SPD-Fraktion im Bundestag*, https://www.spdfraktion.de/themen/juenger-ostdeutscher-diverser.

性和雇员问题等专业工作团体和委员会，力图在自上而下的领导和自下而上的民主监督之间取得平衡。社民党在建党初期可归类为大众型政党类型，其党员人数众多而组织结构相对紧密，建立了密集的协会、工会组织网络和党校，创建自己的机关报和其他地方性报纸杂志，例如1876年创刊至今仍在发行的党刊《前进报》，以此加强与党员的联系纽带。自魏玛共和国以来，社民党转型为职业选民党，不断提高政党组织的职业化程度，更多利用国家权力机关的既有机构实现自身理念，与工会之间的联系逐渐松动，在此过程中，社民党的政党政治发展一度出现过职业化、精英化和高学历化趋势，部分中高层政要、顾问和干部蜕变为不接地气的职业政客，较少接触基层群众，脱离生产生活实践。

21世纪以来，社民党在政党组织建设方面日益重视创新组织形式，更加注重增强基层民主和党内民主参与，贯彻直接民主原则，增加党员参与决策的直接民主程序，内部的组织管理趋向多元化，在重要的党内人事和政治事务中赋予普通基层党员更多权利。具体而言，在党主席、总理候选人等重要人事的推举上，社民党采取党内初选的形式，候选人需要得到若干个地方和联邦州党组织的支持方可获得提名，并需要在全国各地举行的地区大会上亮相拉票，与党员展开讨论，经过持续数月的竞选最终通过初选的程序，由全体普通党员投票表决产生最终人选。在做出本党重大事务决策之时，社民党同样倾向于征求普通党员意见，例如在2013年和2017年联邦大选组阁谈判之后，鉴于大联合政府对于社民党而言具有一定争议性，该党两次均采取党员问询的形式，由基层党员共同决定是否与基民盟组成大联合政府，这一举措在党内收到良好效果，有效平息了党内对于这一问题的争议。[1] 在2014年图林根州选之后，鉴于左翼党有民主德国的历史容易引发争议，社民党在开始与其进行组阁意向谈判之前也征询了党员意见，将组阁决定交付本党基层党员进行党内公决，从而使得组阁谈判获得了民主合法性。[2] 此外，社民党也着手推动党内数字化建设，将数字化手段运用到政党工作的所有领域，从选举程序到意见征询，以此提高相关决策的效率和透明度。社民党在组织建

---

[1] Uwe Jun, „*Parteien und Parteiensystem der Bundesrepublik Deutschland*", *Informationen zur politischen Bildung*, Vol. 328, Iss. 4, 2015, p. 70.

[2] „SPD-Mitgliederentscheid. Irritation und Erleichterung", *Frankfurter Allgemeine Zeitung*, http://www.faz.net/aktuell/politik/inland/spd-mitgliederentscheid-irritation-und-erleichterung-13247895.html.

设方面的创新做法可谓一举两得，既可以强化高层决策的民主合法性，解决党内对于相关决策的纷争，又可以创造民主参与的氛围，调动基层积极性，增强政党的凝聚力和向心力。

不过，从以往经历看，社民党一直难以有效抑制内部的离心力、派系争斗和批评争议，内部派系斗争影响团结，政党成立之初就经历过若干次较大规模的分裂，领导层时常公开陷入个人矛盾争斗中，高层人事更迭频繁，给该党带来较大负面影响，像20世纪六七十年代社民党总理勃兰特、施密特和议会党团主席维纳尔那样默契配合的局面在党内历史上不多见。而到了两德统一之后的施罗德时期，以党主席拉方丹为代表的"传统派"和以总理施罗德为核心的"改革派"围绕社会改革展开激烈的派系斗争，直接导致内部分裂，部分左翼高层和党员退党后成立劳动与社会公正选举联盟，并在拉方丹的推动下于2007年与东部的民社党合并成立全德范围内的左翼党，由此分化为左翼阵营的有力竞争对手，而2018年舒尔茨和加布里尔之间的高层内斗同样造成两败俱伤的结果。

除了党章中规定的委员会以及工作小组，社民党内部传统上存在一些非正式的派系团体，有的是议会党团内部正式成立的工作小组，有的则是议会外的非正式组织。其中，"泽海姆团体"（Seeheimer Kreis）成立于1974年，由偏右翼保守的联邦议员组成，是党内的右翼保守分支，支持社民党走政治中间的全民党路线，延续《哥德斯堡纲领》的传统，主张本党应时刻走在时代前列，奉行务实、现代、现实的方针路线；"议会左翼团体"（Parlamentarische Linke，PL）成立于1980年，由议员组成，是该党的左翼分支；"柏林网络团体"（Netzwerk Berlin）成于1999年，偏向务实理想主义，主要由主张改革路线的年轻议员组成。这三个团体构成议会内的三大主要派系，"议会左翼团体"和"泽海姆团体"分属左右派系，"柏林网络团体"作为第三支力量，代表着社民党的改革派。在2021年联邦大选后进入联邦议院的206名社民党籍议员当中，92人属于"泽海姆团体"，为该团体成立以来人数最多的时期，94人属于"议会左翼团体"，35人属于"柏林网络团体"，部分议员同时属于两个派别。① 此外，成立于2000年的"民主左翼21论坛"

---

① Hans Monath, „Machtverteilung in der SPD-Fraktion: Der Burgfrieden hält, aber nicht für ewig", *Tagesspiegel*, https://www.tagesspiegel.de/politik/machtverteilung-in-der-spd-fraktion-der-burgfrieden-halt-aber-nicht-fur-ewig-9240564.html.

(DL21)主要在议会外发挥影响,为党员提供交流平台,其立场偏左翼,反对新自由主义方向。这些团体往往在党内重大问题上抱团形成自己的立场。派系之争在一定程度上加深了社民党的内耗。

三 自民党

(一)历史沿革

自民党全称为自由民主党(Freie Demokratische Partei,FDP),脱胎于19世纪初争取民族统一和自由权利的民主运动,其建党前身可追溯到1861年成立的德国进步党(Deutsche Fortschrittspartei)、1866年成立的德国人民党(Deutsche Volkspartei)、1918年成立的德国民主党(Deutsche Demokratische Partei)以及1937年成立的德国自由党(Deutsche Freiheitspartei),德国进步党也是德国历史上首个有着明确政党纲领和政治宗旨的现代意义上的政党。1946年1月,自由党人还重建了德国人民党这一地方性政党。1948年12月,自民党主要依托德国民主党和德国人民党的昔日成员正式成立,并参与了联邦德国《基本法》的制定以及首个联邦政府的组建。自民党将自由思想具体为实现市场经济、国家统一以及政教分离等目标,是德国政坛长期存在、长期参与执政的重要政治力量,其地位相对稳固,除了2013~2017年,自民党自1949年以来不间断地进入联邦议院,持续参与了德国各项政策和法律的制定及形成。尤其在联邦德国建国之后的30年间,自民党是除了联盟党和社民党这两大党之外唯一生存下来并保住了议会内地位的政党。

自民党在德国政党谱系中的立场为中间偏右翼,历来被称作德国"政治天平上举足轻重的砝码",其在德国战后政党体制中发挥了关键作用,建国最初30年间的德国政府几乎少不了自民党,它一直在基督教联盟与社民党这两大政党之间扮演着"平衡器"和"中间人"的角色,决定了由谁来执政。除了1966~1969年的大联合政府以及基民盟极其短暂的单独执政期,无论是联盟党还是社民党,只有联合了自民党才能在联邦议院中获得多数议席或选票,从而有资格组织政府,而如果自民党与这两党的政见分歧,则会导致联合政府下台和提前重新大选。1966年由于联邦政府中几名自民党部长的辞职,联盟党与自民党组成的联合政府垮台;1982年出于同样的原因,社民党与自民党组成的联合政府破裂。也正是因为其具有这一关键作用,1949年至 2021 年的 72 年间，自民党执政时间长达 45 年，1969~1998 年更是不间断地执政 29 年之久，截至 2021 年，执政总时长甚至超过社民党。不过，自民党始终是作为"小伙伴"参与执政，在联邦政府中长期领导外交部、司法部和经济部等重要部委。

作为执政"小伙伴"，自民党既是联盟党的天然结盟伙伴，同时又长期处于基民盟庞大阴影下。而自 20 世纪 80 年代以来，绿党快速崛起成为政坛新生政治力量并进入联邦议院，该党同样提出自由主义的要求，在捍卫自由公民权方面与自民党形成抗衡的态势，对其地位形成有力挑战，在一定程度上弱化了其政治影响力。尤其在不间断参与执政的科尔政府中，自民党担任了外交部部长、经济部部长和司法部部长的职务，但难以解决失业问题，其自由主义的要求和政治现实之间的矛盾凸显，自民党逐渐陷入低迷困境，甚至出现生存危机，1998 年其在连续参与执政近 30 年后成为在野党。在政治低谷期间，自民党始终在寻找如何确立自身的自由主义政治特色。2005 年该党提出"功能党"的构想，明确自身应当加强执政能力建设，为联盟党的多数派地位创造条件，此后其大选表现逐渐改善，2009 年甚至斩获 14.6% 得票率的历史最好成绩，但在此后又经历了过山车式的发展，2013 年大选中自民党的得票率直接下滑至 4.8%，并首次与联邦议院失之交臂。败选过后，年轻的新任党主席林德纳致力于改善该党公众形象，带领自民党于 2017 年重回联邦议院，并在 2021 年大选后以 11.5% 得票率的不俗成绩再度上台执政，首次与社民党以及绿党组成三党联合执政的"交通灯"政府。不过，此后自民党的全国民调徘徊在 6%~8%。而在联邦州层面，自民党的表现也不够理想，州选时在 5% 的生存线附近挣扎，进入了 16 个联邦州议会当中的 10 个议会，此外在汉堡州拥有 1 个直选议席，同时，该党在莱法州和萨安州这两个州作为"小伙伴"参与执政。

（二）纲领演化

自民党的纲领特色在于坚持奉行自由主义思想和个体的自由权利，其核心内涵具体体现在三个方面：经济上奉行经济自由主义和市场自由主义，主张实行自由市场经济体制和经济政策，要求保护中小企业的利益，限制垄断资本的兼并，维护保守自由主义的利益，保障自由竞争、价格自由和行业自由，反对国家干预行为扭曲市场竞争；政治上奉行公民权自由主义，企图改良资本主义，推行社会自由化，致力于维护公民的自由权利，强调法治国家原则，时而反对联盟党在国内安全方面限制公民权的政策计划；在世界观和宗教观方面奉行国家自由主义，贯彻政教分离的目标，与教会之间保持距离，本着公民自我责任的思想，注重个体的自由选择和自由发展，更加强调政教分离，在堕胎以及外国人和移民问题上也采取比较宽松的政策，但并不质疑基督教会在德国的公法地位、宗教价值观和影响力。自民党与其天然盟友联盟党历来在很多基本原则问题上立场接近，主要差异在于对教会以及移民的态度上。

在多年发展历程中，自民党的纲领思想也经历了不断与时俱进的路线演化过程。在20世纪60年代以前，党内充斥着激烈的路线方向冲突，总体定位于市民阵营的保守力量。60年代，自民党内的左翼力量主张重新调整纲领内涵，引入革新的构想，在自民党传统的经济自由主义特色之外发展出新的社会自由主义纲领，希望借此争取新晋中产阶层的选票。社会自由主义的支持者强调和认可国家在参与市场运作和创造机会均等方面的作用，极大改变了自民党一贯坚持的经济自由主义主张，但左翼的这一改革主张并未获得党内多数派的支持，并未转化为相应的立场文件。在这之后，自民党内的经济自由主义和公民权自由主义者之间陷入持久争执，并以后者的式微而告终。绿党在成立之后提出更多平等权利诉求，弱化了自民党在公民权方面的纲领特色。自民党在1997年威斯巴登党代会上通过《威斯巴登原则纲领》，进一步确立了经济自由主义作为该党核心纲领的主导地位，将自由竞争作为社会各领域的组织原则，要求削减国家福利支出，降低企业和民众税赋，并进行大规模私有化，以提升经济增长动力。

目前，自民党适用的指导原则是2012年在卡尔斯鲁厄党代会上通过的《卡尔斯鲁厄自由论纲》中确立的，这一原则性纲领充分体现了该党针对现实政治的急剧变化不断更新和调整基本原则立场，意图走出之前纲领的束缚和议题局限。该原则文件出现的高频词既有代表该党传统特色的自由、责任、增长、竞争，也包括未来、进步、机会和多样性等。[①] 自民党极大地拓展了自由这一概念的内涵，将其延伸到机会均等、承担责任等基本原则，同时逐步修正在财政、社会、环保等重要政策领域的原则立场。一方面继续坚持市场自由主义的核心纲领要求，另一方面日益强调保障通过个人努力实现

---

① „Verantwortung für die Freiheit. Karlsruher Freiheitsthesen der FDP für eine offene Bürgergesellschaft", *FDP*, https://www.freiheit.org/sites/default/files/2019-10/2012karlsruherfreiheitsthesen.pdf.

社会升迁的平等机会，并日益关注教育政策和数字化建设等面向未来的议题领域，希望由此拓展目标群体范围，尤其是争取年轻选民的支持。

在2020年5月通过的最新原则纲领中，自民党再度重申并进一步发展了《卡尔斯鲁厄自由论纲》中确立的调整方向，提出本党的主导原则和任务有四个方面：一是进步，实现机会均等，实施全世界最好的教育，帮助个体通过个人努力获得前进的机会；二是自由，实现每个人的自我决定权力，帮助个体获得自由生活；三是公平竞争规则，为所有人创造公平竞争规则，提供法治国家、社会市场经济和自由公民权的制度保障；四是未来责任，为下一代创造良性的生态和经济生活基础，通过创新实现可持续发展。①

与其基本指导原则相应，自民党将保障就业、为企业减负、降低国债水平等经济政策目标作为本党的重要特色，为此不断致力于改善德国投资环境和支持减税，近年来，自民党日益重视将数字化建设作为重点议题。自民党的竞选主张多为一些为德国企业和民众减负的亲民措施，包括将部分国有资产私有化、减少官僚主义程序、取消法定医疗保险的诊所费、简化税收体系、扩建数字基础设施等。在社会、家庭、环境保护、卫生、内政、教育等广泛政策领域，自民党总体上主张市场解决方案，反对国家过多干预，例如在环境和气候保护领域，自民党反对政府通过诸如高速公路限速、禁止柴油机上路等各种措施进行干预和规制，并竭力反对关停德国最后三座核电站，但并未能阻止德国在2023年4月最终实现核能下马。

（三）社会基础

与两大全民党截然不同，自民党是典型的代表特定社会阶层政治利益的庇护型政党。在初创阶段，自民党将自由主义思想具体表述为市场经济、国家统一以及政教分离等目标，在这些目标之下，有产市民阶层大多支持独立的、代表市民阶层的自民党，保障了该党在联盟党以外的生存。自民党主要以生活优渥、受过良好教育的社会阶层代言人的姿态出现，希望为其维护经济社会秩序现状以及基本利益诉求，20世纪末以来，该党也将其代言群体逐渐拓展到位于政治中间地带的、更加广泛的中产阶级。自民党的党员以中小企业主、自由职业者、个体经营者、中高阶层的公务员、担任领导职务的职

---

① 参见自民党官网："Beschluss des Bundesvorstands der FDP", *FDP*, https://www.fdp.de/beschluss/beschluss-des-bundesvorstandes-freiheit-und-verantwortung-fuer-die-zukunft。

员等社会群体为主,其选民也是以这些社会境遇较好、受教育程度较高的人群为主,这些人群投票给自民党的概率远远高于其他社会群体,这一点完全符合自民党的政治定位。由于自民党的经济政策和社会政策较少考虑工人群众和其他贫困阶层的利益,所以在这些人群当中的支持率不高。而从地理分布来看,自民党在经济繁荣地区明显更为成功。借助两德统一前夕与原东德三个自由党的合并,自民党在1990年还维持了16.8万名党员的规模,但在此之后党员人数逐渐下滑至2010年的6.9万人,自2015年以来,自民党致力于党员年轻化工作,党员人数逐步企稳,并在2021年小幅增加至7.7万人。

(四) 组织架构

自民党在组织架构上明显区别于其他政党的一个特点在于,政治家个人在党内的作用异常突出,尤其是在政府或者议会中长期身居要职的政治家往往成为自民党的形象代言人,在党内拥有极大话语权,自民党在现有主要政党当中也最接近"权贵党"这一政党类型。那些担任议员或者部长职务的政要决定了该党的公众形象,政党基层和机构的作用相比而言不那么突出。自民党历史上不乏取得极大政治成功的政治家。作为长期的执政"小伙伴",自民党政要常年担任外长兼副总理的职务,其中,根舍、金克尔、韦斯特韦勒等人也曾同时担任过本党主席,尤其是自民党籍的根舍担任联邦内政部部长和外长、副总理职务的时间总计长达23年之久,为德国外交政策打下深刻烙印,是担任联邦部长任期最长的德国政治家,其担任自民党主席的时间也长达11年。而现任自民党主席林德纳自2013年上任以来也成为该党在公众舆论中最为知名的面孔,自2021年以来担任联邦财长,甚至被调侃为该党的"一人乐队"。与其他主要政党一样,自民党的组织结构具有鲜明的联邦制特点,最高决策机关是党代会,在联邦党代会上商讨并就党内原则性政治和组织问题做出决定,领导机构还包括主席团和理事会,而在地方层面,各个州联合会在党内同样发挥重要作用。

自民党一年一度的重大事件是每年1月6日在斯图加特举行的"三王节"聚会,其传统可追溯到巴符州的自由党人在1864年成立施瓦本人民党,自民党每年在此利用新年伊始的时间,向公众阐述本党路线方针,鼓舞政党士气,已经形成该党政治活动的传统特色和亮点。此外,尽管自民党高层政要在党内作用突出,但该党也较早开始重视就一些重要的政策议题征求基层的意见,早在20世纪90年代就已经引入党员决定重要政策的组织工具,

1995年曾就是否应当对刑事犯罪嫌疑人开展大规模监听这一争议性问题征求基层党员的意见。

自民党内也存在派系之争，这一点从该党建党以来纲领路线的冲突和演化中可见一斑，由自由主义的基本概念就曾经分化出经济自由主义、国家自由主义、公民权自由主义和社会自由主义等分支，党内也相应出现过一些非正式的团体，例如"弗莱堡圈子""邵姆堡团体""自由觉醒""自由平台""国家自由派"等。不过，与其他政党派系相比而言，自民党内部派系的作用并不十分突出，不少小团体已经不再活动。一个特例是1983年成立的自民党青年组织，仍旧十分活跃，已经成为年轻党员成长晋升的重要平台。

四 绿党

（一）历史沿革

绿党全称为联盟90/绿党（Bündnis 90/Die Grünen），直接脱胎于20世纪70年代的反核能运动，其发源地在下萨克森州，1980年1月在巴符州的卡尔斯鲁厄召开成立大会。绿党从此作为一个全国性的政党走上德国的政治舞台，并在1983年以5.6%的得票率首次进入联邦议院，在此之后，绿党就不间断成为联邦议院内的政党。绿党的成立首先得益于选民对现有政府和建制派的不满，是典型的反建制党和"抗议党"。绿党成立之初，在生态、政治、社会、生活方式和外交等各方面提出比较激进和理想化的政治诉求。1985年，绿党实现重要突破，在黑森州参与社民党领导的联合执政，绿党成为联邦州层面的执政党，也打破了长期以来自民党分别与联盟党或社民党联合执政的传统格局。绿党籍的菲舍尔出任州环境部部长，其穿着运动鞋宣誓就职的场景颠覆了传统政治家的公众形象，成为绿党打破政治常规、迅速崭露头角的真实写照。1990年两德统一后东西部的绿党合并，正式名称改为联盟90/绿党，但通常仍简称为绿党。1998年，绿党作为社民党的"小伙伴"上台执政7年，成为欧洲绿党家族当中最早在国家层面执政的政党。

经过40多年的发展，绿党逐渐褪去了建党初期凯利（Petra Kelly）领导下作为"反政党党"的反体制立场和"抗议党"色彩，放弃了对于西方议会民主政治体制和工业资本主义经济社会体制等基本制度的批判，明显弱化了激进和理想色彩，适应现实政治的要求，致力于提高执政参政能力，提高了妥协达成政治共识的意愿，发展成为一支实用主义的议会内"建制派"政治力量，对于德国政治产生重要影响。尤其是在气候和环境政策领域，绿党在1998~2005年上台执政期间推动施罗德政府做出了核能下马的决定，虽然之后一波三折，但仍旧对于2023年4月15日德国最终退出核能使用发挥了重要作用。绿党的生态环保政策不仅为绿党在各级政府和议会中参政议政提供纲领来源，而且带动主流政党对于环保和气候变化议题的重视。正是在绿党的积极影响下，生态环境保护成为跨越党派界限的政治共识，被吸收进所有主流政党的政治纲领、历届政府的执政纲领以及法律法规当中。德国的能源转型以及2022年关闭所有核电站的决定并非由以环保为核心特色的绿党做出，而是在2011年由当时执政的联盟党和自民党率先提出和落实，这也从一个侧面体现出其他政党也同样日益重视能源、气候、生态、环保政策领域。尽管生态环保已不再是绿党的专属议题领域，但绿党仍旧牢牢保住了在气候生态领域的话语权，不断提升和创新作为环保"急先锋"的纲领和能力特色，从几个进入联邦议院的小党激烈的政党竞争中脱颖而出，稳定取代自民党成为德国第三支最重要政治力量，其民调支持率甚至偶尔反超两大党。

在联邦州层面，绿党也日益取得成功，进入了16个州当中15个州的议会（除萨尔州）。绿党在州层面最大的突破是在巴符州，克莱驰曼（Winfried Kretschmann）自2011年起不间断担任该州州长，这也是迄今为止德国唯一一位绿党籍州长。除了在巴符州领导州政府，绿党还在其他10个联邦州作为"小伙伴"参与执政，其表现在中小政党当中可谓首屈一指。

绿党在从政治边缘走向主流的过程中，也相应提高了自身的政治结盟能力，在德国各个政党当中成为社民党之外政治结盟能力最强的政党。经过几次的高层换届，该党路线调整到位，采取实用主义路线的"现实派"占了上风，在现实政治中开始展现强烈的参与执政意愿，致力于将政治主张切实转化为政治决策结果。对绿党而言，与社民党组成的红绿联盟是其最理想的政治结盟关系，但鉴于社民党在联邦和各州层面较长时间陷入低迷，红绿联盟往往不能达到组阁所需半数，绿党也开始接受与右翼阵营的基民盟组成黑绿联盟。2008年在汉堡州与基民盟实现首次合作，之后黑绿联盟已成绿党较为常见的执政形式，其他在各州层面实践过的执政联盟组合还包括红红绿、红绿黄、黑红绿、黑黄绿等，2021年绿党则在联邦层面首次尝试参与了"交通灯"的执政联盟。

（二）纲领演化

在1980年成立之初，绿党提出了四个方面的纲领诉求。一是生态。绿党认为人类享有的地球空间是有限的，为了保持良好的生态，人类在经济发展过程中必须有限度，其他政党虽然同样支持要对工业社会进行生态改造，但绿党重点主张通过削减工业生产来实现经济社会的改造，尤其反对发展核能，历来要求立即关闭所有核电站。二是社会。在社会制度的模式上，绿党主张在社会主义和资本主义之间走"第三条道路"，反对经济权力的集中化趋势，反对在经济增长的压力之下破坏人的生存基础，要求解决工业社会带来的各种社会问题。三是基层民主。绿党反对政党组织结构上的等级制和中央集权制，主张实行基层民主制，即基层组织应能有效监督各级领导，党组织的领导人应有任期限制甚至可以随时被罢免。四是非暴力。绿党主张非暴力原则的实施范围不仅限于社会内部，而且包括国与国之间的关系，反对任何军事或战争行为，在紧急状况下只允许以罢工、示威和设置封锁线来进行反抗。从这一原则出发，绿党对外主张实行和平中立政策，解散北约等军事集团，建立欧洲无核区，减轻第三世界国家的债务负担，缩小全球南北国家之间的贫富差距。

在建党40多年的历程中，绿党始终将环境保护和可持续发展作为本党最核心甚至是具有"单独代表权"的纲领特色，并逐步确立起"社会-生态市场经济"的指导理念。"社会-生态市场经济"的主要内涵在于修复资本主义生产方式对于人和自然的破坏，对资本主义进行生态现代化改造，从社会保障、劳资协议、工会组织、职业教育、收入再分配等各方面对资本主义进行福利国家改造。绿党因应时代变化，围绕自身的环境保护内核不断拓展其环保领域的思想内涵，吸收借鉴各种绿色资本主义、生态资本主义、自然资本主义和绿色市场经济思想，探索和丰富生态现代化的时代内涵，高举"社会-生态市场经济"旗帜，倡导为市场经济体制设置"社会-生态"的秩序框架。在2008年题为《克服危机：支持绿色新政》的纲领文件中，绿党提出绿色新政计划，主张为资本主义"创造一个明确的社会福利和生态保护的秩序框架"，以克服资本主义的三重危机，即经济-金融危机、分配正义危机和气候-资源危机。在2019年的比勒菲尔德联邦党代会上，绿党积极倡导生态市场经济。近年来，绿党不断发展和实践生态现代化思想，陆续出台2020年《原则纲领》、2021年德国大选竞选纲领和2021年《给下一届政府的生态环境保护紧急计划》等纲领和立场文件。

　　成立至今，绿党始终将生态保护以及对资本主义经济社会的生态现代化改造作为最关键的能力特色保留下来，并因应现实世界的发展变化，不断探索、拓展和创新生态现代化的精神内核和时代内涵，主张以生态标准来重新定义增长和财富，以关注气候变化为突破口引领新一轮经济和工业转型。在2020年最新版的《原则纲领》文件中，绿党将"生态、公平、自决、民主、和平"确立为支撑本党政治纲领的五大核心价值观，将实施"社会-生态市场经济"确立为本党的指导思想，要求实现资本主义的社会-生态转型，提出"以碳中和、社会保障、社会公平和生活品质来重新定义财富"，将生态环境保护作为制定各项政策的准绳，加快各领域的去碳化进程。绿党的"社会-生态市场经济"以及对资本主义进行生态现代化改造的思想绝不止步于理念层面，而是已经转化为一整套生态转型方案，绿党提出比德国政府和欧盟机构更加激进的气候目标，规划能源、交通、建筑、农业等各个政策领域的去碳化进程，并拿出了具体的技术路径和政策工具，希望切实推动德国经济的生态转型和去碳化进程。①

　　随着绿党逐步走向政治主流，该党在政治纲领上也经历了深刻演化，一方面，该党改变了只面向铁杆选民谈环境保护的"单一议题党"形象，将议题和政策领域拓展到外交、国防、经济、社会福利、财政、税收、教育等广泛领域，拿出了一整套政策主张，希望获得社会各阶层的支持；另一方面，该党已经部分改变了最初的纲领诉求，尤其是从和平运动传统演化出来的非暴力原则。从这一原则出发，绿党在建党最初曾严格反对一切军事和战争行为，要求解散北约等军事集团，然而，时至今日，绿党作为议会内政党早已参与支持联邦国防军向海外派兵参加各种军事和民事行动，尽管仍旧强调民事手段优先于军事手段，并主张推动裁军、反对向战乱地区输送武器，但在竞选纲领中已经公开主张出于人道主义目的也可使用军事力量。自2021年底再度上台执政尤其自2022年初乌克兰危机升级以来，绿党已经打破之前自身的政治禁忌，共同推动德国政府不断向乌克兰冲突地区提供重型武器，同时也不再质疑北约对于德国军事安全保障的关键作用。

---

　　① 伍慧萍：《德国社会民主党的历史变迁与现实困境》，《当代世界与社会主义》2021年第5期。

（三）社会基础

绿党有着环境及生态保护运动、和平运动、人权运动和妇女运动等广泛的社会背景，其发展与壮大尤其与德国的生态环保运动息息相关，并不断从中汲取动力。20世纪70年代初以来，德国民众开始广泛关注环境保护问题，积极参加生态保护运动和反核能运动，绿党在这一时代背景下应运而生，高举环境保护旗帜，获得了发展与壮大的社会土壤。1986年乌克兰切尔诺贝利核电站事故、2011年日本福岛核灾等环境灾难加上全球气候变化的时代挑战，使得气候和环境议题经久不衰，获得公众普遍关注，持续推动了德国的环境保护和关注气候变化的运动。近年来，"星期五为未来""最后一代人""反抗灭绝"等环境保护运动在欧洲和全球持续盛行，尤其吸引了大量年轻人参加，环境保护成为新的时代精神，这一发展趋势客观上有助于绿党不断捍卫和强化本党特色，稳步拓展社会基础并取得政治成功。

正因如此，与以上提及的几个传统政党不同，绿党党员规模不降反升。绿党成立之初党员人数在2万人左右，20世纪80年代基本维持在4万人的规模，两德统一之后，总体上保持了稳中有增的态势，但自绿党1998年上台执政从而必须更多考虑现实政治因素以来，党内坚持最初理想化主张和和平运动立场的人大量退党，1999~2008年党员人数维持在4.5万人上下。不过，自2016年以来，绿党党员人数出现快速攀升，党员规模的增长速度超过其他所有政党，迅速从2016年的6.2万人增加至2021年的近12.6万人，人数翻番。

从社会结构来看，绿党党员和支持者十分类似，以反核能者、和平主义者、中小工商业企业主、教师、律师、医生、学生、职员和农民为主。在成立之初，绿党的不少政治主张都十分激进和理想化，更多以"抗议党"面貌出现，鼓励其党员和支持者采取一些过激的行动，或者默许一些比较另类的生活方式[①]，这种特立独行的风格吸引了大量追求个性的年轻人加入，绿党最初的党员也相应以青年学生、知识分子、农民等为主，年龄大多在35岁

---

① 例如在1995年4月，为了阻止将核废料运往下萨克森州，绿党成员和绿党的追随者多次阻止运输核废料的车队行使，破坏铁路设施，造成列车运行延误，联邦和有关州为此出动了几千名警察开路和维持秩序。

以下，女性占比也远比其他政党高。不过，随着绿党逐渐进入政治主流甚至参与执政，绿党的党员和支持者范围逐渐拓展至更为广泛的中产阶层，党员年龄也在逐渐增加，平均年龄已经达到 49 岁，不过始终还是低于其他主要政党。

（四）组织架构

绿党的组织架构和其他政党有着相似之处，设有联邦党代会、联邦理事会、各州委员会等领导机构，参加联邦大会的党代表由各个县委员会指派，各州委员会的成员则由各州党组织指派，各州的党组织相对独立，随着绿党频频在联邦州层面参与执政，州联合会的影响力不断上升。与此同时，绿党在组织结构上也别具特色，例如历来采取双主席的领导架构，两位党主席拥有平等权力，往往兼顾性别平等和党内的派系平衡。绿党的组织架构主要表现出以下几方面的特征。

首先，基层民主。绿党最初的核心纲领之一就是基层民主原则，强调党内基层对于政党决策的民主监督，为此制定了不少程序，近年来更是进一步强调发挥基层民主特色，坚决将基层民主、参与式民主贯彻到底。在重要人事决定上，自 2012 年以来通过党内初选产生联邦大选的领衔候选人；在竞选纲领的出台上，充分动员所有党员参与制定，并在联邦党代会上通过竞选纲领；在重要议程的制订上，以竞选纲领为基础，由全体党员表决本党应当完成哪些最重要的工程。

其次，政府议会公职与党内职务分开。绿党在建党初期的章程中规定，联邦议员不能兼任党内某些职务，这一要求在党内存有争议，因为不利于绿党政要形成一定的政治影响力；在 2003 年修订章程之后，这一规定有所松动，允许 1/3 的联邦理事会成员兼任联邦议员。不过，这一做法仍旧在党内发挥一定作用，例如，2021 年联邦大选后，绿党双主席哈贝克和贝尔伯克于年底分别入阁担任经济部部长和外长后，2022 年 1 月绿党就另外选举产生了朗和努里珀尔这一对新的双主席。

最后，性别平等。绿党在各大政党中最早提出女性占比的要求，对于党内和议会党团内的职务严格贯彻男女平等的原则，在党内设立了专门的妇女委员会负责协调党内的妇女政策议题，甚至在党代会上通过一项决议时也需要考虑女性占比。2021 年大选后，绿党联邦议院党团中的女议员占比 59%，为各党团女性占比之首。①

此外,内部派系斗争可谓植入了绿党的基因中,自成立至今始终存在,尤其在成立后数十年间,绿党经历了激烈而混乱的路线斗争,党内存在各种势力,包括左翼极端生态力量、保守环保力量、和平运动力量、女权主义力量和右翼力量。自 1983 年起,绿党内部的路线斗争集中体现在激进左翼的"理想派"(Fundis)和温和左翼的"现实派"(Realos)两派之间。其中,理想派这一概念原文亦作"原教旨派",更多盛行于八九十年代,顾名思义,即坚持绿党建党之初的纲领路线,代表着党内左翼力量;现实派则持有理性务实的现实政治立场,主张走实用主义改革路线,政治妥协意愿更强一些,例如更愿意与联盟党组成跨阵营的联合政府。现实派和理想派经常为一些问题争执不下,例如,是应当始终保持反对党定位还是上台执政,是否应当将公职与党内职务分开,等等,在作为核心特色的环保领域也存在分歧,导致党内曾经严重分裂,部分理想派党员退党。

两德统一后,现实派在党内逐渐占据上风,绿党在联邦和各州层面参与执政的经历增多,逐步顺应现实,发展出更多政策议题,政治妥协性上升。尤其自贝尔伯克和哈贝克 2018 年担任双主席以来,党内派系斗争进一步缓和,年轻一代政要在党内的话语权增加。党内仍旧存在派系差异,例如哈贝克和贝尔伯克代表党内的现实派和改革派,特里廷、奥茨德米尔和霍夫莱特更多代表党内左翼,而且现实派与左派依旧活跃,两派力量在党代会之前会各自组织聚会商谈对策。此外,与历史上激烈的派系斗争相比,绿党党内更加团结,派系的作用和争夺明显减弱,左右派系均已接受实用主义的路线方向,不再纠结于原则性纲领之争,只是对于具体政策重点存在不同意见,例如在社会政策或者财政政策领域存有观点分歧。也正因如此,现在的绿党高层甚至认为党内的派系和多样性十分重要,代表了不同社会环境的诉求,是党内纲领和政治意志形成的一部分,可以通过派系的分野激发党内就纲领内涵展开辩论,更好地明确政党工作的层次结构和任务。②

---

① 参见联邦统计局官网:„Anteil der Frauen im 20. Deutschen Bundestag nach Fraktionen im Jahr 2023", *Statistisches Bundeamt*, https://de.statista.com/statistik/daten/studie/1063172/umfrage/frauenanteil-im-bundestag-nach-fraktionen-in-deutschland/#:~:text=Der%20geringste%20Frauenanteil%20mit%20rund%2011%2C54%20Prozent%20lie%C3%9F%20weiblichen%20Abgeordneten%20jeweils%20die%20Mehrheit%20unter%20den%20Fraktionsmitgliedern。

② Benjamin Hoff and Michael Kellner, „Diskurs statt Gefolgschaft", *taz*, https://taz.de/Gastkommentar-Linke-Sammlung/!5477676/.

五 左翼党

（一）历史沿革

左翼党（Die Linke）建党来源历史悠久，但该政党本身成立的时间不长，正式成立于 2007 年 6 月。左翼党是由民主社会主义党（PDS）和劳动与社会公正选举联盟（WASG）这两个左翼政党合并而来，这两支政治力量在正式合并之前就已经在 2005 年联邦大选中成功合作，以 8.7% 的得票率进入联邦议院，此后左翼党持续进入联邦议院。

在两个建党来源中，民主社会主义党简称民社党，是前民主德国执政党——统一社会党（SED）——的后继政党，在柏林墙倒塌之后的 1990 年成立，更多获得东部德国人的认可，视其为利益代言人。民社党的党员以工人、职员、教师、少量的官员和自由职业者为主。在两德统一后的第一次联邦议院选举中，民社党仅获得 4.4% 的选票，但凭借在柏林的 4 个直选席位得以进入议会，并根据第二票选举结果分到 30 个议席。在 1995 年 10 月的柏林州议会选举中，民社党在柏林东部获得了 36% 的有效选票，成为柏林东部地区的第一大党。劳动与社会公正选举联盟则脱胎于社民党，2005 年创建，由部分社民党左翼党员与工会成员共同创建。成立该党的原因在于一些社民党党员反对时任总理施罗德的社会福利体制和劳动力市场政策改革，因而分裂退党，并联合了同样反对施罗德"2010 议程"的工会力量，在曾担任社民党主席和联邦财政部部长拉方丹的领导下另起炉灶。

自成立至今，左翼党已经逐渐完成了历史转型，为更多选民所接受，日益融入政党政治主流，同时也在不断参与塑造德国的政党格局。两德统一之初，左翼党建党来源之一的民社党更多是从抗议运动起家，以"抗议党"的形象出现在德国政治光谱的左翼边缘地带，得到了很多对政治与社会现实不满、对其他几大政党失望的社会群体的支持。由于特殊的历史渊源，地位稳固的主流政党在东部地区均讳言与其合作，其重要性也更多体现在具备政治"勒索"潜力[1]，最多以"容忍"少数派政府的形式发挥影响力，例如民社

---

[1] Giovanni Sartori, *Parties and Party Systems: A Framework for Analysis*, New York: Cambridge University Press, 1976, p. 122.

党曾于1994~2002年在萨安州支持过红绿少数派政府，这种模式亦被称为"马格德堡模式"。随着民社党与劳动与社会公正选举联盟2007年合并为左翼党，该党活动拓展到全德范围内，左翼党的影响力也逐渐延伸到西部地区，日益在德国政党体制中立足。在2007年的不来梅州选中，左翼党历史性地以8.4%的得票率首次进入德国西部的州议会，之后又陆续进入西部的汉堡、黑森州和萨尔州等各州议会，以及位于东部的柏林州议会。与此同时，左翼党的公众形象和信任度也有了实质性的提升，德国人普遍认为，其他政党应当将左翼党作为一个正常的政党对待，排斥与左翼党进行合作的人也日益减少。在德国东部地区，左翼党的发展更为顺利，其在图林根州甚至自2014年以来一直作为第一大党连续领导州政府，这也是左翼党迄今唯一担任主要执政党的联邦州。

不过，自2015年左右以来，左翼党日益陷入多重困境，在应对内外挑战上缺乏政治行动和组织动员能力。其一，该党在外部日益遭遇新成立的选择党的激烈挑战，与之争夺同一选民基础，尤其是在该党表现较好的东部各州，其支持率均明显不敌选择党；其二，该党在内部陷入派系路线斗争，纲领定位和原则立场分歧显著，高层人事纷争不断，领导人无力引导党内就纲领方向开展讨论，极大影响了内部稳定性并拖累了该党的公众形象；其三，左翼党成立之初打着社会公正的旗帜，吸引了大量对社民党失望的左翼选民支持，但作为抗议党起家的政党，一旦面临自己上台参与执政，往往都会失去部分支持率；其四，该党缺乏吸引选民的新议题和新构想，社会公正是左翼党的传统特色议题，但该党提出的最低工资标准和以基本收入保障取代"哈茨四号"基本生活津贴等系列议题，要么已经解决，要么为其他政党所吸收，不具备单独代表性。作为多重挑战的结果，左翼党的政党发展再度陷入低潮，在各级选举当中屡屡失利，全国性民调支持率长期在5%上下。在2021年联邦大选中，左翼党仅获得4.9%的得票率，仅凭借第一票三个直选议席才得以进入联邦议院，而这三个直选议席两个在东柏林，一个在莱比锡，均位于东部地区。

（二）纲领演化

左翼党在德国政党谱系中通常被归入左翼激进政党或左翼民粹政党的范畴，是联邦议院当中最左翼的政党，其始终将社会公正作为核心的特色政治议题。① 左翼党不是革命党，也不是新马克思主义党，而是自成立之初在意识形态上部分继承和延续了民社党理解下的民主社会主义传统。经历数十年的发展，左翼党逐步调整纲领路线，从最早的反体制、反资本主义的"抗议党"，到局部走上政治实用主义的主流化，而今又部分回归马克思主义的传统路线。左翼党的纲领立场文件对于反体制的表述相对温和，着重就如何改革资本主义社会提出指导思想和政治计划，主张从社会福利、生态等方面对于陷入危机的资本主义经济社会秩序进行改造。

左翼党的党纲自 2011 年 10 月在爱尔福特党代会上通过之后适用至今，其核心思想是着眼长期，对于经济和社会秩序进行社会-生态改造，以民主、社会和生态力量代替资本的主导地位。一方面，通过平等参与来保障个体自由和个性的发展，建设一个团结、公平和包容性的社会；另一方面，改变以往经济发展只追求利润和注重增长的模式，强调应更多致力于环境的可持续性。爱尔福特纲领中包含了大量对于资本主义包括作为欧洲方案提出来的社会市场经济体制的批判，揭示当前资本主义的蔓延带来大量危机症状和全球性危害，包括劳动分工与剥削、阶级社会、性别不平等、社会分裂、民主失灵、生态破坏、新自由主义与跨国集团权力泛滥等现象，并批判资本主义国家通过资本扩张带来战争与帝国主义。基于这一根本性判断，左翼党提出建设 21 世纪的民主社会主义的政治主张，援引《共产党宣言》反对资本主义经济私有制的主导地位，主张以民主社会主义的社会理想引导实现彻底的转型过程，改造和代替资本主义的生产方式和生活方式，改变其主导的所有制形式、经济模式和民主体制，实现自由、平等、和平、团结、社会和生态可持续的价值观。在民主社会主义思想的指导上，左翼党具体提出了左翼色彩浓厚的改革计划，要求分步骤进行政治经济和社会改革，推动有别于资本主义的"另一种发展方向"，改变生产方式、生活方式、能源体系、财富分配方式以及金融领域的民主监督，确保民众自由获取教育和知识，并应进行大规模裁军。

与其基本政治纲领相一致，左翼党的政策主张以社会公正为核心特色，提出了资本主义替代纲领的一系列内容，其具体政治诉求包括通过对富人加征财产税和遗产税等手段进行社会财富再分配，通过引入最低工资制度、保障工作岗位、提高工资和劳工权益、扩建社会保障住房等手段扩建福利国

---

① Cas Mudde, „Radikale Parteien in Europa", *Aus Politik und Zeitgeschichte*, No. 47, 2008, p. 14.

家，加强职工委员会的参与决定权，创造更多劳资共同决策机会，要求停止私有化政策，削减银行和大企业的权力等。该党也日益注重在社会公正之外吸纳多元议题。

不过，左翼党的不少政治主张都过于激进，与其他政党格格不入。例如，在军事安全政策领域，左翼党将北约视为战争联盟，要求德国退出北约，同时要求解散北约，由建立包含俄罗斯在内的新的集体安全体系取而代之。同时，反对军备出口，反对增加国防支出，尤其是原则上反对动用军事手段解决国际冲突，拒绝派遣联邦国防军以任何形式参加海外行动——无论是在欧盟、北约还是在联合国的授权下。在社会政策领域，左翼党提出大量提高社会公正的激进计划，包括在 2019 年勃兰登堡州议会选举中提出私营企业国有化的要求，主张国家征收私营铁路、公交车、电信企业、医院和房产企业，在 2020 年 8 月的柏林党代会上发起倡议，要求将私营房产企业收归国有，主张通过全民公投决定拥有 3000 套以上房产的企业改归国有。① 在外交政策领域，该党主张对穷国大规模减债，并提高发达国家对发展中国家的援助。这样的政治诉求旨在塑造左翼党"捍卫世界和平"和"倡导社会公正"的形象，形成有别于其他政党的特色，但在现实中却时常招来其他政党和主流社会的非议，批评这样空洞的教条主义主张脱离实际，无助于解决实际问题。事实上，左翼党虽然身处资本主义遭遇重大危机的当下，却未能抓住这个有利时机提出有建设性的纲领立场，也没有从资本主义危机中获益，实质性改善政治影响力和低迷的选举结果，反而将发展机会让给了右翼民粹的选择党。

左翼党的政治主张与其他主流政党的主张相距甚远，带来的一个现实问题就是在政治结盟潜力方面的局限性，而这也极大牵制了德国左翼阵营联合执政的潜力以及左翼思想在德国的发展。另两个左翼政党融入主流政治的时间更长，早已褪去建党之初的抗议党形象，代表温和左翼的社民党奉行社会民主主义，代表生态左翼的绿党主张生态资本主义。三个左翼政党之间原本在经济改造、社会公正和生态环境保护领域中存在不少基本共识，在历次大选中提出的主张，包括在征收富人税、加强对银行和金融市场的监管、打击逃税等，也都有着诸多共同之处。但鉴于左翼党在外交、安全、财政等政策

---

① Gunnar Schupelius, „Will die Linke wirklich zurück zum Sozialismus? ", *BZ*, https://www.bz-berlin.de/berlin/kolumne/will-die-linke-wirklich-zurueck-zum-sozialismus.

领域的政治主张过于偏激和特立独行，左翼阵营的内部结盟也存在不少障碍。

在意识形态领域和政治路线的选择上，左翼党内自成立起就持续存在意见相左的两大主导阵营，即来自西部的左翼保守阵营和来自东部的实用主义改革派阵营，该党本身就源自东西部力量的合并，也带来了党内的路线分歧。两个阵营围绕是否应当以及如何克服资本主义制度展开纲领方向斗争，并对应当保留反对党的特色还是上台执政以及如何看待与俄罗斯的关系等问题争执不下。其中，左翼保守阵营以现任双主席之一的维斯勒（Janine Wissler）为代表，坚信马克思主义思想仍旧具有时代价值和现实意义，主张经济社会的根本转型，支持国家对大型房产企业进行国有化，认为放弃自己的传统立场会失去铁杆选民；改革派阵营则以图林根州州长拉姆罗（Bodo Ramelow）为代表，主张走务实路线，对在联邦州甚至在联邦层面上台执政的兴趣超过颠覆政权，试图改变现状，尝试提升政治行动能力，希望扩大与其他左翼政党在经济、环境、社会政策上的交集，在联邦国防军海外行动等争议性问题上主张更多向德国社会的主流观点靠近。

党内的路线斗争导致左翼党一些最核心的政策主张由于内部观点的差异而始终无法清晰定位，两种主导力量无法就重大的方向性问题达成共识并做出决定，对外则传递出复杂、混合的政治定位，一方面，该党时而在各种场合提出反对资本主义制度的主张，并热衷于推动各种国有化的政策和社会运动；另一方面，在竞选纲领和其他立场文件中又时而展现出在现实政治中务实的一面，吸收新的时代议题，在绿色新交易、可持续农业等方面发展出推动生态社会转型的政策主张，并希望联合一切左翼力量共同寻求应对危机的政策和措施。

（三）社会基础

民社党在1990年作为统一社会党的后续政党成立之际尚有28.1万名党员，而左翼党的党员人数在2010年仅为7.4万人，2021年进一步降至6.1万人，这从一个侧面折射该党当前的低迷状态。从社会结构看，左翼党的选民和支持者以工人、工会成员、社会中低层民众、失业者、新自由主义经济政策的反对者、资本主义的反对者、强烈的反战者和女权主义者为主。

从地区分布看，左翼党尽管不是地区性政党，但在各州的发展极度不平衡，主要依靠其前身民社党的政治影响力，民社党由于脱胎于东德执政党统一社会党,在统一后的德国社会中背负了沉重的历史包袱,长期背负着"抗议党"的名声,在德国政治生活中被其他各党孤立,只能深耕东部地区以求发展壮大,其政治版图局限在东部,甚至一度呈现成为东部"全民党"的势头。而劳动与社会公正选举联盟作为另一个建党来源,尽管在一定意义上加强了该党在西部地区的地位,使其发展成为一个全国性政党,但劳动与社会公正选举联盟作为从社民党分裂出去成立不久的政党,在西部并没有广泛的社会基础,在莱法州、石荷州和巴符州等联邦州几乎没有任何政治影响力。

正因特殊的历史来源,左翼党主要依托两德统一之后东西部之间政治生态的差异性,更多扎根东部的五个联邦州以及东柏林,更多受到东部人的认可与支持,该党大部分党员也是以年长的德国东部居民为主。左翼党在东部的影响力远远超过西部,在这些地区的支持率和得票率是西部地区的两三倍以上,自成立至今得以持续进入这些联邦州的议会,在东部各州以及柏林也多次上台执政,自2014年以来甚至在图林根州连续领导州政府,左翼党迄今为止只在西部的不来梅这一城市州作为最小的执政党参与红绿红联合政府。对于左翼党人士出任州长职位这一事实,也是东部人的认可度明显高于西部。

(四)组织架构

左翼党本身就是其他党派分裂和重组的产物,内部的派系分裂伴随该党始终,民社党内部就已经存在改革派和正统派之间的冲突,在西部力量加入合并成立左翼党之后,左翼党内的立场分歧和路线斗争有增无减。左翼党自成立以来一直采取双主席的做法,体现党内东西部之间即左翼保守和右翼改革派两大阵营之间的力量平衡和代表性,其首任双主席即为两个建党来源的党主席,分别是劳动与社会公正选举联盟主席拉方丹和民社党主席比斯基(Lothar Bisky),现任双主席是代表西部左翼保守派阵营的维斯勒(自2021年2月起)和代表东部务实改革派阵营的希尔德万(Martin Schirdewan,自2022年6月起)。两股"正统"势力在党内力量较强,围绕纲领路线的权力争夺激烈。而左翼党最具公众影响力的政要、"站起来"运动的发起人瓦根克内希特(Sarah Wagenknecht)还一度计划成立一个新的政党,充分凸显并进一步加剧了党内的冲突和分裂。

除了大致划分为两大阵营,左翼党内还存在一些分属两大阵营的内部派系，包括社会主义左翼（Sozialistische Linke）、反资本主义左翼（Antikapitalistische Linke）、共产主义平台（Kommunistische Plattform）、Marx21、改革派左翼网络（Netzwerk Reformlinke）、民主社会主义论坛（Forum Demokratischer Sozialismus）和左翼解放派（Emanzipatorische Linke）等。其中，社会主义左翼汇聚了左翼党内的托派和亲工会力量；反资本主义左翼主张将反资本主义的政策立场作为本党具有单独代表性的纲领特征；Marx21则是托派的国际社会主义趋向（IST）组织在德国的分部，具有鲜明的反体制特征。与此相反，民主社会主义论坛主张就党的纲领路线展开彻底辩论，针对政治和社会现实对于本党进行革新。尽管加入这些内部派系的党员只占党内少数（有学者估计可能总共有1/8的党员加入各类派系），但这些派系在左翼党内就权力、资源、纲领、战略定位和政策路线展开争夺，并就是否应当上台执政、如何看待大选失利、如何与俄罗斯打交道等问题争执不休，加剧了党内的分裂趋势。①

值得一提的是，左翼党整体上不公开主张极端主义，但在德国联邦宪法保卫局看来，该党存在敌视宪法、反对自由民主基本秩序的嫌疑和迹象，没有与极端主义者以及反体制者划清界限，因此左翼党自成立之初便被整体列为监控对象。自2013年起，联邦宪保局不再将整个政党作为监控目标，但其党内的若干派系组织，包括社会主义左翼、反资本主义左翼、共产主义平台和Marx21均出现在《德国宪法保护报告》中，被公开列为宪保局的监视对象。② 这几个派系成员当中不乏左翼党的联邦议员，左翼党现任双主席之一维斯勒也曾经是社会主义左翼和Marx21派系的活跃成员，但在2020年计划竞选党主席之际退出了党内派系。

六 选择党

（一）历史沿革

德国选择党（Alternative für Deutschland，AfD）2013年2月6日成立，4

---

① Gero Neugebauer, „Vielfalt ohne Einheit, Die Linke-momentan politisch nicht handlungsfähig", *Neue Gesellschaft/Frankfurter Hefte*, No. 6, 2011, pp. 37-38.
② Bundesministerium des Inneren, für Bau und Heimat, *Verfassungsschutzbericht 2020*, Bexbach: Kern GmbH, 2020, pp. 182-187.

月14日召开成立大会，是在欧债危机的背景下应运而生、在德国政坛快速崛起的新兴政党，崇尚保守的国家观念、秩序和精英思想。选择党是政坛异类，之所以名为"选择"，是由于时任默克尔政府坚持宣称欧债危机当中欧盟层面对南欧重债国采取的救助政策为"别无选择"，而选择党希望给德国人提供其他选择方案。由此，德国选择党作为疑欧势力，高举反对欧元大旗对抗主流政治，确立了经济自由主义的"反欧元党"形象。在成立之后，伴随欧洲接连遭遇的难民危机、恐怖袭击等各种危机症状，选择党也不断扩充政治议题，由"单一议题党"转变成为政治主张保守的右翼民粹主义政党，对于当前德国政治体制以及德国政府在移民、能源等具体政策领域的发展方向存在较多批评意见，持有鲜明的反伊斯兰立场，部分高层和党员与极右翼立场和极右翼势力没有划清界限，也因此遭到主流政党的诟病。

选择党成立之后，迅速以突出表现进入从州议会、联邦议院到欧洲议会的各级议会。在2013年9月的联邦选举中，选择党取得了4.7%得票率的不俗成绩，差点就在刚成立半年后跻身联邦议院。2014年5月举行的欧洲大选使得欧洲议题成为媒体关注的焦点，助长了拥有特色欧洲议题的德国选择党的人气，该党以7%的得票率斩获欧洲议会7个席位，加入欧洲议会中持有疑欧立场的第三大议会党团——欧洲保守派与改革派（ECR），并逐步提升其在欧洲议会中的影响力。在同年所有联邦州及以上层面的选举中，选择党实现了质的突破，首次进入萨克森、勃兰登堡和图林根三个东部州议会，成为第四大政治力量，并将绿党甩在身后。选择党作为一个新兴政党，其选举成果之出色、上升势头之快不容小觑，令德国政治生态中地位稳固的政党备感压力，尤其让自民党和绿党这样已经发展了30多年甚至更长时间的小党相形见绌。选择党在全国范围内的民意调查支持率也从成立之初的3%呈现拉锯式上升的态势。在2017年和2021年两次联邦大选中，选择党连续以超过10%的得票率进入联邦议院。该党的民调支持率也在持续攀升，2023年初稳定在15%的水平，同年7月以来甚至已经超过社民党，成为德国第二大党。该党在德国东部各州支持率更高，在萨克森、图林根和勃兰登堡等多个联邦州已经位居第一大党，① 而2024年这三个东部州都将迎来州议会选举。

---

① „Projektion seit 01/1991：Wenn am nächsten Sonntag wirklich Bundestagswahl wäre", *Forschungsgruppe Wahlen*, https://www.forschungsgruppe.de/Umfragen/Politbarometer/Langzeitentwicklung_-_Themen_im_Ueberblick/Politik_I/#Projektion.

不过，选择党尚不具备政治结盟能力，其他政党均明确与其划清界限，拒绝与其合作组建联合政府。在这个意义上，选择党甚至不及已在联邦州层面多次参与执政的左翼党。尽管选择党追求走议会内民主的道路，建党10周年之际亦希望推动政治战略转型，实现首次参与政府执政工作的目标，双主席之一的魏德尔（Alice Weidel）甚至有意竞选总理，并且认为基民盟和选择党在德国东部成为执政联盟伙伴是一个现实选项，但在德国当前的政治文化中，选择党上台执政仍旧是政治禁忌，最多只能争取在东部地方层面有所突破。2023年6月25日，选择党在地方层面政治中取得突破，在图林根州的索纳贝格首次出任县长职务，而7月2日，选择党第二次夺取地方政治选举的胜利，其政要在萨安州拉古恩-杰斯尼茨市当选市长，而这有可能是选择党在未来一段时间里主要的发展和突破方向。

（二）纲领演化

民粹主义的研究者认为，民粹主义是"政治变色龙"，在实践中可以灵活地与其他意识形态相结合，既可以依附于右翼保守的民族主义思想，也可以与左翼激进的社会主义思想相结合。① 这一论断用在德国选择党身上十分贴切。该党将自身定位为国家保守主义和市场自由主义力量，逐渐由国家保守主义、经济自由主义的"反欧元党"演变成为右翼激进政党。② 选择党发轫于欧债危机，公开抨击德国政府在危机中支持欧盟救助政策、迫使德国纳税人承担救助成本的做法，要求陷入危机的银行自行承担损失，继而旗帜鲜明地要求"德国退出欧元区共同货币市场"，提出欧元区应当有序解体，重新引入各国货币，或是组成更小规模但稳定的货币联盟，继而减少欧盟国家的共同行动，回归成员国的经济社会政策。不过，虽然选择党的核心议题源自欧洲一体化实践中的危机经历，选择党并不反对建立欧洲内部大市场，而且主张一个拥有共同内部大市场的、由主权国家组成的欧洲。选择党反欧元的立场代表了非主流民意，迎合了部分德国民众的疑欧主义心理和对于救助

---

① Karin Priester, „Wesensmerkmale des Populismus", *Aus Politik und Zeitgeschichte*, No. 5 – 6, 2012, p. 3.
② Oskar Niedermayer, „Aufsteiger, Absteiger und ewig ‚Sonstige': Klein-und Kleinstparteien bei der Bundestagswahl 2013", *Zeitschrift für Parlamentsfragen*, No. 1, 2014, p. 91 – 92; Rechtsextremismusexperte über die AfD, „Eine Art politisches Chamäleon", *taz*, https://taz.de/Rechtsextremismusexperte-ueber-die-AfD/！5376463/.

南欧国家的抵触和质疑，该党也由此树立起民粹主义政党的公众形象。

德国选择党以反欧元的核心主张起家，在成立之初被贴上"反欧元党"的标签，容易给公众留下"单一议题党"的印象，随着欧债危机逐渐淡出公众关注的焦点，很容易陷入发展瓶颈。不过，在获得一定媒体影响力之后，选择党及时更新和拓展政治议题，在政治纲领的议题设置中不再仅仅聚焦货币政策、银行业危机与规制等欧洲政策，而是力求转型为内涵多元的政党，将政治纲领扩展到更多民众关心的议题领域。该党2014年5月出台政治指导纲领，尽管在内容设置上多少还是围绕欧债危机和欧洲一体化的影响展开，但已经明显将政治内涵拓宽到移民与避难、能源与环保、教育与公平、养老、家庭与社会政策、国家财政与税收、法治国家与数字公民权、卫生事业以及国内安全、外交、国防等广泛的政策议题，提出独具本党特色的政治主张，例如在移民与避难政策方面，主张限制移民并且引入打分体系。

自2015年以来，不断蔓延的欧洲难民危机给德国社会带来新的问题和矛盾，部分保守的德国人认为外来移民激增会导致与本土居民之间围绕公共资源的争夺，加剧与欧洲文化价值观和生活方式之间的冲突。选择党及时抓住了这一社会文化心理，发展出了反伊斯兰化和反难民的政治话语。在2016年出台的该党现行原则立场纲领中，选择党突出强调德国文化传统、西方基督教文化和政治价值观，认为伊斯兰教理念不属于德国，主张限制伊斯兰教机构在德国的发展与传播活动。在2017年的联邦竞选纲领中，选择党更旗帜鲜明地将伊斯兰教价值观视为整个国家、社会以及基本价值观面临的巨大危险，认为其与德国社会主流的文化价值观不相兼容。继反欧元的特色话语之后，反伊斯兰化也成为选择党另一个具有单独代表特色的政治标签，因为其他主流政党出于政治正确性的考虑，都不会整体上反对伊斯兰教。

从文化保守主义和经济自由主义的基本立场出发，选择党在多个政策领域提出独具特色的政治纲领：在欧洲政策上，选择党主张加强主权国家的力量，保护欧洲"堡垒"，反对欧盟开放边境，不过，在欧盟是否应当解散和德国是否应当退出欧盟的问题上，该党内部没有形成一致意见；在移民政策上，选择党主张参照加拿大和澳大利亚的做法建立移民打分体系，依据明确的准则制定法律规定，从源头上加强对移民的控制，吸引有利于增强德国实力的高素质人才移民，同时，反对外来移民出于福利落差原因向德国迁徙；在社会政策上，该党主张社会福利国家应仅限于"人民内部"，要求仅向德国国民提供社会福利；在民主与公民权问题上，强调基本民主秩序和民主原则，主张以瑞士为榜样实行直接民主，增加全民公投等直接民主手段，保障宪法规定的基本权利和性别平等，保护公民私人空间；在能源政策上，质疑政府能源转向政策的合理性，反对长期补贴可再生能源生产商，主张重启核电站运行，保障能源供应；在教育政策上，主张教育应立足于绩效和地方需要。

该党在成立之初即已走上右翼民粹路线，在竞选中把重点放在抨击现有各大政党上，而所提出的议题包括反对移民和批评伊斯兰教在德国的影响，容易起到激化社会矛盾、分裂社会的效果，甚至游走在右翼极端主义的边缘，个别党内高层曾经发表过明显的极右翼民粹主义言论，例如同情挪威于特岛枪击案元凶、声援德国新纳粹组织排外行径等，也不断招来主流政治团体对其煽动排外仇恨情绪和民族主义、种族主义的指责，加剧了该党与主流政党之间的隔阂。

（三）社会基础

选择党在德国政坛横空出世并且迅速崛起，固然要归因于该党作为抗议党的形象，吸引了大量对于政治和社会现实存在不满和失望情绪的"愤怒选民"的支持，部分选民的投票动机是出于对政府的不满，以及希望警示教训其他政党；与此同时，该党的政治成功也要归因于其独具特色的纲领内涵，不少民调结果显示，更多的选民投票支持选择党是出于该党的政治主张，尽管多数选民并不指望该党能实质性解决现实存在的大量问题，但普遍赞赏该党至少打破了政治禁忌。并指出了问题症结所在的作为，该党也因此在某种意义上拥有较为稳固的社会基础。选择党的社会基础至少具有两个方面的鲜明特色。

其一，选择党从德国社会中潜在的疑欧主义心理中汲取支持。选择党的不少支持者对于欧洲一体化发展的不满或者对于现实政治产生厌烦心理，即便在身为欧洲联盟主要创始国之一的德国，对于欧洲联合的怀疑始终有着相当规模的群众基础，欧债危机的发酵进一步引发了社会心理中对于欧洲一体化事业的信任危机，德国国内的民意调查结果显示，1/4 的德国人会在适当情况下选择一个反对欧元的政党。[①] 这部分民意基础虽然并非主流，却足以

[①] Oskar Niedermayer, „Aufsteiger, Absteiger und ewig ‚Sonstige': Klein-und Kleinstparteien bei der Bundestagswahl 2013", *Zeitschrift für Parlamentsfragen*, No. 1, 2014, p. 89.

支撑起一个新兴小规模政党。选择党正是在这样的绝佳背景下应运而生，并主动迎合了这股潜流。而考虑到欧洲一体化是一个长期和曲折的进程，始终伴随着各种各样的危机现象和怀疑情绪，选择党未来仍可以持续从疑欧主义情绪中获得发展空间。

其二，选择党从东部地区特殊的社会与政治生态中汲取支持。选择党起于西部，却兴盛于东部，在东部各州的发展趋势更好，加速蚕食左翼党在东部的社会基础，大有取而代之成为地区性全民党之势。东部人显然并非天生青睐选择党，但该党得益于东部地区特殊的政治与社会生态，并且对此充分加以利用。在两德统一后数十年的转型时期，东部地区的民众经历了体制剧变，但并未能迅速迎来科尔政府承诺的繁荣与富裕，受教育程度高的年轻人纷纷外流到西部地区或东部的大城市，偏远地区人口凋零，基础设施建设滞后，留下来的年轻人大量失业，因而东部聚集了大量对于经济社会现实不满的"愤怒公民"。选择党及时抓住了东部选民特殊的历史转型经历以及不满心理，在东部大选中对于国内安全的关注为该党赢得了不少民意，此外也提出了农村地区医疗服务不足等选民关心的内政议题，获得"愤怒公民"的认可，在选择党的选民当中集中了对于其他政党失望的人群。

在支持者的社会特征方面，选择党的选民社会基础十分多元，从年龄组、社会阶层等结构特征标准来看，选择党拥有较为广泛的社会基础，其选民分布状况基本均衡，已然对现有建制派政党构成现实挑战。从选民的政治倾向来看，选择党从各大传统党派手里分流了大量选票，选民的政治倾向非常混杂，远未局限在政治谱系中的某个固定阵营，不但有很多基民盟和自民党选民倒戈支持这支新生力量，而且左翼党和社民党亦有大量选票流失到该党。从选民的年龄构成来看，选择党拥有各个年龄段选民的支持，从东部地区的州选结果来看，该党在各个年龄组的分布相对均衡，只有在老年选民中的得票率略低于平均水平。

而从选民的社会阶层及其他社会属性来看，选择党的支持者没有集中分布在某个固定的社会阶层，尽管其选民多出于对当前社会发展的不满投票给选择党，但并不代表这些选民的个人社会经济状况糟糕。事实上，选择党选民的社会境况并不差，在失业者和就业者当中的分布基本持平，在独立从业者当中的支持率也偏高，很多是拥有自有房产的中年人，是典型的中产阶层，并不像左翼党的支持者更多分布在领取"哈茨四号"补助金的人群中。这些人之所以支持选择党，是因为该党关于欧元引发德国经济社会消极影响的论调切中了他们对于现有政治的悲观认识，或者唤起了他们的某种警醒。

在党员队伍发展方面，选择党在很大程度上源自黑黄阵营内部分裂出的保守势力，部分核心成员脱胎于基民盟，该党联邦理事会当中有半数曾经是基民盟党员，党员则部分来自基民盟、自民党和自由选民党等其他右翼保守政党。选择党建党10年来党员规模并不大，2013年3月建党之初近5000人，2014年10月发展到近2万人，① 2021年党员人数约为3万人。选择党在巩固党员基础方面比较注重质量，当注意到部分极右翼分子看重本党的飞速发展和疑欧主张希望加入后，该党迅速叫停了一段时间的党员发展，以避免在公众中形成右翼极端主义政党的形象。

（四）组织架构

从建党来源和组织架构来看，选择党非常接近德意志帝国和魏玛共和国时期所谓的"权贵党"，是自由保守势力组建的精英政党。选择党在组织方面的专业性和效率之高，堪称新兴小规模政党的楷模，虽然建党时间短，却表现出极强的专业组织管理能力和高效的工作方式。该党人力资源配备精良，制度健全，在建党后短时间内就迅速向外扩展，建立起覆盖全德各州的高效组织机构，并且拥有由5名国民经济学教授组成的科学咨询委员会，这在德国政党中还是绝无仅有的，也正是由于在建党初期其核心成员和创建者中的经济学教授大有人在，该党甚至一度被媒体称为"教授党"。选择党建党数月，就已经及时满足参加联邦大选所需的各种烦琐的制度性前提条件，拿出了在所有16个州参选所需的必要材料，包括章程、参选告知书、支持性签名、州候选人名单等，竞选宣传也组织得十分专业。反观其他一些小党，尽管获得同年联邦大选的参选资格，却由于未达到要求的签名数量而最终无缘大选，或者仅仅有能力在一两个联邦州提出州候选人名单，这一反差也从一个侧面体现出选择党组织能力的强大。

在内部意志形成方面，选择党表现出了自上而下和权力集中的强势作风。为避免观点立场混乱和极端化倾向，党内的决策严格围绕着数名正副主席（发言人）构成的权力中心进行，该党最初的党纲就是由理事会一手拟定，不经公开讨论就直接在成立大会上通过，且附加了相关的保护条款，规定只有在党代会上以75%以上的多数票通过的情况下方可进行修改。在该党

---

① „Mitgliederzahlen: Alternative für Deutschland wächst rasant", *Der Stern*, 06.10.2014.

2013年4月成立大会上，与会代表均表现出严明的组织纪律性，与曾经短期内在德国政坛迅速崛起的海盗党党员的松散自由形成强烈反差。建党初期，选择党由选举产生的三位正副主席（发言人）共治，分别是伯恩特·卢克（Bernd Lucke）、弗劳克·彼德丽（Frauke Petry）和康拉德·亚当（Konrad Adam），其中影响力最大的卢克力主改变这一局面，多次提议改由他一人领导，在2015年1月的党代会上，该党决定逐渐过渡至一位党主席，但后来则形成双主席共治的局面，现任双主席是克鲁帕拉（Tino Chrupalla）和魏德尔。

不过，尽管该党对外希望展现团结形象，但内部历来权力斗争激烈，尤其围绕着党内的极端化倾向以及与极右翼之间界限的问题争议不断，导致了选择党的分裂和路线模糊。在政治路线上，党内可大致分成两派力量：一派为新自由主义者和保守派，以前任党主席默伊藤（Jörg Meuthen）和现任党主席魏德尔为代表，主张维护市场自由主义路线，更加强调走议会内民主的务实道路，有意愿与基民盟合作上台执政；另一派是更为右翼的民族主义者、集体主义者甚至是种族主义者，其代表人物前有前任党主席彼德丽和副主席高兰德（Alexander Gauland），后有图林根州党主席霍克（Bjorn Höcke）以及2020年被开除的前勃兰登堡州党主席卡尔比茨（Andreas Kalbitz），党内右翼力量主张对极右翼的观点开放，对于在德累斯顿以及全国各地甚嚣尘上的反伊斯兰化、反移民运动表示理解、支持和保持对话的态度。

正是因为党内存在激烈的权力斗争和政治路线分歧，选择党在建党短短10年间就经历了数次分裂，高层人事变动频繁，曾担任党主席的卢克、彼德丽和默伊藤都先后退出该党。2015年7月，卢克在竞选连任失败后与其支持者退出选择党，另起炉灶成立"进步与觉醒联盟"（ALFA），后更名为自由保守改革派。2017年，时任党主席彼德丽在联邦大选后也选择退出选择党，并成立"蓝色党"。2022年1月，选择党双主席之一默伊藤辞去党主席职务，并同时退党，原因是在与党内右翼势力斗争中失败，认为部分成员与自由民主的基本秩序背道而驰，并认为选择党未来发展前景有限，只能作为东部地方性政党发挥影响。选择党内部权力斗争与分裂不断，也给外界留下该党不稳定的印象。包括基民盟和社民党在内的主流政党都曾经做出过乐观判断，断言该党会在陷入无休止的内斗之后自行解体。不过，德国左右阵营显然都难以很快摆脱来自选择党的竞争。

选择党内部派系也经历了频繁变动，"唤醒2015"代表党内的经济自由主义路线，但已于 2015 年分裂出去。此外，党内派系还有选择党中间派、爱国主义平台和"羽翼"（Fluegel）。其中，"羽翼"由于在其选区支持率上升而在党内话语权增强，该派系成立于 2015 年，成员有 7000 人左右，是选择党内部右翼力量的集结，在图林根州等东部州力量最强，代表人物有霍克，该派系不断推动本党走向极端化，甚至吸收前新纳粹组织成员加入。[①] 2019 年 1 月起，联邦宪保局以极右翼嫌疑为由将"羽翼"纳入监控名单，2020 年 3 月起升级将其定性为极右翼组织。此后，应时任党主席默伊藤要求，霍克解散了"羽翼"，以避免整个选择党被列为"嫌疑"对象，而"羽翼"另一代表人物卡尔比茨也于同年 5 月被联邦理事会开除党籍，原因是其入党时隐瞒了曾加入极右翼新纳粹组织和"共和党人"党的经历。除此之外，与其他政党类似，选择党也成立了名为"青年选择"（JA）的青年组织，不过，2019 年"青年选择"首次作为怀疑对象进入联邦宪法保卫局观察名单，2023 年 4 月被升级列为极右翼组织，理由是其"宣传基于生物特征的民族社会理念，追求建立尽可能单一的民族国家"，将有移民背景的公民视为二等德国人，与德国宪法存在违背之处。尽管该组织同年 6 月再度降级为"嫌疑"，不过，勃兰登堡州宪保局将该州的"青年选择"列为极右翼组织。是否有意愿阻止或能否阻止党内的极端化趋势是选择党能否在德国政坛走议会合法化道路并逐渐融入主流政治的一个长期结构性问题。

---

① David Begrich, „AfD: Die neue Macht im Osten", *Blätter für deutsche und internationale Politik*, No. 7, 2019, pp. 9-10.

第四章

德国政党格局的演变趋势

联邦德国建国以来，德国政党格局经历了若干发展阶段的嬗变，逐渐演化为当前流动多党制格局，给德国的内政外交带来新变化。自两德统一以来，德国政党格局加速转型，经历深刻的历史变迁，呈现全新的发展特征，传统的全民党日益陷入困境，小规模政党发展各异，民粹政党获得发展机遇，东西部地区的政党格局亦出现显著分化，而左翼阵营整体力量较弱，尚未形成合力整体崛起。德国政党不断因应时代变化，调整各自的纲领内涵与政治结盟策略，给德国政党体制注入新活力。不过，尽管德国政党体制面临的挑战增多、不确定性增加，但从欧洲比较来看，其总体上仍旧表现出极强的稳定性和韧性，远未出现法国、意大利等国传统政党体制几近解体的状况。

一 政党体制的发展阶段

二战结束以来，德国政党格局经历了不同的历史发展阶段，发生了深远变革，随着新兴政党不断成立并发展成为地位稳固的政党，德国政党体制逐渐从传统的三党制过渡到四党制、五党制乃至"流动多党制"。德国政党学者阿勒曼（Ulrich von Alemann）以政党的发展动力为依据，将联邦德国的政党体制具体划分为五个发展阶段，分别是从1945到1953年的形成阶段、从1953到1976年的集中阶段、从1976到1994年的转型阶段、从1994到2002年的稳定阶段以及自2002年以来的流动阶段。[①] 笔者在本书中借鉴其主要划

---

① Ulrich von Alemann, *Das Parteiensystem der Bundesrepublik Deutschland*, 4. vollständig überarbeitete und aktualisierte Auflage, Wiesbaden: VS Verlag für Sozialwissenschaften, 2010, pp. 46-96.

分思路并加以调整，以重大历史事件以及政党格局的核心特征作为补充依据，将德国战后政党体制大致划分为五个历史阶段。

（一）形成与巩固（1945~1960年）

二战结束后，三个西方战胜国在德国各自的占领区内推进政党的创建，发放建党许可证，一批德国政党依托德意志帝国和魏玛共和国时期的传统结构建立或重建起来。在1949年联邦德国成立之后的10年里，德国的政党体制处于一个不稳定的初创和形成阶段，从一开始就表现出多党制的特点。建国初期，进入联邦议院的政党数量不少，进入第一届联邦议院的大小政党数量多达十一个，而小党和大党之间的结盟意愿也普遍比较高，基民盟/基社盟在联邦议院首次大选中以31%的得票率成为第一大党，获得先发优势。在20世纪50年代，虽然联盟党作为主要执政党始终占据主导地位，但阿登纳总理在执政的14年间进行过八次内阁重组，先后与自民党、德意志党（DP）和代表了德国难民利益的全德联盟/流亡与权利被剥夺者联盟（GB/BHE）等不同的联合执政伙伴组成过三党甚至是四党政府，联邦议院中的政治环境表现出动荡和多元化的特征。①

20世纪50年代初期，德国新成立了三十多个政党。为了防止再度出现魏玛共和国时期政党体制过度碎片化从而严重干扰政府稳定性的问题，1953年联邦德国两次修改选举法，新增了"5%条款"，将小党以及地区性政党挡在了联邦议院之外。这一规定极大改变了50年代中后期的政党生态，此后，进入联邦议院的政党数量从1953年的六个（基民盟/基社盟此处视为一个政党）降至1957年的四个，再降至1961年的三个。除了联盟党和社民党这两个大党之外，只有自民党有能力持续迈过5%的议会门槛，而未能突破这一门槛的小党要么销声匿迹，要么主要为联盟党所吸收，两个大党渐势发展成为主导的政治行为体，其中联盟党在1957年联邦选举中甚至获得50.2%的绝对多数票。由此，在经历了战后初期10多年的初创适应和巩固磨合期之后，"波恩共和国"的政党体制趋于稳定，政党联盟形式和力量对比也逐渐固定下来。

---

① Uwe Jun, „Parteien und Parteiensystem der Bundesrepublik Deutschland", *Informationen zur politischen Bildung*, Vol. 328, Iss. 4, 2015, pp. 41-43.

（二）稳定的"两个半"政党格局（1960~1980年）

从20世纪60年代初开始，德国政治力量的分布进入相对集中的状态，进入联邦议院的政党数量稳定保持在三个，选民选举行为集中于两大影响广泛的政党、即基民盟/基社盟和社民党。

其中，两大党均根植于深厚的历史传统，从一开始都是建立在牢固的选民基础之上。基民盟与其巴伐利亚州的"姊妹党"基社盟以两大宗教教派为基础，高度依附教会尤其是天主教会的选民多为联盟党的铁杆选民，从职业分布来看主要是企业主、农场主、职员和知识分子当中观念传统的人士；而社民党虽然在阶级斗争和阶级对立的纲领性要求上几经转折，但主要还是提倡国家干预主义，在工会组织下的劳工阶层中选民比例高。在20世纪五六十年代，随着社会和工业结构的变化以及欧洲世俗化进程的加快，两大政党在纲领中分别吸收了更多内容，联盟党不再突出强调宗教特色，而是调整自身适应现实社会的变化，社民党通过1959年的《哥德斯堡纲领》走上了去意识形态化的道路，转而与德国的主流政治文化和解。两个大党因此在五六十年代随着纲领的开放拓展了选民的基本面，在选民社会结构和社会背景方面开始日趋接近，各自发展成为全民党，从而成为联邦政党体制的中流砥柱，两个大党在全盛阶段曾共同包揽过将近90%的得票率。

自民党作为高级职员、公务员和独立职业者等自由市民阶层的政治代言人，奉行经济自由主义思想，但与教会保持距离，从而与另外两大政党之间形成互补和平衡关系。该党自1949年起进入了每届联邦议院，作为不可或缺的第三支力量处于有利的战略地位，长期参与执政，它的态度往往成为联邦议院政党结盟成败的关键，除了1956年至1961年联盟党与其他政党执政或单独执政、1966年至1969年的大联合政府等若干短暂的时间段，自民党自联邦德国成立直至1998年科尔政府下台的几十年中几乎是不间断地在联邦层面参与执政，在德国政治上留下了深深的烙印。

联盟党、社民党以及力量次之的自民党构成超稳定的"两个半"政党格局和政治共识，对战后德国的政治格局产生了深远影响。"两个半"或者说"两大一小"的格局自60年代以来主宰德国政坛数十年之久，如果以联邦层面的执政经历来衡量，这一格局甚至可以说一直延续到了20世纪90年代末，其主要特点就是政党格局以联盟党和社民党为核心，以自民党作为不可或缺的平衡角色，分别形成泾渭分明的中左和中右两大阵营，其中，中右阵营也就是所谓的市民阶层阵营，在外交政策上强调与西方结盟，在经济上强调社会市场经济体制中的市场因素；中左阵营在外交政策上强调向东方开放，在经济上更加强调社会因素。三个政党涵盖了内政外交领域的主要政治诉求，持续巩固自身地位，表现出很强的联合政治能力。1961年至1983年只有这三个政党进入了联邦议院，而在1972年和1976年的联邦大选中，这三个政党甚至囊括了99.1%的选票，尽管当时分别有七个和十五个政党参加了大选。

（三）绿党的崛起与两大阵营的确立（1980~1990年）

自20世纪70年代以来，德国的工业结构和社会结构逐步发生变化，公务员和职员等新兴中产阶层群体迅速壮大，高等教育的普及使得越来越多的年轻人接受了良好教育，他们的社会地位得以显著提升，新兴中产阶层的世界观、生活方式、思想观念和政治参与形式也相应发生了重要变迁，逐渐开始远离传统社会环境和政党纽带的束缚，刻意与已有的建制派政党保持距离，更多借助公民倡议活动和地方网络积极投身新兴的社会和政治运动。这一时期，反核能运动、和平运动和妇女解放运动等各种社会运动呈现蓬勃发展的势头。新社会运动的时代精神催生了1980年绿党的成立，绿党开始在德国政坛崭露头角，以全新的政策理念、风格和政治参与方式给稳定的政治格局和地位稳固的传统政党带来巨大冲击。

绿党的成立与快速发展加剧了政党竞争态势。80年代，尽管传统的政党忠诚度有所松动，在两大全民党各自向政治中间地带靠近的过程中，选民社会结构也日益接近，但旧有的劳资社会分歧仍旧存在，联盟党和社民党围绕经济增长和社会公正议题凸显各自的纲领特色，社民党和自民党在没有固定宗教信仰的新中等阶层中也争取到更多的支持者。绿党的出现则是在传统政治议题之外又增加了第三种元素，即生态的分歧维度，从而改变了传统政党普遍不关心环境保护政策的历史。自绿党出现之后，其他政党也开始陆续吸收生态议题，发展出自身在生态环保领域的政策主张。绿党主要与社民党以及自民党之间存在竞争，一方面，绿党在克服了早期的激进和理想主义色彩之后开始走上务实政治路线，成功地在左翼自由主义者、知识分子和后物质主义者中立足；另一方面，绿党主张平等权利思想和追求个性自由，其在公民权方面的诉求对于自民党构成有力挑战。

自1983年以来，进入联邦议院的政党数量稳定增加为四个，绿党自此也不间断地成为议会内第四大力量，彻底改变了"两个半"的政党格局。这四个政党的政治结盟形式开始表现出集团化、阵营化的特征，红绿联盟和黑黄联盟成为左右两大阵营最典型的结盟形式。绿党尽管更多是在传统的经济、社会领域之外引入新的生态维度，但本身在经济和社会议题上显然定位于左翼阵营，基民盟前秘书长盖斯勒（Heiner Geißler）1984年就曾将绿党描述为"生态马克思主义的极端反对党"和"外绿内红的西瓜党"。绿党与社民党构成左翼阵营的天然结盟伙伴。由此，两大阵营的对峙日渐确立，选民选举某个政党，也就等于选择了由某个阵营上台执政。

（四）两德统一与"三足鼎立"的格局（1990~2015年）

1990年的两德统一是联邦德国的重大历史事件，"波恩共和国"转型成为"柏林共和国"，同时也引发了政党体制的深远变革，对于西部政党产生巨大影响，重塑了德国的政党版图。一方面，统一社会党的后续政党民社党开始将影响力从东部地区扩张到全德范围，尤其在2007年其与劳动与社会公正选举联盟合并成立左翼党之后，在西部也瞄准对于两大全民党和政治现状不满的选民群体开展政治动员；另一方面，西部各大政党迅速在东部建立起地方性党组织，西部的势力逐渐渗透东部，并吸收合并了东部地区在两德统一过程中陆续成立起来的一些政治小团体，例如，前总理默克尔最早加入的"民主觉醒党"（Demokratischer Aufbruch）就是1989年10月成立于东部的莱比锡，而随着该党次年合并加入基民盟，默克尔也逐步在基民盟内部开启了其政治升迁的生涯。

随着东部地区并入联邦德国的版图，东西德之间的政治文化差异趋于明显，尤其是东部地区发展出更为复杂的政治生态，逐渐形成了特有的选民行为模式。统一后的东部地区完全照搬西部的政治、经济和社会体制以及行政法规，普通东部人难以对西部政党产生情感纽带和认同感，面对时代剧变，不少人选择完全不参加选举，不投票给任何政党；另外一些人则出于怀旧心理，仍旧选择民社党作为自己的利益代言人。由此，民社党乃至后续的左翼党在东部地区仍拥有传统影响力和号召力，并在西部地区打出社会公正旗号，对于在世纪之交走上"第三条道路"从而陷入自我认同危机的社民党构成了一定挑战。

由此，自两德统一以来，联邦议院内部的政党分布更为复杂，左翼党在社民党的左侧不断发展壮大，为德国政党体制的转型增加了不确定因素，进入联邦议院的政党数量稳定增加到五个，原先西部的四党制和东部的三党制合并转变成为联邦层面的五党制。德国政党体制也彻底告别了"两个半"时代，开始向"三足鼎立"，即"两大三小"的流动五党制政党格局转型。所谓"三足鼎立"，即指在德国各大政党中，联盟党和社民党分别占据大约1/3的比重，而自民党、绿党和左翼党这三个昔日小党的总票数加起来占据剩下大约1/3的比重。① 如果说2002年联邦大选之后三个小党加在一起只有104个议席，与第二位的联盟党（248）还有相当大的差距，那么在2005年联邦议院选举之后形势就发生了变化，这三个昔日小党获得的总议席数达到165个，基本可以和之前遥不可及的联盟党（224个）以及社民党（222个）分庭抗礼，换言之，几乎每三票当中就有一票是投给这三个小党的。自此，三个小党为迈进联邦议院"5%条款"门槛苦苦斗争的年代告一段落，分别发展成为中等规模的政党，这三个政党的支持率加起来已经形成了与两大全民党抗衡之势，而它们彼此之间实力不分高下，其力量在历次州选和联邦大选中不断洗牌。尤其对于绿党和左翼党而言，经过数十年的发展，已经告别了建党初期的"抗议党"形象，成为德国政党体制中地位相对稳固的建制派政党。

尽管联邦议院内的五个政党始终处于激烈的竞争态势，时常为了具体的政策主张相互攻讦，但这几个进入议会的政党之间在德国政治、经济、社会等领域的原则立场问题上还是形成了最根本的跨党派共识，尤其在拉动经济增长、促进社会公正和加强环境保护等方面，各个政党在这些问题上的竞选纲领和原则文件中都存在不少内容上的交集，只是在具体的政策建议和实现的方法路径上存在差别。这种跨党派的共识政治文化给德国政党体制带来超强稳定性，也有效地将极端力量排斥在议会以外。

（五）选择党的冲击与"流动多党制"（2015年至今）

不过，这种稳定性自从选择党成立并逐步壮大以来出现较为实质性的变化。在2009年的联邦大选中，联盟党和社民党加起来的得票率仅为56.8%，这昭示了政党竞争日趋走向激烈。2013年联邦大选的结果更加不同寻常，联

---

① 在企业参与决定程序中有"三足鼎立"（Drittelparität）这个概念，意思是保障雇员在企业监事会中占据1/3的席位。《南德意志报》内政栏目主编普拉特（Heribert Prantl）借用这一概念来描述当时的政党力量态势，意指三个中小规模政党的选民支持率加起来占据整个政党体制中1/3的比重。

盟党以41.5%的支持率几乎获得单独执政权，达到其作为全民党的阶段性峰值，自民党以4.8%的得票率首次离开了联邦议院，而仅成立半年的选择党以4.7%的不俗成绩差一点就进入联邦议院。大选结果的种种不同寻常之处折射出德国政党体制的稳定性在下降，变数明显增多。2013年选择党成立，在2014年州选举中进入多个州议会，2015年欧洲爆发难民危机。自2015年以来，德国政党竞争更加激烈，政党格局日趋碎片化，不确定性显著上升，政党版图日趋多元化，从五党制过渡到六党制，这种不确定性也导致"流动多党制"成为政党学者对于当下德国政党体制最为精确的描述。

作为政坛新手，选择党的出现加剧了选举结果的变数，而由于选择党在纲领路线上的特殊性，这一政治新生力量的出现与之前的绿党以及左翼党相比给德国政党体制带来的影响截然不同。绿党和左翼党尽管在建党初期都是以"抗议党"或者"非政党党"的形象出现，但均未引发已有政党的集体质疑和全方位的打压排挤，而当前各政党普遍质疑选择党能否算作民主合法政党，批评该党与右翼民粹主义之间边界模糊，并批评其对俄罗斯的政策立场。这导致选择党迄今为止不具备政治结盟能力，只能持续作为一个"搅局者"发挥作用，在议会内制造议题，向执政党发难，从中期来看，其较难实现政党发展的突破。

"流动多党制"在多个方面明显有别于之前相对稳定的"三足鼎立"格局。首先，政党体制整体的碎片化程度加深，随着进入议会的政党数量增多，新兴政党分流传统政党大量选票，政党竞争日趋激烈，不确定性加深，政党民调支持率剧烈波动，几乎所有政党都难逃其趋势影响；其次，无论是左翼阵营还是右翼阵营都难以形成议会多数，尤其是自民党和左翼党这两个政党一度发展成为地位稳固的中等规模政党，但在激烈的政党竞争中必须重新考虑5%议会门槛的生存问题；最后，组阁形势日益复杂多变，随着政党体制的不确定性和不稳定性上升，加上选择党这一新生力量在联邦和各州议会内持续存在，却无法被纳入组阁考量，给政府组阁带来极大障碍，政党为上台执政，被迫改变政治结盟的传统，进行更多的政治"实验"，尝试前所未有的联合执政形式，跨越左右阵营的联合政治形式日益成为政治现实。表4-1详细列出了自联邦德国建国以来历届联邦政府的组成情况以及相应的政党体制发展阶段。

表 4-1　1949~2021 年的联邦政府构成与政党体制发展阶段

立法任期	执政时间	总理	执政党	政党体制发展阶段
第 1 届	1949.9-1953.9	阿登纳（基民盟）	联盟党，自民党，德意志党	形成与巩固阶段
第 2 届	1953.10-1955.7		联盟党，自民党，德意志党，全德联盟/流亡与权利被剥夺者联盟	
第 2 届	1955.7-1956.2		联盟党，自民党，德意志党	
第 2 届	1956.3-1957.9		联盟党，德意志党，德意志工作协会（自由人民党），德意志党（自由人民党）	
第 3 届	1957.10-1960.7		联盟党，德意志党	
第 3 届	1960.7-1961.9		联盟党	
第 4 届	1961.11-1962.11		联盟党，自民党	
第 4 届	1962.11-1962.12		联盟党	
第 4 届	1962.12-1963.10		联盟党，自民党	
第 4 届	1963.10-1965.9	艾哈德（基民盟）	联盟党，自民党	"两个半"格局
第 5 届	1965.10-1966.10		联盟党，自民党	
第 5 届	1966.10-1966.12		联盟党	
第 5 届	1966.12-1969.9	基辛格（基民盟）	联盟党，社民党	
第 6 届	1969.10-1972.12	勃兰特（社民党）	社民党，自民党	
第 7 届	1972.12-1974.5		社民党，自民党	
第 7 届	1974.5-1976.12	施密特（社民党）	社民党，自民党	
第 8 届	1976.12-1980.11		社民党，自民党	
第 9 届	1980.11-1982.10		社民党，自民党	
第 9 届	1982.10-1983.3	科尔（基民盟）	联盟党，自民党	两大阵营确立
第 10 届	1983.3-1987.3		联盟党，自民党	
第 11 届	1987.3-1991.1		联盟党，自民党	
第 12 届	1991.1-1994.11		联盟党，自民党	"三足鼎立"格局
第 13 届	1994.11-1998.10		联盟党，自民党	
第 14 届	1998.10-2002.10	施罗德（社民党）	社民党，绿党	
第 15 届	2002.10-2005.11		社民党，绿党	

续表

立法任期	执政时间	总理	执政党	政党体制发展阶段
第16届	2005.11-2009.10	默克尔（基民盟）	联盟党，社民党	流动多党制
第17届	2009.10-2013.12		联盟党，自民党	
第18届	2013.12-2018.3		联盟党，社民党	
第19届	2018.3-2021.12			
第20届	2021.12-	朔尔茨（社民党）	社民党，绿党，自民党	

资料来源：笔者自制。

二 全民党的兴盛与危机

（一）全民党的定义

全民党的概念是德国政治学者基希海默1965年在学界率先提出，迄今仍旧被广泛使用。二战结束后，西方发达国家的社会经济状况发生了巨大变化，19世纪末20世纪初工人阶级登上历史舞台而产生的资产阶级与无产阶级的尖锐对立此时已经缓和。在这一背景下，基希海默在《西欧政党体制的变迁》一文中借鉴唐斯的民主经济学理论和"多政策政党"视角，提出了全方位型政党（Catch-All-Party，德文为 Allerweltspartei）的概念，用来描述一种继大众融合型政党之后在战后的德国乃至西欧逐渐获得政治成功的政党新类型。基希海默指出，意识形态已经弱化为众多影响因素中的一个，去意识形态化成为政党发展的必然趋势，德国政党出于争取竞选成功的功利性考虑，已经不像以前那样坚守政治目标，而是融入更多利益也更开放，以期动员较大范围的选民，争取更多的政治行动自由度。基希海默没有对全方位型政党给出明确定义，而是概括了这一全新政党类型的若干基本特征要素：一是政治的去意识形态化；二是加强政党精英尤其是领导人的影响力；三是弱化党员个体的作用；四是不再只依赖于共同阶级或信仰基础上确立的单一选民群体，而是通过竞选宣传争取更多选票；五是出于政党融资与选举的考虑与利益集团保持紧密联系。[1]

---

[1] Otto Kirchheimer, „Der Wandel des westeuropäischen Parteiensystems", *Politische Vierteljahresschrift*, Vol. 6, No. 1, 1965, pp. 20-30.

全方位型政党的概念一经提出，就获得了政界和社会的普遍关注，在英文的文献中通常保留了这一说法，而在德国语境下，则约定俗成地使用更加通俗的"全民党"（Volkspartei）概念。全民党作为一种政党类型，是指在所有社会团体和社会阶层中拥有支持者的政党，为此，全民党必须完成去意识形态化的过程，在其政治纲领中考虑尽可能多的社会利益和世界观，其政治目标也是争取尽可能多的选民支持，实现选票最大化，继而上台执政。[1]杰泽（Eckhard Jesse）认为，全民党必须符合三个特征：一是其选民队伍必须在民众中占有可观的比例，至少有1/4的选民在多次选举中连续投票支持该党，全民党离不开一定的民众基础；二是其选民队伍必须包含不同的社会阶层，必须推出涵盖广泛的政治纲领，才能为广大民众提供代表性依据；三是接受民主宪政的基本政治体制，这是全民党的必要条件。[2]

在政党政治出现的早期，例如在两次大战之间的魏玛共和国，德国政党往往都是依据世界观、社会文化背景或其他领域利益的分化来确立自身的特色，这其中出现过一些典型的政党类型，例如阶级党、利益党、权贵党、精英党、干部党或乡绅党等。与这些历史上的政党类型不同，全民党这一概念有着规范性内涵，政党使用这一概念，就意味着其已经从昔日代表少数群体利益的政党转变成为代表所有各阶层人民利益的政党，原则上是向所有社会阶层、各个年龄段和各种世界观的选民和党员开放的。作为向各个社会阶层开放的结果，全民党无论是党员还是选民群体都具有高度的异质性，只有观点完全相左的选民、例如极端主义趋向的选民才会被排除在外。与代表某个特定群体利益的政党相比，全民党跨越阶级分野的束缚，政策主张涵盖的范围更加广泛，与其他政党之间达成妥协与联合执政的可能性增大，其代表性和民主合法性自然也达到了新的高度。

在公众沟通方面，随着大众传播媒介的普及，全民党高层可以通过电视等传播方式与民众直接沟通，树立本党的公众形象，普通党员作为政党与民众之间沟通中介的影响力下降，政党领导层成为影响政党的关键因素，党内形成了自上而下的决策机制。全民党需要实现选票最大化，政党竞选策略的

---

[1] Gerd Schneider and Christiane Toyka-Seid, *Das junge Politik-Lexikon von hanisauland*, Bonn: Bundeszentrale für politische Bildung, 2023, https://www.hanisauland.de/wissen/lexikon/grosses-lexikon/v/volkspartei.

[2] Eckhard Jesse, „Krise（und Ende?）der Volksparteien", *Aus Politik und Zeitgeschichte*, No. 26-27, 2021, p. 40.

重心相应从动员自身阵营选民转变为争取其他阵营的潜在支持者。在资金来源方面，全民党可以稳定获得国家对政党的财政支持，并依靠党费和捐款获得充足的资金，而这一点在很大程度上也要归因于全民党多与利益集团保持紧密联系，并且从利益集团获得政治捐款。

（二）全民党的形成与发展

全民党这一设想的提出准确把握了当时政党格局变化的趋势。二战后，随着经济的复苏与发展、福利国家模式的完善以及社会经济结构的变化，西欧国家中阶级矛盾进一步缓和，意识形态在政党竞争中的作用不断弱化，将一党定位为某一阶级或某些社会团体的利益代言人已经无法确保政党在竞选中获胜。基民盟和社民党顺应这一趋势，在政党现代化建设的过程中先后摆脱意识形态和世界观的束缚，选择走上政治中间路线，扩大自己的政治基础面，将更多社会阶层和利益纳入民主进程，由此从单一的利益党发展成为全民党。

其中，联盟党尽管二战之后才成立，但其传统可追溯到宗教色彩鲜明的保守天主教的中央党，而基民盟/基社盟从成立之初就刻意强调自己是跨教派的全民党，以区别于其前身，争取更多不同社会背景的选民。二战结束后，欧洲社会加速进入世俗化进程，宗教在政治与社会中的影响力日渐削弱，联盟党从建党之初就及时调整自身定位以适应社会变化，确立了全民党的类型定位。建党时间更长的社民党同样抓住了时代的变化趋势，在1959年的《哥德斯堡纲领》中，该党告别了马克思主义的传统概念和主张，改变了昔日的工人阶级党形象，转而奉行社会市场经济体制，与德国的主流政治与经济思想和解。这两大政党在纲领中分别吸收了更多政策主题，均面向所有选民，而不论其社会、宗教信仰和地区差异，两大政党也因此开始在选民社会结构和社会背景方面日趋接近。

当然，去意识形态化并不意味着两个政党放弃各自的世界观，这两大全民党面向社会各个团体和阶层开放，并未令其变得毫无世界观原则和政治立场特色，两党在各个政策领域的具体主张仍能体现出各自的意识形态差别。全民党只是实现了功能转向，将原则向尽可能多的阶层开放，毕竟双方都还要争取留住各自的铁杆选民。在全民党的全盛时期，两党的政治纲领仍旧具有清晰的辨识度，在如何构建政治秩序方面差异明显，体现出强烈的阵营属性，这也是两党能稳住各自选民和党员队伍的重要原因。基民盟强调基督教伦理影响下的保守自由价值观；在经济政策上推进社会市场经济体制建设，强调自由竞争和企业自主；在外交政策上坚持融入西方、维护欧美同盟关系，投身欧洲一体化进程。社民党在政治上高举社会公正的旗帜，主张实行民主社会主义和社会民主主义；在经济上主张偏重国家的计划和控制，强调社会福利；在外交上则在执政期间实行新东方政策，与包括民主德国在内的华约组织国家全面缓和了关系。

这两大全民党改变了魏玛共和国时期极端分裂的政党格局，发展成为联邦德国政党体制的中流砥柱，并逐步赢得了国际社会对德国民主政治体制稳定性的认可。大党向全民党的转型，导致德国战后的政党博弈从一开始就在很大程度上集中在政治中间地带开展，在涉及重大国家事务和公共福祉的问题上培养起实用主义的共识政治文化，共同建设社会福利国家，由此获得广泛的政治信任，这也是全民党遵循的历史逻辑。[①] 两大全民党均扎根社会，表现出强大的凝聚力和融合能力，凝聚绝大部分政治力量，不断拓展社会共识和利益平衡，成为国家和社会之间的沟通者，德国也相应被视为"全民党民主"[②]，在两个全民党的基础上保持了超级稳定的"两个半"政党格局。自20世纪60年代起的30年间，全民党的政党模式持续保持成功，尤其是在六七十年代，相对于其他小党，这两大政党在联邦议院的历次选举中都取得了高支持率，两党的得票率相加基本都超过了80%，在1972年和1976年的联邦议院大选中，两党总和甚至分别囊括90.7%和91.2%的绝对优势选票。联盟党在战后长期作为主要执政党承担政府责任，社民党则是首先在联邦州层面领导政府，印证自身的执政能力，之后也开始在联邦层面作为主要执政党上台执政，这两大党派都至少在半数的州议会中单独执政或领导执政联盟。在阿登纳以及后来的科尔时期，联盟党经历了长期执政的辉煌年代，而社民党在勃兰特新东方政策和政治民主化的路线指引下，推动了联邦德国的政治发展。

（三）全民党的危机症状与原因

然而，自20世纪80年代末以来，在政党体制中全民党作为政治稳定锚

---

① Oliver Nachtwey, „System ohne Stabilität: Der Niedergang der Volksparteien", *Blätter für deutsche und internationale Politik*, No. 2, 2019, pp. 96–100.

② Albrecht von Lucke, „Die Transformation der Volksparteiendemokratie", *Blätter für deutsche und internationale Politik*, No. 7, 2019, p. 5.

的作用和控局能力明显减弱，获得的政治信任度明显下滑，持久陷入困境。无论是在支持率还是在党员数量方面，这两大政党几乎不再能满足对全民党基本特征的定义，社民党在大多数时间里的表现相对而言更加不尽如人意。

一方面，两大党的支持者均出现大量流失。自21世纪以来，两大政党在联邦大选中的得票总和逐渐跌至70%以下，社民党的支持率一度甚至跌至魏玛共和国时期的低谷，在2021年联邦大选中，两大全民党得票率相加也无法形成多数派，这已经不再符合对于全民党的条件要求，对于理应凝聚和覆盖尽可能多的社会群体的全民党而言具有强烈的警示意义（两大全民党历次得票率参见图4-1）。在其他层面的选举中，两大政党的危机症状更为明显：在被视为决定欧洲前途命运的2019年欧洲议会选举中，两个政党的得票率相加仅有44.7%。[①] 而在同年的图林根州选中，基民盟的得票率只有21.7%，社民党更是以8.2%的得票率惨败，[②] 类似的情况在联邦州层面时有发生。

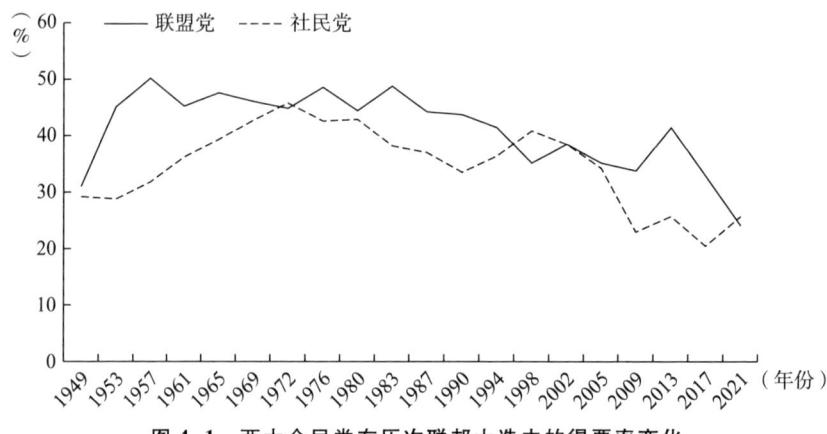

图4-1 两大全民党在历次联邦大选中的得票率变化

资料来源：„Bundestagswahlergebnisse seit 1949-Zweitstimmen", *Bundestag*, https://www.bundestag.de/parlament/wahlen/ergebnisse_seit1949-244692。

另一方面，两大党党员人数均大幅减少。图4-2列出了两党自1990年以来的党员人数变化，从中可以看出，在两德统一后的30年间，基民盟党员队伍损失过半，社民党党员规模锐减的趋势则更为严重，该党在1990年

---

① Konstituierende Sitzung-23.10.2019, europarl, https://www.europarl.europa.eu/election-results-2019/de/deutschland/.

② Eckhard Jesse, „Krise (und Ende?) der Volksparteien", *Aus Politik und Zeitgeschichte*, No. 26-27, 2021, p. 42.

还维持了 94 万名以上的党员规模，之后便逐年下挫，甚至一度被基民盟反超。这两大全民党自 2005 年以来的党员规模基本持平，社民党也仅对基民盟维持了大约 1.4 万人的微弱优势，2021 年党员不足 40 万人。两大全民党党员基础严重受损，充分体现其与传统铁杆选民之间的联系纽带日益松动，民众缺乏对于两党的强烈认同感以及入党效力的意愿。

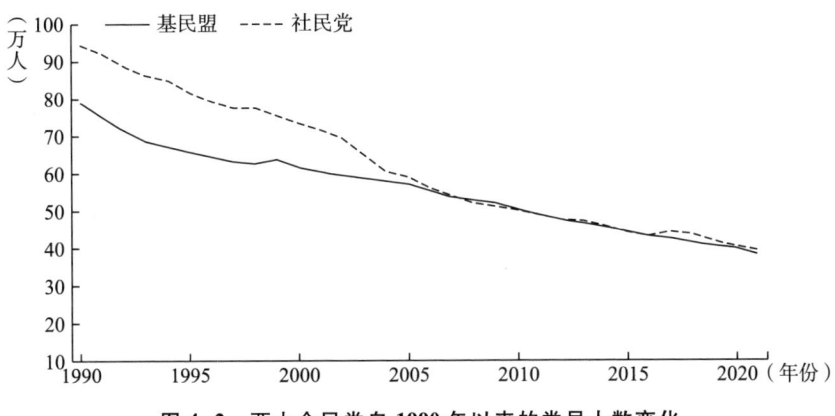

图 4-2 两大全民党自 1990 年以来的党员人数变化

资料来源：Oskar Niedermayer, „Mitgliederentwicklung der Parteien", bpb, https://www.bpb.de/themen/parteien/parteien-in-deutschland/zahlen-und-fakten/138672/mitglieder-entwicklung-der-parteien/。

两大全民党基层党员的流失和在各级议会选举中得票率的下滑引发了学者、政界和媒体的极大关注，开始谈及"全民党的危机"现象，讨论这种特定的政党类型是否仍有前途。吕特格尔斯（Jürgen Rüttgers）早在 1993 年出版的《民主的恐龙——走出政党危机和政治厌倦》一书中就已经批评全民党是"民主的恐龙"，极具前瞻性地预言了全民党将会因过于庞大而步履蹒跚，为自身的笨重所束缚。[①] 尼德迈尔则认为全民党正在遭受"侵蚀"。[②] 导致全民党政治影响力严重下降的原因是多方面的，既有政党自身原因，更与德国政治文化和政治、社会思潮的变迁以及代议制民主的结构性危机息息相关，其中多数影响因素并非仅仅针对全民党，但是这些变化对于重量级政党带来的影响无疑是最大的。

---

① Jürgen Rüttgers, *Dinosaurier der Demokratie. Wege aus Parteienkrise und Politikverdrossenheit*, Hamburg: Hoffmann und Campe, 1993, pp. 1-3.
② Oskar Niedermayer, „Die Erosion der Volksparteien", *Zeitschrift für Politik*, No. 3, 2010, p. 265.

其一，经济社会和文化领域的变迁加剧选民选举行为的不稳定性。随着现代化进程的加快，传统的社会分歧和选民所处的社会环境发生巨大变化，选民个人生活方式和工作经历表现出前所未有的多元化，政治倾向也相应更加多元化、个性化和灵活化，不再遵从固有政治立场，这一发展带来选民选举行为极大的不可预知性。在全民党全盛时期，社会中不少选民长期甚至终身忠诚于某个固定政党，例如工人投票给社民党，天主教教徒选择联盟党。如今，越来越多的昔日铁杆选民远离传统政治环境的约束，选民不再对政党保持忠诚度，而是在选举过程中更多地根据政党所提出的具体政治方案以及对候选人表现的好恶来决定自己的选举行为，在最后一刻做出选择的"摇摆选民"或者远离选举的"非选民"比例明显增多。鉴于此，选民的政治倾向已经很难用简单的左中右来界定，全民党单凭核心圈的铁杆选民已经难以参与执政。

其二，政党纲领和组织形式的职业化趋势弱化了选民的政党认同。在代议制民主发展到一定时期之后，政党工作已日趋职业化，政党往往利用媒体来策划展示策略，通过媒体动员选民，从而变成了"职业化媒体交际党"，政治内涵和解决问题的能力被政治交际及媒体展示技巧所取代，在这一过程中，政党基层和领导层日益脱节，政治逐渐变成少数政治精英的任务，加剧了政党认同度的下降。而社会和传媒对政治的展现方式也不利于将公众的视线集中到核心政治内容和民主意志的形成上来，不利于引导公众的政治理性、分析能力和判断力，使得政党和社会之间进一步脱离。正如政治学者洛舍（Peter Lösche）指出，"职业政客党""媒体党""议会党团党"正逐渐替代全民党，政党的组织和实质性工作由议员及议会党团而非党内基层完成，而党内的交流也将转变为党内高层通过媒体与基层交流，德国竞选活动也日益像美国那样由专门机构策划设计。持类似观点的还有政治学者拉什科（Joachim Raschke），他从"阵营论"（Lagertheorie）出发得出结论，认为阵营的概念比全民党更有生命力。他认为，市民阶层阵营和左翼阵营尽管不受欢迎，但仍旧奏效，选举结果更多是流向这两个势均力敌的阵营，全民党表现出持久的弱点，无法向铁杆选民提供曾经的政治家园，而只能让位于阵营来凝聚认同，同一阵营内的选民在价值取向和对重大政治问题的看法上都非常接近。这一论断主要可以从选民对第二支持政党的选择上得到证明，往往他们青睐的第二政党和他们主要支持的政党都属于同一阵营，很少出现跨阵营支持不同政党的现象。① 不过,从最近几届联邦选举中各个政党传统铁杆选民的跨阵营选举行为可以看出,关于阵营的论断也并不完全符合当前的政治现实。

其三,全民党核心纲领特色的丢失导致铁杆选民流失。在西方传统政党与选举制度下,每个政党均须为其政策纲领找到一个品牌内核,用来构建该党的核心领导力并使其获得身份认同,以便在政党竞争中吸引选民为其投票。两大全民党传统上拥有各自的品牌内核和核心竞争力:联盟党的品牌内核在于其经济治理能力,而社民党的品牌特色是其社会公正的理念。然而,对于已经发展到全民党阶段的这两个大党来说,仅仅依靠核心特色显然是不够的,为了吸引更多的差异性选民,还必须增加更为宽泛的议题和纲领内容。一直以来,为了获得全民党的特性,对于联盟党来说,需要发展出社会政策领域的纲领内涵,对其经济治理特色予以补充;而对于社民党来说,需要通过提出发展经济的政策措施对其社会公正的纲领内核予以补充。两大全民党希望通过这样的方式,为各自的选民提供近乎完美的政治纲领和代表性。② 在这个过程中,为争取选举的胜利,全民党忽视了自身的传统纲领内核,始终处于最能覆盖左右政治光谱的中间道路上,在意识形态、议题选择、发展战略、原则立场等方面表现出更为明显的纲领路线趋同现象,政治体制和政治机构数十年时间里保持稳定,带来的结果是两大全民党的政党辨识度进一步下降,极大地弱化了选民对于全民党的认同感,选民对全民党缺乏情感联系的纽带,向其他政党的流动性增强,选举的不确定性由此上升。尤其对社民党而言,施罗德领导下的红绿联盟依托"2010议程"推行的社会福利体制改革触及了社民党一贯代言的小人物的切身利益,大联合政府又使得社民党裹足不前,这些均给该党带来了严重的负面影响。

其四,全民党政策立场的趋同带来代表性真空。全民党的现实发展历程印证了基希海默当初的预测,即大党均走上实用主义道路,争夺权力成为大党唯一的政治目标,为此放弃了传统的选民群体和世界观特色,转向争夺中间地带。二战结束后,阶级结构的变化以及各种危机引发的政治、经济、社

---

① Ralf Tils and Joachim Raschke, „Strategie zählt. Die Bundestagswahl 2013", *Aus Politik und Zeitgeschichte*, No. 48-49, 2013, p. 27.

② Oskar Niedermayer, „Von der Zweiparteiendominanz zum Pluralismus: Die Entwicklung des deutschen Parteiensystems im westeuropäischen Vergleich", *Politische Vierteljahresschrift*, No. 51, 2010, p. 9.

会结构和国际环境的变化等诸多因素对于政党政策纲领产生极大的影响，面对各种内外挑战，全民党始终在中间地带致力于去极端化，竭力杜绝极端主义思想的传播。进入21世纪以后，在应对政党体制碎片化程度加深的过程中，两个传统大党均选择了再度发挥全民党模式的特点，加紧争夺政治中间地带。这一发展的结果导致全民党推出的议题更加针对中间选民和中产阶层，同时更加远离社会底层，致使后者要么不投票，要么转投极端激进的政党。全民党的政治中间路线反而导致中间地带日益狭窄，政治博弈更加激烈，同时在边缘地带留下代表性的政治真空，助推了政治极化的趋势。这也成为德国政党政治发展中的悖论，即碎片化程度越深，全民党越往中间靠拢，政治极化程度也越深。

其五，全民党的执政经历更容易引发民众的不满情绪。从未有过执政经验的政党更容易追随一时的民意动向提出机会主义的竞选主张，而执政党必须持久证明自身的执政能力，才能将上台执政经历转化为"执政红利"，否则会引发选民对政党执政能力产生怀疑，导致政党认同下降。全民党已经渗透公众生活的各个领域，全民党的定位也导致这两个政党在是否参与组阁方面需要更多考虑政治和社会责任，而不能只单纯地关注本党利益。① 在领导德国解决各种重大社会问题的过程中，全民党时而暴露出自身执政能力的缺陷，导致政党在政治生活中的地位下降，频繁曝光的政治献金丑闻、贿赂案更加深了公民对执政党的不满情绪，导致产生政治厌烦心理。在这一形势下，全民党面临的政治博弈更加激烈，遭遇更多来自其他政策主张鲜明且更有特色的小党、社会运动、其他社会团体以及非政府组织的竞争。其他政治或社会力量暂时无须承受执政过程中协调各方利益的压力，可以指摘政府的失误，对现实问题提出自身的应对措施，而无须马上接受验证，对于选民反而具备一定吸引力。

（四）全民党的发展前景

全民党的危机引发德国政界和学者对其发展前景以及德国代议制民主日益受到侵蚀的担忧。洛舍在2009年就已经预言，作为一种政党类型，全民

---

① 例如，2005年之后社民党数次参与大联合政府，党内不少人指责这一组阁形式不利于本党走出低谷。2017年大选后社民党不愿继续在联盟党的阴影下继续执政，但是在"牙买加组合"组阁谈判破裂之后，该党出于维护国家政治稳定、避免出现政治僵局的考虑，仍旧再度参与了大联合政府。

党的衰落无法避免，全民党已经过时并且正走向终结，不再能单独代表民意。① 不过，也有学者看到这两大全民党不断调整革新的努力，认为两个全民党仍有机会通过自我革新走出困境。② 事实上，两大全民党的确尝试为自身发展重新注入活力，尤其在屈居反对党的情况下，两党都尝试了各种全新做法，从纲领路线、选举策略的调整，到拓展选民和本党基层的民主参与渠道。不过，鉴于当前德国的政治环境日益复杂和多元化，两大全民党想要凝聚和组织动员更多选民，明显面临更多挑战。对于全民党而言，最难以解决的问题是如何在体现自身核心政治特色和融入更多不同社会阶层利益之间找到平衡。能在这两个看似矛盾的方面找到平衡无疑是困难的，如果过于强调本党特色，就可能将持相反政治立场的选民拒之门外；而如果针对的受众面、提出的政策议题过于宽泛，又容易令人产生毫无原则和特色的印象，也会导致其辨识度下降。这一矛盾使得全民党在纲领路线调整中往往举棋不定。除此之外，当前绿党和选择党均受益于德国社会文化领域"开放-划界"这一组新的社会分歧，而两大全民党并未在这一新的社会分歧中展现自身特色和优势，未来能否守住全民党的地位至少在联邦层面的选举中将自身选民支持率稳定保持在25%以上仍旧存在一定变数，而社民党要维持全民党地位显然更加困难。

不过，需要指出的是，全民党的当前困境是与多党制碎片化程度提高相伴而生，在流动多党制中其他政党也难以复制联盟党和社民党昔日的成功模式，在德国战后的政治传统中，被广泛认可为全民党的也只有联盟党和社民党这两个大党。绿党和选择党都是全民党危机的受益者，绿党得以树立起生态现代化和开放社会的政党形象，选择党则在收紧难民政策和在欧盟中维护国家主权方面争取到大量保守选民的支持，这两个政党的成功也引发了它们能否成为下一个全民党的热议。尽管如此，这两个政党最多只能算是"半个全民党"③，其普遍影响力仅局限于东部或西部地区，波动幅度较大，而且这两个政党面向的社会基本面不够宽广，绿党主要面向经济社会处境良好、受教育程度高、奉行后物质主义价值观的群体；而选择党则更多动员老中产阶

---

① Peter Lösche, „Ende der Volksparteien", *Aus Politik und Zeitgeschichte*, No. 51, 2009, pp. 6-7.
② Eckhard Jesse, „Krise (und Ende?) der Volksparteien", *Aus Politik und Zeitgeschichte*, No. 26-27, 2021, p. 46.
③ Albrecht von Lucke, „Die Transformation der Volksparteiendemokratie", *Blätter für deutsche und internationale Politik*, No. 7, 2019, p. 5.

层和中下层当中对于现实政治不满的人群。综合其特色议题、社会阶层、长期表现和执政经历等各方面因素来看，无论是绿党还是选择党仍旧难以达到全民党的发展水平。

三 小规模政党的发展与影响

（一）小规模政党的内涵与特征

关于小规模政党的概念，在政治学中难以找到对其内涵和外延的统一界定。乌韦·容笼统地将政党划分为大党和小党，将大党界定为传统上的"大规模"全民党，而将小党界定为全民党之外的所有政党，这一划分十分接近公共传媒和普通民众的感知。① 不过，随着德国政党体制的发展演化，绿党、自民党等昔日小党长期在联邦议院中参与政策和法律形成，地位相对稳固，与两大全民党之间的差距逐渐缩小，已然成为中等规模的政党，公众对于小规模政党的感知也发生变化。尼德迈尔则根据规模和影响力划分了四类政党，具体区分了"小规模政党"即至少进入了一个州议会或者欧洲议会的政党和"最小规模政党"，同时将进入了国会的政党都排除在小规模政党的范畴之外。② 其他学者确定的"小规模政党"范围往往更为狭窄，泛指那些在选举统计表中不单独列出、笼统归入"其他政党"范畴之下的政党以及"小派别"（Splitterpartei），即在真正意义上名不见经传的小党。

小规模政党内涵和形态各异，对于小规模政党不存在统一和精准的划分标准，很难找到某个具体的具有理论依据的定性定量标准去描述和精准衡量其属性，一些处于中间状态的政党性质更难界定。与此同时，政党的影响力和规模大小随着时间而不断发生变化，在不同的政治层面、不同的地理区域也表现各异，这无疑加大了对于小规模政党定义的难度。笔者在这里采用的是政治学者范登博姆（Dirk van den Boom）1999年给这一概念所下的定义："小规模政党是指由于其工作的法律、财政、人员、组织和纲领等框架条件的限制，从而无法在很大程度上积极而富有建设性地参与政治体制的决策过

---

① Uwe Jun, „Parteien und Parteiensystem der Bundesrepublik Deutschland", *Informationen zur politischen Bildung*, Vol. 328, Iss. 4, 2015, pp. 38-49.
② Oskar Niedermayer, „Aufsteiger, Absteiger und ewig ‚Sonstige': Klein-und Kleinstparteien bei der Bundestagswahl 2013", *Zeitschrift für Parlamentsfragen*, No. 1, 2014, p. 75.

程和政治领导人选拔的政党。"①

由于自身社会资源的限制，小规模政党的规模和影响力远不及大党，只有为数不多的政党能够在激烈的政党竞争中脱颖而出，不过，小规模政党仍旧在西方政党民主当中发挥重要作用。首先，小党的存在代表了对于主流意见不满和发出抗议的民众，可以为执政党的政治活动提供民主合法性；其次，作为议会外的反对党，小党可以立足地方层面，对大党起到民主监督的作用；最后，小党往往更容易在政治纲领或者组织结构等方面尝试各种创新模式和手段，丰富传统政党动员民意的形式与内涵，从而激发政党竞争。较之地位稳固的政党，小规模政党在议题和组织建设等方面往往更具创新特色和活力，内政外交领域的重大事件、媒体、协会和社会运动的变迁都可以为新兴小规模政党的成立与壮大提供历史性机遇，有利于政治新秀迅速树立鲜明形象，在民众当中形成一定声势，成为政坛"搅局者"而分流票仓，并加剧选举结果的不确定性，导致政党版图更加多元化。小规模政党的表现甚至可能起到关键作用，一旦小规模政党实现历史性突破，迈入各级议会甚至是国会，其在政党体制和选举体制的重要性将得到显著提升，不但可以分散议席，在议会内制造问题和麻烦，而且传统大党极有可能将其纳入组阁考虑参与执政，或者至少是"容忍"少数派政府，从而从根本上改写政党结盟的传统，令组阁结果充满更多变数。

（二）德国小规模政党的生存现状

本书关注的小规模政党更接近尼德迈尔的界定，即没有进入国会的政党，包括"小规模政党"和"最小规模政党"，其中，小规模政党数量不多，但影响力更大，在 2014 年欧洲议会选举之后，例如动物保护党、德国生态党（ÖDP）等小党都跻身此类政党之列，相比之下，最小规模政党由于自身条件的限制，在扩大党员规模、动员民意、参与政治意志形成等方面的影响力更小。

在联邦德国建国之后的 70 多年时间里，新兴政党不断涌现。截至 2023 年 8 月，按照德国《政党法》第 6 条第 3 款的规定在联邦选举委员会正式登

---

① Dirk van den Boom, *Politik diesseits der Macht? Zu Einfluss, Funktion und Stellung von Kleinparteien im politischen System der Bundesrepublik Deutschland*, Opladen: Leske + Budrich, 1999, p.21.

记备案的政党和政治联合会共计 121 个，政党总数在最近 10 年波动不大。①某些政党拥有悠久传统，例如可以追溯到 1870 年的德国中央党，而大部分政党都是在二战结束之后建立的。德国政党体制当中的绝大多数政党都是小规模政党，其中部分政党建党之初可能只有区区几十人的规模，不少小规模政党在政治和社会条件合适的情况下，也曾短暂地在联邦州层面取得成功，不过，只有为数不多的小规模政党得以发展壮大，长期在选举中进入议会，成为拥有稳固地位的政党。例如，绿党在 1980 年初创时期是不折不扣的以抗议为特色的小规模政党，但自 1983 年起就已经迅速进入 6 个联邦州议会和联邦议院，并于 1998 年至 2005 年在联邦层面参与执政。海盗党和选择党在成立之后数年间也都迅速脱颖而出，成为各级议会选举中的黑马，对于地位稳固的政党曾经或正在造成一定程度的冲击。

德国小规模政党在纲领内涵和政党建设上各具特色，极大丰富了德国的政治文化和政党谱系，填补了一些边缘特色议题或者社会群体方面的代表性真空。有些政党意识形态相对边缘化，例如德国的共产党（DKP）、德国马列党（MLPD）和已经改名为"家乡党"的德国国家民主党都可以归入意识形态党的范畴。某些政党代表了某种较为生僻的世界观，例如创立于 2001 年的紫色党（Die Violetten）。有些政党在产生之初代表了一种新的社会分歧维度或倡导全新的生活方式，例如绿党就代表和倡导后物质主义价值观；"城市党"（Die Urbane）要求化石燃料全面下马，主张城市人口百分之百地使用风力和光能发电；"三V党"（V-Partei）主张实现素食主义环境和生态农业，要求全面禁止武器出口以及解散北约。某些政党代表某个特定群体公民的利益，例如主张女权主义的"妇女党"（Die Frauen）和代表退休人员利益的退休人员党（Rentnerpartei）。某些小党尤其在建党之初构成了所谓的"单一议题党"，例如"第三条道路党"（Der Dritte Weg），海盗党在建党之初也以网络政策为主要议题，选择党则将支持德国退出欧元区作为核心政治主张，它们都给公众以"单一议题党"的印象，不过后两个政党在获得了一定的媒体影响力之后都在党纲及竞选纲领中补充了其他政治议题。某些政党是典型的地区党，仅活跃于或是代表某个地区，例如巴伐利亚党（Bayernpartei）、

---

① 数据出自联邦选举委员会，参见 „Verzeichnis der Parteien und politischen Vereinigungen, die gemäß § 6 Absatz 3 Parteiengesetz bei der Bundeswahlleiterin Parteiunterlagen hinterlegt haben", *Die Bundeswahlleiterin*, https://www.bundeswahlleiterin.de/dam/jcr/477203a4-8602-497d-9311-89d9a7c7b78a/anschriftenverzeichnis_parteien.pdf。

莱茵兰党、自由萨克森党、南石勒苏益格选民联盟①等。

由于政党的成立是完全自由的，某些小规模政党的主张独具特色，例如"派别党"（Die Partei）、"灰色党"（Die Grauen）、"理性党"（Partei der Vernunft）等，其中有些政党是典型的抗议党，首先是出于抗议目的而成立，例如对一切政党说"不"的"不！主张党"（NEIN!-Idee）以及"愤怒公民党"（Bürger in Wut），不过这类政党要么昙花一现，要么就迅速融入既有政党体制，与现实政治妥协。还有个别政党只是围绕某个政要活动，例如右翼保守的"希尔党"（Schill-Partei）。②

小规模政党主要在低于联邦层面的议会选举中获得一定成功，在德国，这主要是指各联邦州的议会选举。尤其在建国初期德国政治制度不稳定的阶段，小规模政党曾经有着很好的表现，多个政党曾经在州议会中占有相当比例的议席，如极右翼的国家民主党在20世纪60年代末一度进入多个州议会。不过，随着"两个半"政党体制的逐渐形成，大部分小规模政党被边缘化，1969年至1978年的10年时间里，仅有南石勒苏益格选民联盟凭借给予少数民族政党的特殊政策两次进入过州议会。八九十年代，又陆续有部分小规模政党开始进入州议会，例如极右翼的共和党人（Republikaner）在八九十年代之交一度进入多个州议会，自由选民党在2008年的巴伐利亚州议会选举中获得了令人瞩目的10.2%的得票率，该党自2018年以来甚至在该州作为"小伙伴"参与执政。但是，大部分小规模政党都难以维持并稳固自身的地位，在联邦层面也从未有所斩获。随着德国政党体制逐渐进入流动多党制时代，小规模政党在联邦州及以上政治层面的选举结果有所改善，海盗党在2011~2012年连续进入4个州议会；选择党成立不久就在2013年9月的联邦大选中取得4.7%的骄人成绩，而在2014年8~9月的德国东部三次州选中，该党更是以10%左右的骄人表现进入三个州议会，自20世纪50年代以来，没有其他哪个政党能在成立后这么短的时间内表现如此之好。图4-3展示了自1969年德国政党体制相对稳定之后到2013年间，小规模政党在各州议会选举中突破得票率的下限进入州议会的次数，从中可见，自两德统一以来，小党在州选中的表现日益值得关注。

---

① 南石勒苏益格选民联盟代表石勒苏益格地区丹麦少数民族以及北佛里斯兰的佛里斯兰人的利益，在联邦层面在1949年和2021年大选后分别获得一个议席。

② Oskar Niedermayer, „Aufsteiger, Absteiger und ewig ‚Sonstige': Klein-und Kleinstparteien bei der Bundestagswahl 2013", *Zeitschrift für Parlamentsfragen*, No. 1, 2014, p. 76.

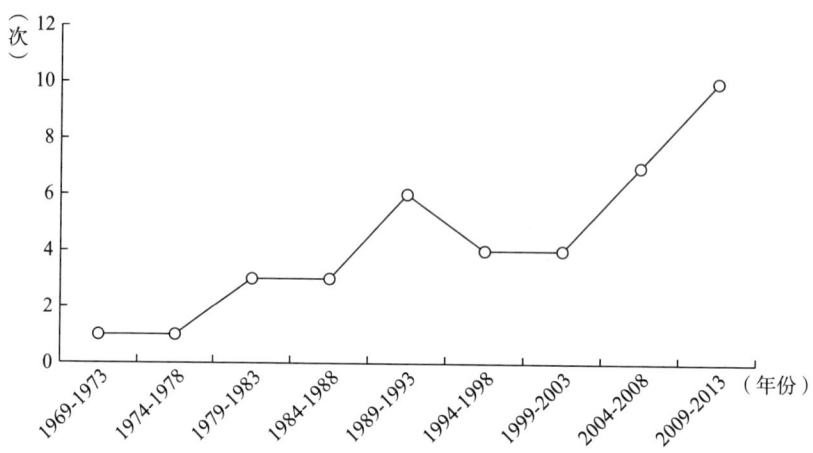

图 4-3　1969~2013 年小规模政党进入州议会的次数[①]

数据来源：笔者自制

整体而言，州选更多是涉及地方层面的政治动员，在联邦议院的选举中，小规模政党实力明显不足，这一方面表现在参加联邦大选的政党数量历来远远低于正式注册的政党数量，另一方面体现在小规模政党都往往止步于联邦或者州议会之外，在大选结果揭晓之后基本沦为"其他政党"的范畴，更谈不上获得参与组阁的潜力。图 4-4 对比了在联邦选举委员会处正式登记的政党数量和参加了每届联邦议院选举的政党数量，从中可以看出，参与联邦大选的政党数量变化很大，从最少时的七个（1972 年）到最多时的三十九个（2021 年），两德统一以来，每届参加联邦议院选举的政党均超过二十个，但这一数字均远远低于同期注册登记的政党数量，且这两者间的数量差仍有进一步扩大的趋势，大部分政党的参选之路在征集签名这一关就已经终止。

单纯参加联邦大选还不代表政党的成功，只有进入联邦议院，方可对立法过程和政府决策产生直接影响，小党很难迈过政党发展阶段中进入议会尤其是联邦议院这道门槛。这其中的特例是 1960 年之前的建国初期，由于德国政党体制仍处在形成与巩固阶段，1949 年的首次联邦大选中甚至有十个政党进入联邦议院，第二届选举中也有六个政党成功做到这一点。不过，自 20

---

① 本图为便于统计选取 5 年为一个时段，仅统计除联盟党、社民党、自民党、左翼党和绿党之外的小规模政党进入州议会的次数。

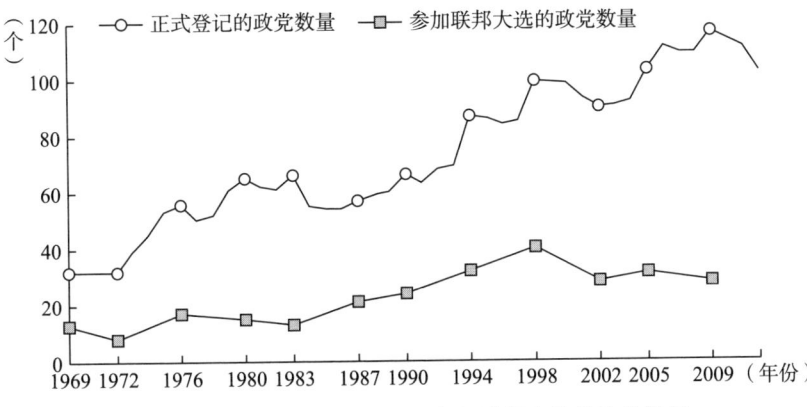

图 4-4　德国注册政党总数和参与联邦大选的政党数量

资料来源：„Verzeichnis der Parteien und politischen Vereinigungen, die gemäß § 6 Absatz 3 Parteiengesetz bei der Bundeswahlleiterin Parteiunterlagen hinterlegt haben", *Die Bunde-swahlleiterin*, https://www.bundeswahlleiterin.de/dam/jcr/477203a4 - 8602 - 497d - 9311 - 89d9a7 c7b78a/anschriftenverzeichnis_parteien.pdf。

世纪 60 年代以来，进入联邦议院的政党稳定保持在三个，两德统一以来，尽管参加联邦选举的政党数量整体呈现增加的趋势，但只有为数不多的小规模政党能够稳定突破限制，并逐渐转型成为中等规模政党。

小规模政党另一个参与选举的机会是 5 年举行一次的欧洲议会选举。2014 年之前欧洲议会选举在德国同样存在 5% 的门槛限制，因此除了共和党人曾于 1989 年的欧洲议会选举中越过 5% 的门槛，德国小规模政党从未进入过欧洲议会。自 2014 年欧洲议会选举取消 5% 门槛的规定以来，很多原本没有任何媒体曝光度的小规模政党或多或少开始在全国层面获得选民的关注，仅仅在 2014 年德国就有八个小规模政党进入欧洲议会，其中的七个政党分别仅派遣了 1 名欧洲议员，选择党则获得 7% 的高得票率，集中体现了新兴小规模政党蕴藏的巨大潜力。

（三）小规模政党的组织动员特点

在财政来源方面，多数小规模政党都难以获得稳定的资金以发展壮大组织规模。政党的资金往往来自三个渠道，即党费、政治捐助和国家财政补贴，小规模政党往往党员人数少，因此党费收入低；政治捐助的募集也由于小党政治影响力有限，无法与背后有大财团支持、实力雄厚的大党相提并论；而在国家补贴方面，小规模政党的劣势也比较明显，根据政党法第 18

条规定，如果在最近一届联邦议院或欧洲议会大选中第二票的得票率超过0.5%，或者在州选举中得票率超过1%的门槛，即可按照所得票数获得联邦议院选举委员会相应比例的财政补贴，由此补偿在竞选期间的开销，小党在这方面的财政收入远低于大党。以2021年选举为例，德国为各大政党共计提供2亿多欧元的财政资助，进入联邦议院的七个政党包揽了其中近1.93亿欧元的补贴，其他十二个议会外政党共计获得剩余的740万欧元，其中获得国家财政资助最多的小规模政党分别是自由选民党（230万欧元）、动物保护党（137.7万欧元）以及生态民主党（124.9万欧元）。①

论及政党内部的组织能力、制定策略的能力和形成政治意志的过程，不同的小规模政党存在显著差异，其效果也是千差万别。在联邦大选中，多数参选的小党只能在有限的几个州征集到签名和提交候选人名单，无法在全国范围内参与政党竞争，沦为地区性政党。还有一些小党更退一步，只能提出选区候选人名单，在有限的几个选区推出自己的候选人，参选的规模可谓"迷你型"。

在内部组织动员方面，在发展初期同为小规模政党的选择党和海盗党就形成了鲜明对比。选择党表现出极强的专业组织能力，资源配备精良，在建党很短时间内就设立起覆盖全德的高效组织机构，保障了该党及时满足参加大选所需要满足的各种烦琐而具有挑战性的制度前提条件，竞选宣传也组织得十分专业，在内部意志形成方面表现出了自上而下的强势。② 反观海盗党，在政党建设方面贯彻极端民主的思想，秉承政治透明、直接参与的组织原则，所有的党内工作、竞选活动、会议记录、政党纲领、联邦州及联邦党员大会均通过各种网络平台公开发布信息，使用专业软件进行内部交流和表决，将民主决策发挥到了极限，与其他现有政党形成鲜明的对比。不过，极端民主的另一面则是该党缺乏健全的专业组织机构，组织管理松散，近半数党员的党费无法收齐，人力不足，党内工作都是由党员业余兼职，专业性的缺失在很大程度上导致该党的行动能力不足。③

---

① Oskar Niedermayer, „Staatliche Parteienfinanzierung", bpb, https://www.bpb.de/themen/parteien/parteien-in-deutschland/zahlen-und-fakten/42240/staatliche-parteienfinanzierung/.
② Oskar Niedermayer, „Aufsteiger, Absteiger und ewig ‚Sonstige': Klein-und Kleinstparteien bei der Bundestagswahl 2013", *Zeitschrift für Parlamentsfragen*, No. 1, 2014, p. 90.
③ Christoph Bieber, „Die Piratenpartei als neue Akteurin im Parteiensystem", *Aus Politik und Zeitgeschichte*, No. 7, 2012, p. 29.

在议题设置方面，小规模政党不像大党那样，可以通过在一些基本社会分歧中的立场定位来树立公众形象，而是必须采取差异化竞争策略，集中针对一些非常狭窄的特色议题领域，提出区别于传统稳定政党的具有鲜明特点的主张，发展出其独有的代表性。小规模政党政治纲领涵盖的范围各具特色：家庭党、退休人员党、妇女党都是针对某个固定人群的政治关切；由穆斯林移民创建的创新与公正联盟（BIG）专走支持移民融入多元文化的路线；非选民党希望给那些心理上抗拒选举的人提供另一种可能性；动物保护党则致力于将动物权利保护写入德国宪法，主张维护全球物种的多样性。某些政党，例如绿党和左翼党甚至包括海盗党，在规模逐渐扩大之后不断扩充其政治纲领内涵，不希望被公众视为"单一议题党"，但不容否认的是，这些政党迅速崛起的重要原因正是以某一个议题领域的特色纲领吸引了公众的注意力，单独代表了某个通常为传统大党所忽视的议题领域或主张，例如网络政策，或者是生态环保。

但是如何将单独代表性坚持下去也对小党提出了极大挑战，因为地位稳固的政党一旦发觉一种新的特色政治纲领引发公众兴趣，极有可能将其吸收借鉴到自身的政治主张中，正如海盗党第一个提出网络政策取得成功后，充分向传统政党昭示了这一议题在现代信息社会和知识社会大背景之下的重要意义，如今，网络政策已经出现在各大传统政党的政治纲领中，海盗党也随之丧失了自身最大的优势，在经历短暂的辉煌成功之后再度沉寂。随着社会变迁的加剧，德国的传统大党不断调整自身的政治内涵，例如两大全民党联盟党和社民党，尽管形成于劳资对立的社会分歧，但都具有强大的议题吸纳能力。在这样的形势下，小党若想做到不被替代，就只能独辟蹊径，成为非主流，例如选择党反对欧洲一体化的基本立场完全有别于地位稳固的政党，具有单独代表的特色，就不存在被其他政党吸纳和借鉴或者取代的风险。

在动员选民方面，小规模政党所能提供的社会资源有限，在各类选举中的得票率通常较低，由于国家是否拨款支持某一政党取决于政党在选举中得票的多寡，绝大多数小党无法稳定获得国家财政的支持。这一点反过来又在很大程度上限制了小党的政治影响力和组织策略，导致其通常只能在数量非常有限的联邦州征集到必要的签名，难以在全国范围内引发公众和媒体关注，政治动员通常只能面向有限地区的有限目标群体，例如妇女党和退休人员党就无法面向广大的选举人群。各个政党尽管都可以免费使用公法电视台的竞选宣传时段，但若要在私立电视台播出竞选宣传节目则需要支付一部分传媒费用,由此许多小党只能放弃在这些媒体的宣传。互联网和新媒体的普及带来了新的政治传播渠道,海盗党就一度成功创新运用了社交网络的新媒体作为政治动员和竞选宣传手段,成功吸引和动员了大量对已有政党不感兴趣或不投票的选民,但其议题特色以及这种动员方式同样可以为其他政党所借鉴。对于小党来说,具备公众曝光度、可以代表本党形象、担任党内职务和议会席位、在公众中能有效募集捐款的"魅力型"领袖人物往往少之又少,更多需要以议题代替"面孔"来提高知名度与公众对本党的好感度。而选择党在公众动员和媒体沟通方面则相对更为专业,深谙媒体运作之道,在对外的媒体沟通中总是以统一、团结、高效的形象示人,这也是该党能从众多小规模政党中脱颖而出并持续保持政治影响力的重要原因。

(四)小规模政党的发展瓶颈及其对政党体制的影响

与魏玛共和国时期不同,德国的政党体制表现出极强的延续性,尽管多党制下政党数量众多,但能够稳定进入各级议院甚至上台执政的政党为数不多,联邦议院中的议席集中稳定在少数几个政党手中,地位稳固的政党牢牢占据着竞争上游。更多政党只能归入小规模政党的范畴,这其中,有些小党长期存在,例如德国中央党和巴伐利亚党;有些只能在短短数年间昙花一现,例如海盗党、希尔党、STATT党等;还有一些甚至已经销声匿迹,例如退休人员党和"不!主张党"等。只有为数不多的小党能够在激烈的政党竞争中有所建树,在中长期中发展成为地位稳固的政党。这在国际比较中也不多见,充分凸显了德国政党生态在日渐碎片化和多元化的同时仍旧存在小党较难逾越的发展瓶颈。

对于小规模政党而言,德国政治体制当中的各种制度框架是对其最大的制约要素。在与地位稳固的传统政党竞争过程中,《政党法》等法律和政策框架对于小党参与选举制定了诸多繁杂的程序规定,例如必须征集支持性签名或提交州候选人名单,这些都在考验着小党的社会资源、政治动员能力和策略。其中直接限制了许多小党成功前景的制度性条件是在两票制的选举体制下,1953年在联邦层面引入的"5%条款"和3个直选议席的制度性门槛。对于新兴政党来说,突破"5%条款"的门槛或者获得基本议席是成功进阶的质变,能否进入联邦议院,对于新兴政党的存活和发展具有指向性,而这一要求难以持续达到。如果无法较长时间保证拥有议席,就无法影响其他政治团体的决策过程或者愿与其联合执政的考量,在政党体制中容易被边缘化。"5%条款"的限制条件不仅成为界定小党是否成功的标准，而且也影响了选民的选举决定，因为许多选民担心由于小党未进入议会，自己投出的选票会成为废票。这一制度规定已经出现了松动迹象，德国国内大选仍旧适用"5%条款"的条件，但在欧洲议会选举的制度安排上已经发生了有利于小党的转变，自2014年以来欧洲议会选举不再有得票率门槛限制，这一制度性变化直接促成多个小规模政党进入欧洲议会。不过，正如一些分析人士指出的那样，即便未来进入联邦议院的门槛从5%降至3%，也不会使进入议会的政党数量出现明显增加。①

撇开制度性限制因素不谈，小规模政党自身也存在众多先天不足和限制因素：其一，小党的财政、人员和组织资源严重匮乏；其二，小党的政治内涵不具备唯一不可替代性，同时小党也很难提出不被现有体制吸收借鉴的新的政治内涵；其三，小党知名度较低，难以获得媒体持久的关注和吸引选民的眼球，对于日常政治的影响非常小；其四，尤其是新兴小党在建党初期缺少职业政客的专业化领导，纲领内容过于理想化，导致其总体表现极不稳定，给公众造成观点混乱甚至是过于极端的印象；其五，小党相互之间高度异质，难以形成合力，共同影响现有体制。这些因素的综合作用使得小党很难进入议会。新兴的小党即便跨过了这个发展阶段，也往往难以摆脱"抗议党"命运和"反体制党"的标签，很难维持长久的稳固地位。很多小党的突然走强往往是因为选民对现有执政党产生不满，而不是因为该党自身的议题有多大的吸引力，左翼党、绿党在成立之初都经历了这样一个阶段，海盗党在很大程度上要归因于民众对于现有政党体制的不满，而选择党的走强也凸显了在欧债危机尚未得到根本性解决的背景下民众当中浓重的疑欧情绪。

毋庸置疑的是小规模政党也在持久地改变和重塑德国的政党生态和政治文化，与大党以及市民社会组织一样积极参与构建公共生活。小党的存在不仅为整个政党体制提供了必不可少的民主合法性与民主监督的功能，而且更重要的是在政党衰落的大背景下小规模政党可以为政党竞争注入更多活力。作为某些特殊的议题领域或者利益诉求的代言人，小规模政党可以通过自身的组织和纲领创新，将某个全新议题或者利益诉求引入公共政治讨论中，回应部分民众对于现有政治僵局的不满，或者促使大党着手应对选民关心的议

---

① Oskar Niedermayer, „Aufsteiger, Absteiger und ewig ‚Sonstige': Klein-und Kleinstparteien bei der Bundestagswahl 2013", *Zeitschrift für Parlamentsfragen*, No. 1, 2014, p. 93.

题或者利益，其还可以吸引和动员大量有选举权但对传统政党不感兴趣或不投票的选民。在环境适当的时候，这种潜在的群众基础有可能释放出极强的爆发力，对现有政党和政治生态产生极大冲击，如绿党、左翼党、选择党等小党均借助有利时机成功克服了制度障碍，晋升为地位稳固的中等规模政党。对于德国政党格局而言，新兴小党的出现进一步分散了选票，强化了多党制政党版图的多元化，改变政党结盟的传统，给最终的组阁形式带来更大变数。

正因为小规模政党在德国政党体制中的作用，才源源不断地有小党向联邦选举委员会登记成立，递交董事会名单、章程和纲领。此外，德国近年来本着平等竞争的原则不断修订政党和选举体制的法律法规，这也有利于小党的发展壮大，包括公法电视台中政党免费选举宣传时间的公平分配，欧洲议会选举中5%门槛的取消，"平衡议席"的引入，等等。这些制度规定的修改为小规模政党提供了新的机遇，也在考验着小党的政治智慧。小党既要找到好的议题和独特的政治主张，又要有代表本党形象的"面孔"，更需要有一支熟知政党运作机制的职业队伍，方可摆脱抗议党的命运，而一旦徘徊在5%门槛附近的小党迈入了联邦议院，分散了选票和议席，其就有可能被传统大党纳入组阁考虑，由此在地方甚至是联邦层面持久地参与政党结盟的实践和政治意志形成的过程。

（五）典型案例：海盗党

德国海盗党成立于2006年，并于2011年下半年异军突起，该党在纲领内容、政治动员形式、组织结构和倡导新型民主等方面均表现出鲜明特色，极大丰富了德国的政党政治生态，一时间给正统政治秩序和政治僵局带来清新变革之风，集中体现了西方新兴政党在社会变迁背景下的制度创新。而该党在短暂崛起之后又再度沉寂，则为深入研究德国小规模政党的发展规律与制约因素提供了极佳案例。

海盗党并非德国独有的政治现象，在不少国家都有类似政党，全球最早的海盗党于2006年1月在瑞典成立，其前身是支持音乐盗版的"海盗湾"组织，发端于信息和知识交流自由的理念，成立的初衷是呼吁重新讨论和正面看待音乐和影视业的盗版，期待发起全球知识产权革命。各国成立的海盗党具有一定共性，普遍在纲领中主张改革版权法，要求改革或废除专利、进行自由的知识交流、改善数据保护措施，呼吁加强公民权，扩大公众的民主和参与决定权,推动"流动式民主"(Liquid Democracy),尊重基本法律保障的私人领域,并要求增加透明度和信息自由、保障教育自由权利。这其中,尤其以德国海盗党一度的表现和引发的关注最为突出。

德国海盗党于2006年9月在柏林成立,主要的支持者是技术人员和青年人。与同一时期其他几个中小规模政党相比,海盗党成立后6年多时间里正式党员壮大至3.4万人,发展速度可谓迅猛。绿党经过32年的发展,2012年的党员人数约为5.9万,而在民社党和社民党左翼长期的党员基础上发展而来的左翼党也不过只有6.9万名党员。不过,海盗党党员队伍的发展也经历过戏剧性的起伏,从2006年9月至2009年6月,该党经历漫长的成立期,在近3年的时间里,党员人数勉强从成立之初的几十人增加到1000人。2009年6~9月,该党党员人数激增至之前的10倍多,迅速超过1万人,进入为期4个月的首增长期,这一发展得益于海盗党在网络政策上发起的运动,时任联邦家庭部部长要求限制和禁止对于儿童色情网站的访问,联邦议院也通过了相关的限制性法律,对此,海盗党自2009年5月起在网上启动向联邦议院递交请愿书的运动,由此触发了一轮加入海盗党的浪潮。2009年9月至2011年9月,该党进入停止和稳定期,党员人数稳定在1.2万~1.3万人。自2011年9月该党在柏林州议会选举中实现历史性突破之后,党员人数再度出现大幅上扬,在一年时间里党员人数增加至3.4万人,之后基本维持这一规模。①

海盗党的政治动员成绩斐然,自成立以来在历次选举中的表现也助推了该党的壮大。该党在2008年至2011年参加过几次州议会选举,分别获得过0.2%~2%的得票率,其中在2009年6月的欧洲议会选举中获得0.9%的得票率;在2009年9月联邦议院大选中,该党以2%的支持率成为最大的议会外政党,尽管没有跨越5%进入议会的门槛,但已经一举成为最大的议会外政党。该党在2011年9月的柏林州选中异军突起,取得8.9%的突破性得票率,之后更是乘胜追击,在2012年举行的三次州选中均取得不俗成绩,包括3月在萨尔州州选中的7.4%得票率,5月在石荷州州选中的8.2%得票率,以及5月在北威州州选中获得的7.8%得票率。反观同时期进入联邦议院的政党,要么出现灾难性倒退,要么在州议会选举和民意调查中的支持率起伏

---

① Christoph Bieber, „Die Piratenpartei als neue Akteurin im Parteiensystem", *Aus Politik und Zeitgeschichte*, No. 7, 2012, p. 28.

不定，传统的同阵营内政党联合，例如黑黄联盟或者红绿联盟，在民意调查中始终都无法获得半数以上选民的支持。在这一背景下，海盗党的发展势头可谓迅猛。

从选票流向来看，海盗党的支持者主要有三大来源。首先，该党从之前的"非"选民那里争取到了许多选票。所谓"非选民"既包括众多之前对政治不感兴趣、没有固定选举偏好的民众，也包括首次参加选举的年轻选民，海盗党更多得到了年轻人的支持，这一点从该党党员平均年龄为38.9岁中可见一斑。① 其次，该党成功吸引到左翼阵营，包括社民党、绿党和左翼党的选票。德国学者的实证研究均认为，德国社会中的两条传统分歧维度即阶级及宗教仍旧制约着大选的结果，政党的选民构成仍体现出一种稳定性，即便不选择之前支持的政党，但其选票多半流向各自阵营。② 海盗党更多吸引的是观点立场偏左的选民，当然也有相当数量的选票来自保守的基民盟和自民党阵营，由此可以确定，海盗党选民的政治立场多元而混杂。

德国政党学者尼德迈尔2010年在分析海盗党走向时，并不看好海盗党能在柏林州选中迈过5%的门槛，甚至认为该党很难实现突破，进入任何一个州议会。③ 但海盗党的实际发展推翻了他的预测，该党除了党费和捐助之外，也获得了国家财政的支持。海盗党的成功打破了政党学者的预言，究其成功要素，其中一个非常实质性的原因是数字革命时代的社会变迁。信息社会中以Web2.0社交网络为代表的新媒体及各种互动交流工具飞速发展，给社会环境包括人们的价值取向和交流形式带来了持久的变化，也给政治生活带来了深远的影响。网络催生了大批栖身网络的所谓"数字原住民"，虽然传统政党在传媒日益发展的今天也都纷纷加强了传媒化的程度，但还是未能充分估计到数字革命时代的民意变化，没有专门针对网民这个新生群体的利益诉求提出相应的政治立场与主张。海盗党横空出世，先声夺人抓住了时代机遇，填补了这个利益代言的漏洞。该党自2011年中期开始迅猛发展，正

---

① „Die Piratenpartei Deutschland", *wikipedia*, http://de.wikipedia.org/wiki/Piratenpartei_Deutschland.
② Marc Debus, „Soziale Konfliktlinien und Wahlverhalten: Eine Analyse der Determinanten der Wahlabsicht bei Bundestagswahlen von 1969 bis 2009", *Kölner Zeitschrift für Soziologie und Sozialpsychologie*, No. 62, 2010, pp. 731-749; Martin Elff and Sigrid Rossteutscher, "Stability or Decline? Class, Religion and the Vote in Germany", *German Politics*, No. 1, 2011, pp. 107-127.
③ Oskar Niedermayer, „Erfolgsbedingungen neuer Parteien im Parteiensystem", *Zeitschrift für Parlamentsfragen*, No. 4, 2010, p. 853.

是由于其反对政府网络审查政策的立场符合了大量年轻网民的心声。

海盗党看到了数字革命给人类带来的进一步发展新型民主的机会，因此致力于抓住个人参与决定的机会，在其党纲第一条引入所谓"流动性民主"的新型民主理念，从根本上否定现行的一些正统理念。该党认为，直接民主和基层民主行不通，而代议制民主同样行不通，"流动性民主"则是一种混杂了直接议会制、参与式民主和互动式民主的新型民主形式。海盗党最终追求的是一种将政党转化为委员会、不需要政党和议会起作用的政治乌托邦，而海盗党从根本上也是一个"反对政党的政党"①，这听上去颇为似是而非。以这一民主理念为基础，海盗党呼吁加强政治领域的透明度，要求加强普通公民在数字世界的政治参与及交流。该党极其珍视政治体制中的透明度，将透明度视为核心的政治价值观，相信只要程序透明，民众可以接受任何改变。根据海盗党的想法，不仅政治决策的所有步骤应该公开，而且诸如市政建设项目的规划过程都应该随时记录并公布。

海盗党在党内组织结构上已经着手实践这一新型的民主理念。在政党制度创新方面，该党进行了有益的探索，成功运用社交网络的新媒体作为政治动员手段，抓住选民的眼球，吸引和动员了大量有选举权但对已有政党不感兴趣或不投票的选民，尤其是在年轻网民当中。海盗党在联邦层面设立了党代会和理事会，在所有 16 个州均设立了联合会，该党党章规定，联邦党代会不实行代表机制，而是召开联邦层面的全体会员大会。② 党员可以通过内部的流动反馈（Liquid Feedback）系统发表个人意见，参与本党的意志形成和决策，直接现场追踪联邦理事会的会议过程，参加议会党团的会议，党员的手机号也可以从网上查到。该党还将决策程序放到网络上，由党员在互联网上对决议进行表决。这些都是其他传统政党包括像绿党这样充分贯彻基层民主的政党难以做到的事情。

海盗党发源于网络自由的理念。在数字信息化时代和知识社会的背景下，该党高举政治变革的旗帜，倡导知识交流自由和"流动式民主"等标新立异的政治主张，大谈当时别的政党仍旧慎言的话题，包括软性毒品合法化、乘坐公交车免票等。海盗党将网络自由作为核心纲领和议题特色，这在

---

① Christoph Bieber, „Die Piratenpartei als neue Akteurin im Parteiensystem", *Aus Politik und Zeitgeschichte*, No. 7, 2012, p. 27.

② Christoph Bieber, „Die Piratenpartei als neue Akteurin im Parteiensystem", *Aus Politik und Zeitgeschichte*, No. 7, 2012, p. 29.

一定程度上是由该党创建者和多数党员偏年轻化的年龄结构使然,也是该党鲜明区别于其他政党的特色之处。该党认为信息是非物质的,因而不应该有所有权一说,知识和信息等非物质产品的价值正是在自由的传播和交流中才能够得到最好实现。这一基本理念引申到版权与非商业性复制领域,就体现为要求改革版权法与专利法、改革非物质产品版权;引申到公民权领域,就体现为呼吁禁止对网络内容进行审查;引申至政治参与领域,就体现为网络问政;引申至教育领域,则体现为向所有人提供公平的教育机会,具体可以细化到主张网上学习资料免费,为所有中小学生配备免费可以上网的笔记本,等等。这其中不少政治诉求都是相对非正统的主张。

海盗党从成立之初就始终强调的另一个核心价值是加强自由公民权,要求对私人领域提供基本法律保障。随着参与大选的经历日益丰富,海盗党针对选民普遍关心的一些重要议题领域包括能源政策或者欧洲政策逐渐扩充了不少新纲领内容,提出了实行最低工资标准、支持政教分离、保护举报者等主张。例如在欧洲政策上,该党在立场文件中就明确了支持欧洲一体化的基调,同时指出欧盟在民主上的缺陷,提倡通过制定宪法、扩大公民参与以及跨国界的交流等种种形式来弥补欧盟民主合法性的不足。从海盗党的核心政治主张研判,很难把这个政党放到传统意义的左中右政治阵营坐标的某个具体位置上,尽管该党总体定位偏左。鉴于海盗党一贯坚持极端的社会公正和公民权,该党昔日党主席施吕默尔(Bernd Schlömer)将本党的定位描述为"社会自由主义"。①

在2011年以来海盗党参加的历次州议会选举中,参选率最低的为51.2%(萨安州,2011年3月),最高的为66.2%(巴符州,2011年3月),低参选率凸显选民对于现行的正统政治秩序、政治僵局和幕后统治集团权力政治的不满与排斥,同时也为海盗党这样的新生政治力量提供了上升和争夺的空间。海盗党也及时抓住了历史机遇,高举变革的旗号。

海盗党在政治动员上的种种创新做法令人耳目一新,明显有别于传统的政党,吸引了大量年轻人加入或投票支持这支新兴的政治力量。该党充分利用社交网络新媒体,不仅在维基网站上设立主页作为开放式的工作和交流平台,而且也在脸书、推特等社交媒体上展现自身的政治主张,通过播客、

---

① „Wie der ‚Bundesbernd' Piraten-Amt und Job stemmt", *Die Welt*, http://www.welt.de/politik/deutschland/article106380615/Wie-der-Bundesbernd-Piraten-Amt-und-Job-stemmt.html.

YouTube 等新媒体推送自己的新闻，组织各种聚会和工作小组。海盗党谈论互联网自由这个其他政党不谈论的话题，认为政治程序和形式大过内容，希望将透明度贯彻到所有政治行动中，并首先从自己做起，在博客中公开展示和记录自身在政党政治以及州议会工作中的经验与知识、学习过程甚至是可能的失败，并建立所有公民都可以提出建议的网络平台，作为互动式民主的工具。正因为高调以抗议党的形象介入现实政治，海盗党成功争取到了曾经支持其他政党或者之前未参加投票的选民支持。以该党实现历史性突破的柏林州选为例，海盗党选民的来源就非常复杂，既有之前未参加选举或尚未有选举权的人，也有之前投票支持了绿党、联盟党、自民党或社民党的选民。

然而，在快速进入 4 个州议会以后，海盗党中止了上升的势头，在 2013 年之后就逐渐沉寂。这不仅表现在党员人数自 2012 年下半年起就再度进入停滞不前的阶段，更是表现在民意调查结果上，该党支持率在 2012 年 5 月底就出现扭转，到 2013 年的 6 月已经落后于刚刚成立数月的选择党。① 出现这样大起大伏的情形，与海盗党作为政治新手从创建之日起就存在诸多问题有着很大关系。

其一，社会基础不够稳固。支持海盗党的选民大多数并非赞同其政治纲领，而更多是出于对已有政党不满的抗议，该党本身就是得益于抗议党的形象和特色，赢得了许多摇摆选民或者原本不准备参与投票选民的支持，但这可以挑起争执，却没有针对某个固定话题引导的理性辩论。2011 年 9 月以来的州选成功带来公众对于这支政坛新生力量的关注，一旦新鲜感过去，受欢迎度的下降就在意料之中了，除非它可以持续激发对于某个或者某些特定议题的讨论，甚至可以以自身的纲领和立场观点在这些领域引领民主意志的形成，而这一点正是海盗党所缺少的。该党经常被拿来与绿党做比较，但绿党从成立之初就始终扎根于新社会运动，目标群体定位明确，不断在环境及生态保护运动、和平运动、人权运动和妇女运动中动员和凝聚政治意志，培养起广泛而牢固的社会基础和认同感，因而得以不断提高其政治活动能力和参政议政的空间，而海盗党没有广泛的社会背景和大规模的社会运动承载，仅仅是依托虚拟、不确定的互联网，更谈不上在重大政治问题上拥有话语权。

---

① „Mehrheit: Ampel regiert schlecht-CDU/CSU würde es nicht besser machen-Fast zwei Drittel glauben, dass es mit der deutschen Wirtschaft abwärts geht", *Forschungsgruppe Wahlen*, http://www.forschungsgruppe.de/Aktuelles/Politbarometer/.

其二，其纲领缺乏连贯性。海盗党的政治纲领仍存在很多灰色地带，难以摆脱纲领混乱的抗议党形象。仔细梳理和审视该党匆匆推出的各类党纲、竞选纲领和立场文件，就不难发现其纲领内容缺乏连贯性和长期战略。海盗党以网络政策起家，对互联网自由度的呼吁至今仍是留给公众最深刻的印象。此后，该党陆续新增了很多政策主张，例如在教育、环保、消费者保护方面，给人的印象是力求做到重要议题全覆盖，但实际上这些主张杂乱无章，缺乏整体性，没有实质内涵，许多主张实际上是为了应对地方选举匆忙提出的。此外，该党推出的政治主张往往过于理想化，缺乏现实的物质基础，例如无条件引入最低工资、乘坐公交工具免费、在中小学免费提供上网笔记本电脑和其他学习资料等，但对这些都没有提出切实可行的经费解决方案。

除了纲领混乱，海盗党提出的不少政策内容与其他地位稳固的政党之间存在重合之处，尼德迈尔认为海盗党的核心品牌在于透明度，但绿党通过多年不断的基层民主实践和主张，早就在德国民众中树立了这样的形象；海盗党强调的另一个核心政治内容即加强公民权和私人领域，这长期以来被自民党视为本党的核心特色；而规定最低工资和提供公平的教育机会一直就是社民党和左翼党的立场，甚至连基民盟的一些保守人士同样希望引入最低工资标准；海盗党呼吁软性毒品合法化，但这一提法在绿党中同样受欢迎。

其三，政党建设缺乏专业性。海盗党从一开始就推出了全新的理念构想和实现路径，吸引很多青年人的关注和好感，但是，单纯推行非主流的透明民主程序吸引人们的眼球难以长期为继。该党缺乏健全的政党组织机构，在政党建设方面的基础极其薄弱，虽然海盗党在各州都成立了政党联合会，但未能建立起一整套完备的专业机构。① 组织管理的松散势必影响该党发挥政治动员以及其他功能的效率，限制该党影响力的发挥。该党成立以来的另一个突出问题是人力不足、专业性缺乏，党内工作都是由党员业余兼职。海盗党在人气大增并进入4个州议会的情况下，理事会工作仍靠党员在业余时间来义务承担，就连党主席一职也是由施吕默尔在国防部的本职工作之余兼任，2012年6月，该党两位发言人先后宣布辞职，主要原因都是业余义务担

---

① Christoph Bieber, „Die Piratenpartei als neue Akteurin im Parteiensystem", *Aus Politik und Zeitgeschichte*, No. 7, 2012, p. 29.

任政党工作导致工作压力过大。① 海盗党缺乏健全的组织和管理结构，没有走上专业化、职业化道路，缺少全职的、具备专业资质的职业政治家的分工合作在不同的政策领域向公众展示宣传该党的相关政策立场，因此难以长期介入民主政治。

其四，资金来源的困难难以解决。该党的财政一直是比较大的问题，由于自身募集资金的能力有限，而选举法规定政党接受国家补贴金额不得超过头一年财务报告中公布的本党从党费及捐助所获得的收入，这使得海盗党无法从联邦财政拿到原本根据选票应得的所有补贴，导致该党获得的国家补贴远远低于其他政党。以2009年为例，根据2009年历次州选和欧洲选举及联邦议院选举的结果，该党原本可以拿到84万欧元左右的国家补贴，但由于该党2008年财务报告中公布的自筹资金只有3.15万欧元，导致该党只能获得3万多欧元的补助，远低于自民党的1260万欧元、绿党的1110万欧元和左翼党的1070万欧元。② 虽然该党可以通过其网络优势进行政治动员，但经费的匮乏会使其在网络上的影响无法进入付费网络资源。此外，该党财务制度在很长时间里不健全，近半数党员拖欠缴纳党费。财政经费的问题进一步体现了该党在专业性方面遭遇的尴尬和欠缺，也直接影响到其竞选活动的效果。③

四 右翼民粹政党的勃兴与制约

荷兰学者穆德（Cas Mudde）主张将社会划分为两个同质而且对立的群体，即"纯粹的人民"和"腐败的精英"，并认为政治应当是人民普遍意志的表达。他将民粹主义定义为一种极端的意识形态，但民粹主义不是极端主义，两者的区别在于极端主义从根本上是反民主的，而民粹主义不具备这个特征。④ 穆德的定义揭示了民粹主义的两大核心内涵：其一，道德化，民粹

---

① „Pressesprecher der Piraten treten zurück", *Süddeutsche Zeitung*, http://www.sueddeutsche.de/politik/piratenpartei-pressesprecher-der-piraten-treten-zurueck-1.1371715.
② Oskar Niedermayer, „Erfolgsbedingungen neuer Parteien im Parteiensystem", *Zeitschrift für Parlamentsfragen*, No.4, 2010, p.846.
③ „Piraten im Umfragetief. Plötzlich uncool", *Der Spiegel*, http://www.spiegel.de/politik/deutschland/umfragen-im-sinkflug-fuenf-gruende-warum-die-piraten-abstuerzen-a-851456.html.
④ Cas Mudde, „Radikale Parteien in Europa", *Aus Politik und Zeitgeschichte*, No.47, 2008, pp.13-14; Cas Mudde, "The problem with populism", *The Guardian*, 2015-02-17.

主义将社会划分为自私虚伪的精英和明辨是非的民众,这种划分本身就意味着一种道德化的世界观,即认定民众是好的、正义的、道德优先的,精英是坏的、非正义的、道德腐败的,进而要求捍卫民众的主权及其社会地位;其二,一元论,民粹主义者以唯一的"真正的人民"代表自居,由此提出单独代表权要求,否认了民众内部不同意见和利益的存在,本质上是反对多元主义和多元声音的。

右翼民粹主义和极右翼思想在德国社会历来存在一定的发展空间和社会土壤,两德统一后,德国右翼民粹和极右翼势力均有较明显的发展。根据艾伯特基金会对于德国社会中间力量以及民粹主义的发展情况所做的长期追踪调查,德国社会中的大国沙文主义、美化纳粹、排犹主义、排外主义等右翼民粹或者极端思想始终顽固存在,而且更多集中在东部地区;而在支持和反对右翼民粹立场之间仍旧存在不小的灰色地带,2002年持有排外主义立场的人群占比甚至达到26.9%。2021年,13.5%的德国人持有明确的右翼民粹主义立场;具有右翼民粹主义倾向即立场模糊并部分支持右翼民粹主义的德国人比例则达到33.3%;11.1%的西部德国人持有明确的右翼民粹立场,27.9%的西部人具有右翼民粹倾向;而在东部地区,21%的人持有民粹主义立场,而高达48.4%的人有右翼民粹主义倾向。尽管具备模糊的右翼民粹主义倾向并不意味着这些人会选择右翼民粹主义政党,但毫无疑问这构成了右翼民粹主义政党赖以生存和发展的社会土壤。[1] 艾伯特基金会的这一数据与德国霍恩海姆大学2023年委托Forsa进行的民调基本吻合,根据Forsa的民调结果,民粹主义在德国普遍存在,大约1/3受访民众在某种程度上持有右翼民粹主义世界观。[2] 随着选择党成立并稳定进入联邦议院,右翼民粹政党也成为两德统一以来德国政党体制中最值得关注的现象之一。

(一) 民粹主义兴起的原因

关于民粹主义兴起的原因,笔者将较有影响力的解释范式大致归纳为四大分支:一是文化的解释范式,以文化反弹论和新社会分歧论为代表性学

---

[1] Andreas Zick and Beate Küpper eds., *Die geforderte Mitte. Rechtsextreme und demokratiegefährdende Einstellungen in Deutschland 2020/21*, Bonn: Verlag J. H. W. Dietz Nachf., 2021, pp. 59-60.
[2] Frank Brettschneider, *Rechtspopulismus, Verschwörungs-Erzählungen, Demokratiezufriedenheit und Institutionenvertrauen in Deutschland*, https://www.uni-hohenheim.de/fileadmin/uni_hohenheim/Aktuelles/Uni-News/Pressemitteilungen/2023-08_Populismus_und_Demokratie.pdf.

说，分析身份政治和社会分歧等社会文化因素与民粹主义兴起之间的关联；二是政治的解释范式，以政党竞争学说为依托，分析社会阶层变迁及政党策略选择与民粹主义兴起之间的关联；三是经济的解释范式，以全球化理论和补偿理论为代表，分析全球化、福利国家等经济因素与民粹主义兴起之间的关联；四是政治经济学的解释范式，从政治和经济的混合视角出发，分析就业市场政策、福利国家和经济增长模式等政治经济模式与民粹主义兴起之间的关联。

1. 文化视角：文化反弹与新社会分歧

提及民粹主义，多数人首先就会联想到身份政治和文化冲突。正如美国政治学者福山（Francis Fukuyama）指出，身份政治已经成为可以解释包括民粹主义兴起在内的许多当前全球事务的主导性概念。① 不少学者相信，虽然民粹主义的走强有经济因素在内，例如民众对经济形势的不满，但主要应当归因于文化因素，文化身份认同通过国家观念、价值观、社会生活方式、对移民的开放度等文化基础界定，可以为民粹主义的兴起提供有说服力的解释。

美国政治学者英格尔哈特与诺里斯（Pippa Norris）从特朗普上台、英国脱欧和欧洲民粹排外力量兴起等现象中寻找共同根源，提出文化反弹论（cultural backlash）。他们认为，民粹主义是对现代西方自由开放和多元文化主义社会生活方式的反向运动和"文化反弹反应"。全球化的飞速发展带动了世界主义和多元文化主义价值观的广泛传播，加速了价值观念和社会生活方式的根本性变化，而在时代潮流和变迁面前，一些保守主义者或者受教育程度不高的群体依旧认同传统价值观，认为西方文化衰退的症结在于宗教意识淡漠、物质主义泛滥和移民败坏了本国文化传统，希望回归传统的国民生活方式，由此转而支持民粹政党。换言之，民粹政党选民的政治主张根植于保守主义甚至威权主义的价值观念，是对价值观和社会生活方式变迁无法适应之下的一种文化防御反应。② 穆德同样认为，欧洲民粹主义的起源要追溯

---

① Stacey Y. Abram et. al., "E Pluribus Unum? The Fight Over Identity Politics", *Foreign Affairs*, March/April 2019, https://www.foreignaffairs.com/articles/2019-02-01/stacey-abrams-response-to-francis-fukuyama-identity-politics-article.

② Pippa Norris and Ronald F. Inglehart, *Cultural Backlash: Trump, Brexit, and Authoritarian Populism*, New York: Cambridge University Press, 2019, pp. 1-3; Pippa Norris and Ronald F. Inglehart, "Trump, Brexit, and the Rise of Populism: Economic Have-Nots and Cultural Backlash", Faculty Research Working Paper Series, No. RWP16-026, 2016, pp. 1-5.

到20世纪60年代以来欧洲社会经历的若干结构性变化，包括价值观变迁、自由化和开放社会的发展以及国家对超国家权限的丧失，这些变化彻底改变了欧洲政治，作为其结果，民粹政党的选民是新"文化竞争"的输家，民粹主义的兴起则是新"文化竞争"输家的反应和反向运动。①

2. 政治视角：社会结构变迁与政党竞争

尽管从政治学的视域来看，关于民粹主义兴起的原因并未涌现新的理论学说，但不少学者还是引入了政党竞争的视角，审视政党竞争的供给因素以及需求因素的发展变化②，进而探究社会结构变迁以及政党的策略选择与民粹政党走强之间的关联，对于民粹主义的产生根源也具有一定的解释价值。根据政党竞争理论，作为供应方的政党需要不断适应整体环境和社会结构的变化，调整纲领路线和行动策略，才能满足作为需求方的选民的政治诉求，而民粹主义在政治市场的供需方面表现出竞争力。

从政治的需求端看，福利国家的普及使得中产阶层的规模超过劳动阶级，新自由主义泛滥和全球化进程加速却又带来全球竞争和贫富分化加剧，选民对于主流政治的不满情绪日益积聚。纵观民粹政党支持者的社会组成，更多分布于中产阶层和劳工阶层中，"沉默的大多数"构成民粹政党支持者的主体，他们出于对社会地位可能下降的担忧，或者对现有官僚机构和主流政党的不满，在政治上选择反抗，会给善于鼓动民众的右翼民粹势力以可乘之机，助长它们混淆视听，打着"我们是人民"的口号为各种排外、反移民的狭隘民族主义论调制造声势。③

从政治的供应端看，随着20世纪60年代末以来中产阶层规模的扩大，无论是左翼还是右翼主流政党所依托的选民基础均发生根本性变化，这些政党相应修改了纲领意识形态，日益向政治中间地带靠拢，发展成为中左或中右政党，如同唐斯的中间选民定理所揭示的那样，从中间位置同时吸引左右两边的选民。主流政党日益呈现同质化发展趋势，政治纲领逐渐趋同，在经济贸易、劳工权益、环境保护、欧洲一体化等政策领域均形成方向性共识，

---

① Philip Manow, *Die Politische Ökonomie des Populismus*, Berlin: Suhrkamp Verlag, 2018, pp. 14-15.
② Oskar Niedermayer, „Der Vergleich von Parteiensystemen", bpb, https://www.bpb.de/politik/grundfragen/parteien-in-deutschland/314753/vergleich-von-parteiensystemen.
③ Karin Priester, „Das Syndrom des Populismus", bpb, https://www.bpb.de/politik/extremismus/rechtspopulismus/240833/das-syndrom-des-populismus#fr-footnode5; Philip Manow, *Die Politische Ökonomie des Populismus*, Berlin: Suhrkamp Verlag, 2018, p. 72.

并从世界主义的优越感出发,在过去二三十年加速民主化进程,过度关注边缘群体和少数族群权益①,发展出一整套政治正确的话语。作为这一策略选择的结果,政治左右边缘地带相应出现了代表性真空,产业工人、失业者以及其他低收入群体失去归属感和被代表感,日益解除与传统左翼政党的政治结盟;而部分保守选民则无法在中右翼政党的中间路线中找到归属感,不再支持其在欧洲一体化、移民等领域的政策立场。② 反观民粹政党的策略选择,则是通过在纲领和意识形态上与主流政党拉开距离来竞争选民,其独特的领袖人物、组织结构和宣传内容对于在时代趋势面前"被遗忘的普通人"更有吸引力,而传媒格局的根本转型也极大地拓展了其政治动员的涵盖范围。③

3. 经济视角:全球化输家与福利国家的角色

不少学者从全球化视角出发,将民粹主义在全球范围内的勃兴归因于全球化的输家,分析全球化的加速发展给各国带来的经济与社会后果,并审视福利国家在其中扮演的角色。全球化研究学者罗德里克(Dani Rodrik)认为,民粹主义的出现与全球化息息相关,其本质是认为自身受到全球化拖累或威胁的人们对于全球化的抗议表达。在他看来,全球化主要有两种外在形式:一是国际贸易,即资本和商品的跨境流动;二是移民,即人员的跨境流动。20世纪90年代以来,全球化在这两个维度上均发展迅猛,进一步加深了社会矛盾:一方面,资本和商品的跨境流动加剧了全球贫富差距,尽管全球化使得整体财富增加,但分配更加不平等,中低收入阶层没有实际获益,部分中产阶级滑入低收入阶层;另一方面,人员的跨境流动带来棘手的移民和难民问题,引发本国民众的内外安全感下降。

罗德里克进一步认为,对于欧洲而言,这一发展变化表现得更为集中和明显。在国际贸易领域,欧洲一体化进程在苏东剧变之后加速推进,欧洲经济交织程度加深,给各国经济体和政治体制带来改革和调适压力,各个经济体面临的压力不同,比如密集的区内贸易对于主要生产投资性商品的德国十分有利,而对于主要生产消费性商品的意大利不利,但欧元区的成立使得成

---

① o. V. , „Die neue Konfliktlinie und die Rolle des Politischen, Gespräch mit Wolfgang Merkel, Michael Zürn", *Neue Gesellschaft/Frankfurter Hefte*, No. 6, 2019, pp. 14–16.
② Jan-Werner Müller, *Was ist Populismus? Ein Essay*, Berlin: Edition suhrkamp, 3. Auflage, 2016, p. 30.
③ Cas Mudde and Cristóbal Rovira Kaltwasser, *Populism: A Very Short Introduction*, Oxford: Oxford University Press, 2017, pp. 1–3.

员国失去国民经济管理的货币调节工具,这一点在欧债危机全面爆发后加速了部分国家的政治危机;在移民领域,欧洲因其地理位置以及高福利水平,始终受到难民潮的困扰,并集中演变为难民危机。① 罗德里克的理论可以在一定程度上解释民粹主义在欧洲各国兴起的原因及其表现形式的差异。

作为对全球化理论的补充,罗德里克在 20 世纪 90 年代和其他学者共同提出补偿理论,重点关注福利国家在全球化中的角色,其主要观点是:成熟的福利国家对自由贸易带来的财富增长进行再分配,以补偿外贸的输家,促其与全球化和解并支持外贸开放的整体方向。开放经济体更易受到来自边界以外的外部冲击影响,对于国际贸易和金融流的开放度越高,经济就越不安全,所以需要一张安全网。只有扩建慷慨的福利国家,承担经济补偿的功能,化解商品和资本跨境流动带来的贫富分化风险,给民众以受到庇护的安全感,民众才会从政治上支持经济开放。② 全球化带来的移民增多现象往往引发右翼民粹主义者的抗议,指责外来移民的主要目标是福利国家。当然,并非所有福利国家都可以基于补偿理论得到解释,南欧经济开放度不高,其高社会福利水平不是用来补偿全球化的输家,而更多是在庇护主义的政治结构下作为产生和维持政治效忠的工具。

此外,还有一些学者以全球化输家论解释民粹主义,认为全球化、去工业化、技术进步和结构转型带来输家和赢家,那些技能较低且未完全为社保体系所覆盖的人群更容易受到负面影响,自然成为全球化的输家,并构成民粹主义主要的选民基础,换言之,就业市场的边缘群体更倾向于"政治市场"的边缘选项。不过,这一观点也遭到其他学者的反驳,认为边缘化的失业者以及低收入和依赖社保的人群大多根本不参加选举,并非民粹政党的主要票仓。③

4. 政治经济视角:民粹的政治经济学解释

德国学者马努夫(Philip Manow)批评认为民粹主义是"单薄的意识形态"的观点,他指出探究其政治内涵,有助于更好理解政治抗议行为,政治

---

① Philip Manow, *Die Politische Ökonomie des Populismus*, Berlin: Suhrkamp Verlag, 2018, pp. 11, 17, 43.
② Marcus Theurer, „Rivalität der Supermächte: Amerika sollte China nicht drängen, weniger Staatsunternehmen zu haben", *FAZ*, https://www.faz.net/aktuell/wirtschaft/harvard-oekonom-ueber-globalisierung-in-zeiten-von-corona-16741682.html? premium.
③ Philip Manow, *Die Politische Ökonomie des Populismus*, Berlin: Suhrkamp Verlag, 2018, pp. 14, 72.

经济学的视角比全球化输家论以及身份政治论更有解释力度。他沿用罗德里克关于国际贸易和移民这两个全球化维度的观点，认为如果要观察和理解各种民粹主义，必须综合审视各国的政治经济模式，具体考察就业市场、福利国家、经济增长模式等变量，分析其在移民和外贸这两大全球化进程中发挥的不同角色。马努夫就政治经济模式、移民形式与民粹主义表现形式之间的关联大体提出了若干基本观点。

其一，移民压力与民粹主义之间存在关联。国民可以从社会福利和就业市场意义上划分为两类：一类是"局内人"（Insider），进入正规就业市场，享受社会身份保障；另一类是"局外人"（Outsider），指只享受基本保障的低收入边缘人群。与此同时，移民也可以划分为两类：一类是工作移民，主要出于经济原因选择跨境迁徙；另一类是难民，主要是自然灾害、政治、宗教等其他原因促使其选择迁徙。移民压力与民粹主义之间的关联表现在，如果难民成为问题和威胁，民粹主义的抗议主体是局内人；如果工作移民成为问题和威胁，民粹主义的抗议主体是局外人。

其二，福利国家与民粹主义之间存在关联。同样是慷慨的福利国家，北欧国家对于外来移民没有准入限制，移民尤其是难民被视为争夺福利资源的威胁；而南欧国家由于庇护主义的传统，为社会福利设置了准入限制，外来移民总体不被视为威胁。

其三，就业市场状况与民粹主义之间存在关联。以英国和爱尔兰为代表的安格鲁-撒克逊国家就业市场自由度高，弹性大，工作移民容易在正规就业市场找到工作，可能被视为竞争和威胁，民粹主义的抗议主体是就业市场上的局外人。

其四，经济增长模式与民粹主义之间存在关联。如果经济模式主要面向内需，例如在意大利，则全球化/一体化的货物和资本流动容易引发社会不公和分配冲突，激发贸易保护主义和左翼民粹主义抬头；如果经济模式主要面向外贸，例如在德国，对于自由贸易的阻力小，则不容易产生此类矛盾。[1]

在以上观点基础之上，马努夫大致划分了四类欧洲政治经济体模式。第一种是北欧福利国家模式，以斯堪的纳维亚为代表，同时包括大陆欧洲国家，其社会福利程度高，且不设准入限制，既为局内人提供地位保障，以消

---

[1] Philip Manow, *Die Politische Ökonomie des Populismus*, Berlin: Suhrkamp Verlag, 2018, pp. 14, 29, 34-37, 60-63.

除就业市场风险，也为局外人提供基本保障；其经济模式主要面向外贸，就业市场有正规监管，难民占比较高，主要由于人员流动（难民）引发分配政策冲突和局内人的抗议。第二种是西欧自由模式，以英国和爱尔兰部分地区为代表，福利国家不够发达，经济模式主要面向外贸，就业市场开放度高，主要由于人员流动（工作移民）刺激局外人的抗议。第三种是南欧庇护模式，其社会福利程度高，但设立准入限制，经济模式主要面向内需，正规就业市场没有对移民放开，因而对于移民的抗议少，主要抗议欧盟自由贸易和严格的财政货币政策带来的改革压力。第四种是东欧模式，这也是马努夫新提出的模式。中东欧国家基本支持建设福利国家、支持自由外贸经济模式，其作为低收入低税收国家吸引外来资本，因此不利于左翼民粹主义盛行。这些国家往往是移民输出国，国民对于失业和经济形势的担忧最多，在社会文化上对于外来移民比较抵制，表现出独有特征。

马努夫进一步分析了就业市场、福利国家和经济增长模式与欧洲各国战后的选举与政党体制之间的关联，认为两党制导致西欧福利国家不够发达，而比例选举制带来的多党制导致南欧和北欧国家采取慷慨的福利国家模式。[①]马努夫的政治经济学解释范式采取了政治、经济和社会文化的综合视角，通过分析与比较不同政治经济体在就业市场、福利国家、经济增长等方面的模式差异，并将这些主要变量与民粹主义的具体表现形式关联起来，较为清晰地解释了民粹主义在欧洲兴起的根源。

（二）德国选择党的成功原因

德国各种右翼甚至极右翼民粹政党一直活跃在地方层面，但在选择党出现之前，没有哪个政党能够长期稳定地发挥影响，尤其无法在联邦层面形成较大声势。社民党曾经在内部报告中断言，如果欧债危机加剧，选择党会成为德国国内政治的问题，然而现实的发展却是在德国走出欧债危机引发的社会信任危机之后，该党依旧构成其他政党需要相应调整策略的挑战。选择党可以被视为"进阶版"的民粹政党，相对于传统的民粹政党，选择党在政党纲领内涵、发展策略、组织建设和政治动员方面有着过人之处，为该党的发展提供了良好的制度保障。选择党成立以来的选举成功取决于多方面因素。

---

① Philip Manow, *Die Politische Ökonomie des Populismus*, Berlin: Suhrkamp Verlag, 2018, pp. 59-63, 66-67, 105-107, 113.

1. 从文化视角来看

德国政党学者贝格里希（David Begrich）聚焦分析选择党在东部政治影响力的地理分布时发现，选择党在东部的发展体现出显著的南北落差和社会环境差异。在耶拿、哈勒这样大学生群体密集并且形成了较强社会文化特色的大城市，选择党的动员和发展空间有限，绿党或者其他政党更能吸引支持者；而在一些传统政党忽视的小城市和农村地区，居民大量外流，基础设施建设滞后，选择党在这些地区填补了政治动员的真空，地位日趋稳固。即便在同一座城市，选择党也是在住房条件更差的城区获得稳定的支持率，而绿党在繁华的中心城区表现更好。① 事实上，选择党的这种影响作用不是东部特有现象，而是全德现象，其在西部偏远地区同样拥有支持者，选择党的走强更多地折射出地域上的边缘化，反映了中心-边缘的冲突和边缘化群体的失败感，而不是东西德之间的地区差异。这一点从欧洲其他国家的右翼民粹力量分布中同样可以看出，例如，法国国民联盟的支持者多集中在南部、东北部的老工业区，英国伦敦地区支持留在欧盟的力量更强，均凸显边缘化群体通过支持民粹政党向中心位置的精英示威，拒绝从世界主义和极度平权思想角度进行的现代化改造。

2. 从政治视角来看

选择党能够在激烈的政党竞争中脱颖而出，是多个内外部条件作用使然。其一，该党议题选择得当。选择党在德国的走强得益于欧洲一体化发展中的危机症状，之后又持续挖掘和拓展欧洲政策领域的特色议题，克服以往民粹或极端政党议题狭窄的弊端。鉴于一体化进程始终是在深化与倒退、质疑与推动的深刻矛盾之中艰难前行，选择党可以源源不断地从对于一体化发展的不满或者对于现实政治的厌烦心理中汲取支持，找到适合自身发展的有利空间。其二，该党政治策略具有竞争力。选择党在政治和社会动员方面提出和迎合了社会舆论的政治内涵，因此，尼德迈尔从社会分歧理论出发认为，选择党既可以在社会文化这条分歧线上分化联盟党的部分追随者，又可以在社会经济这条分歧线上与自民党竞争，而抗议党的姿态又能赢得部分左翼选民的支持。② 抗议党和反对党的身份使得选择党极大受益于部分选民对

---

① David Begrich, „AfD: Die neue Macht im Osten", *Blätter für deutsche und internationale Politik*, No. 7, 2019, pp. 9-10.

② Oskar Niedermayer, „Aufsteiger, Absteiger und ewig ‚Sonstige': Klein-und Kleinstparteien bei der Bundestagswahl 2013", *Zeitschrift für Parlamentsfragen*, No. 1, 2014, p. 77.

于现有政党政治的厌烦，欧洲层面的危机加剧民众对于传统地位稳固政党的不满，而2021年"交通灯"政府上台后整体处于弱势，内部争执不断，拖累三个执政党的民调，选择党同样从中受益。其三，该党在组织建设方面专业化程度高。选择党从成立之初就走上职业政客型政党道路，在短期内迅速建立起高效的政党组织结构，强调与极右翼民粹主义划清界限。其四，选择党擅长民意沟通策略。该党善于和媒体打交道，媒体沟通策略出色，尽管党内争执不断，也屡屡出现负面新闻，但对外始终注重展现统一、团结、高效的形象，在凸显"议题"之外也不忘展现"面孔"，推出具有政治家魅力和领导力的领军人物，其核心领导人物往往从一开始就成为媒体关注焦点，领导层中甚至不乏出身媒体界的人物，深谙媒体运作和政治动员之道。

从经济视角以及政治经济视角来看，欧债危机的持续发酵催生了选择党的诞生，而难民危机助推该党实现实质性的突破，这两大危机分别发生在罗德里克所言的全球化的两种外在形式和两大维度上：在欧债危机的过程中，资本和商品的跨境流动带来危机感，部分德国民众对于政府出手救助欧元区重灾国举措的担忧；在难民危机的过程中，人员的跨境流动引发难民潮和部分德国民众的忧虑。在马努夫所区分的四类欧洲政治经济体模式当中，德国属于北欧福利国家模式，作为慷慨的社会福利国家，既为局内人提供地位保障，也为局外人提供例如避难保护等基本保障，对于外来移民没有准入限制，难民的人员流动引发分配政策冲突和局内人的抗议，移民尤其是难民被视为争夺福利资源的威胁。选择党抓住了有利时机，成为具有相应社会心理人群利益诉求的代言人。

（三）右翼民粹政党的影响

以选择党为典型代表的右翼民粹政党已然成为德国政党体制的"搅局者"，具备了彼德森和尼德迈尔在考察政党发展阶段之时所言的"勒索"潜力。选择党刚成立就引起其他政党关注，甚至有针对性地调整了竞争策略，在若干次选举之后其更是影响到了其他政党的竞选策略，改变了政党竞争的方向。选择党不但极大分流了其他政党的选票、加剧了政党竞争，在德国政治版图中确立了自己的地位，而且从根本上改变了两德统一以来确立的政党格局和政治光谱，改变了政党结盟和执政联合的形式，其对于德国现有政党体制产生的影响体现在以下多个方面。

其一，确立新的社会分歧。德国的主要政党大都是在"资本-劳动"或者"国家-宗教"等传统的社会分歧上建立的,绿党成立之后新增了基于价值观导向的"物质主义-后物质主义"社会分歧。选择党成立之初,价值导向在德国现有的政党谱系中无法对号入座,其创始人之一卢克(Bernd Lucke)所追求的也正是成为一种不受既定意识形态困囿的新型政党。自两德统一以来,技术进步和世界贸易快速发展,欧洲社会结构和社会环境经历进一步转型,传统政党价值纽带逐步松动,政党归属和政治效忠日渐解除,社会阶层持续重构,新的社会阶层、生活环境、生活方式和政治动员方式不断出现,旧有基于劳资分歧的左右政治分野不再反映主要的社会矛盾和社会争端,基于文化价值观和生活方式的新的社会分歧首先在其他欧洲国家出现,选择党在创建之后不断调整自己的纲领路线,逐渐在政治与社会生态中找到明确定位,将自身确定为保守的社群主义者代表,并与绿党代表的世界主义者形成政治博弈和抗衡之势,这一新的社会分歧在德国政党体制中也日益清晰地成为新的政治分野。

其二,导致德国政治文化整体右倾。选择党在联邦议院和绝大部分州议会中都占有席位,从根本上改变了德国的政党光谱。选择党在所进入的州议会中是比联盟党还要右倾的政党,彻底打破了前基社盟主席兼巴伐利亚州州长施特劳斯1986年所宣称的"联盟党的右边不能出现民主合法的政治力量"的论断,改变了联盟党在右翼阵营的强势主导地位,颠覆了对右翼民粹力量发展局限性的认知。选择党在成立后短短数月间吸引大量党员,这一现象在当时就引起了其他政党的关注,包括联盟党和社民党在内的传统政党在研究这个政坛新手的政治纲领及其对选举乃至整个政党生态的影响后得出的主要结论是:该党只是政治取向各异的抗议选民支撑起的抗议党,其存在不会对其他政党构成威胁。不过,这些政党从德国选择党的兴起中认识到,必须更好地向选民传达和解释自身的欧洲政策,否则可能会在这个棘手问题上让该党钻空子。社民党联邦理事会在2013年4月撰写的内部分析报告中指出,必须认真对待选择党这支新生力量,"作为应对,社民党应当在欧洲政策和欧元危机应对政策中明确自身立场,向民众传达并使之欢迎这一立场"[①]。选择党影响力的上升导致德国政治文化整体右倾,在该党借助欧洲、移民等议

---

① Frank Wilhelmy, „Vermerk: Die Alternative für Deutschland (AfD) nach ihrem Bundesparteitag", *Deutsche Wirtschaftsnachrichten*, http://deutsche-wirtschafts-nachrichten.de/wp-content/uploads/2013/04/afd_vermerk.pdf.

题一步步取得政治成功之后，德国其他政党、包括联盟党和自民党在移民领域的政策主张也趋向收紧和保守，侧重强调加强外部边界保护、加快非法移民遣返、难民潮源头治理以及促进专业技术移民等重点议题。而选择党在进入各级议会的工作委员会之后，也在文化和青少年工作中不遗余力地推进诸如加强民族身份认同等保守的政治教育和文化议程。

其三，影响政治结盟形势。选择党早已成为各级议会选举中无法忽视的政治力量，其政治成功导致选举之后的组阁过程更加困难，其他政党均不考虑与选择党开展政治合作，甚至无法接受成立由选择党"容忍"的少数派政府。萨安州曾经在组阁难产的情况下考虑过组建选择党"容忍"下的少数派政府，但最终由于内外压力过大并未实施。选择党给政治结盟形势带来的影响在东部各州更加明显，因为该党在东部支持率更高，2023年7月以来，选择党在萨克森、图林根和勃兰登堡已经成为民调第一大党，而这三个东部联邦州在2024年都将迎来州议会选举，可能会导致组阁陷入僵局。

作为定位右翼保守的政党，该党对于传统右翼阵营产生的影响最大，分流了右翼阵营的选票，无论是联盟党还是自民党均向选择党流失大量选票，尤其是自民党更因此在部分州选中的得票率下滑到5%以下，被踢出议会，从而导致联盟党在部分联邦州失去自民党这个天然的执政联盟伙伴。在部分联邦州即便两党都进入州议会，也已经丧失多数派地位，甚至曾经出现基民盟虽然在图林根州选中赢得最多的选票却最终无缘执政的局面。由此，选择党即便无法与其他政党组阁，也可以改变其他政党的政治结盟行为，导致其他政党在选择联合执政伙伴时被迫跨越阵营，或者被迫选择三党联合执政组合。

其四，加剧政党格局的碎片化程度。自2013年秋季以来选择党取得一系列的选举战绩，不仅远在各党的预期以外，而且几乎分流了所有其他主要政党的选票，制造了不小的麻烦，该党取得的超高支持率进一步加剧了德国的政党竞争和政党格局碎片化的程度。该党的走强是超越传统政党谱系的，无论是对左翼还是对右翼阵营、对传统大党还是对小党，均产生直接冲击。对于在5%得票率以下挣扎的小党，这种冲击关乎其生存的问题，例如对于海盗党以及东部各州的自民党，逾越第三成功阶段的概率由于选票的分散而变得更加微乎其微；对于像自由选民党这样走右翼民粹路线的政党而言，选择党是它们面临的最大竞争，不但夺走了其大量选民，甚至这些政党的高层领导也可能转而投靠该党旗下；对于左翼党这样以"愤怒选民"为主要动员对象、抗议色彩鲜明的政党，选择党也构成了不小的竞争威胁，这类政党之前的支持者对于选择党的好感度最高，与该党在欧洲政治上的立场也有部分重叠之处，即便是在左翼党势力强大的图林根或者勃兰登堡等东部各州，选择党也争取到了大量左翼党选民的支持。

（四）右翼民粹政党的发展瓶颈

客观上来看，右翼民粹政党在德国的发展也存在难以克服的瓶颈，这极大限制了选择党迈入更高一级的发展阶段，并作为主导性的政治力量进一步发挥政治影响力。

其一，右翼民粹力量缺乏联合执政能力。现阶段，右翼民粹政党尚不具备与其他政党联合执政的能力，在联邦州以及以上政治层面更难以离开其他政党单独执政。选择党在政治纲领上的特色始终是一把双刃剑。一方面，独特的政治立场是该党的优势所在，无可替代的单独代表性使得该党无须担心其政治纲领内涵会被抄袭，这一点在德国政坛上不乏前车之鉴。海盗党正是由于其首创的网络政策议题为其他政党所吸收借鉴而逐渐丧失了其独具特色的影响力，自民党也部分因为在公民权上失去了单独代表性而陷入低迷，选择党的不少政治话语不符合主流立场，只针对和迎合部分选民心理，因而无须担心被其他政党抄袭。另一方面，疑欧和反移民的基本立场遭到其他各党的根本性抵触，难以融入主流政治，对其政治前途带来不利后果，各级议会中几个地位稳固的政党原则上都坚持欧洲一体化的方向，强调德国出口导向型的经济在极大程度上受益于欧洲单一货币，并且认定选择党是在煽动仇恨、排外，分裂德国社会，部分人甚至认为该党是反民主的极右翼势力。鉴于此，尽管选择党在发展过程中十分顺利地迈过第三阶段，但该党的重要性主要体现在"勒索"潜力而非组阁潜力之上，该党始终遭到其他主流政党的抵制和排斥，不会被其他政党纳入组阁考量，因而不具备参政潜力，在几乎所有政治层面都无法实现向第四阶段的飞跃。在这一点上，左翼党在初期同样也被视为政治异类难以融入，但是选择党的政党联盟潜力甚至更低，因为左翼党至少在东部各州拥有传统影响和广泛的群众基础，并且在东部多次与社民党联合执政，在图林根州还推出首位州长，这样的基础是选择党所缺乏的。

其二，右翼民粹与极右翼力量之间边界模糊。右翼民粹难以与极右翼力量明确划清界限，选择党容易被公众视为游走在极右翼边缘的民粹政党，影响该党走合法的议会化道路和进入政治主流的公众形象。该党在竞选时对左中右各类选民走亲民和机会主义路线，把重点放在抨击现有各大政党上，所提出的议题包括限制移民和加强国内安全，都容易起到分裂和激化社会矛盾的效果，尤其是以曾经的"羽翼"派系领导人霍克为代表的党内保守力量不断推动本党走向极端化，主张对更为右翼的观点开放，并对"爱国的欧洲人反对西方伊斯兰化"运动表示同情和支持的态度，意图从参加该运动的民众中争取选票。个别党内高层发表过极右翼言论，包括同情挪威于特岛枪击案元凶布雷维克，主张在边境对难民开枪，声援德国"纳粹地下组织"的排外行径，等等。该党成立不到半年，各种政治团体就纷纷指责该党煽动排外仇恨情绪和民族主义，时任德国财长朔伊布勒称其为"德国的耻辱"，而时任社民党秘书长则公开呼吁德国所有从工会到教会的社会团体组成广泛的社会联盟来应对选择党。① 尽管选择党自身做出了一些洗清自身极端化倾向的努力，强调欢迎任何融入和接受德国主流文化的其他族裔，反对将本党定性为仇外力量并进行污名化，否认对自身极右翼民粹政党的定位，并主动与极右翼力量进行切割，例如，列出与该党政治理念不相符合的极右翼新纳粹组织名单，在发展新党员之时不允许曾加入过该名单上组织的人员入党等，但在很多德国人的认知当中，该党仍旧与极右翼势力有着千丝万缕的联系。

其三，右翼民粹主义思想的传播受到限制。在德国，走民粹路线的政党历来有着一定的发展潜力和社会土壤，两德统一后德国右翼民粹和极右翼势力均有较明显的发展，这从选择党稳定进入联邦议院这一事实当中可窥一斑。不过，选择党的发展空间始终具有极大的局限性，出于特殊的历史记忆和历史反思，德国在政治文化中对于避难权利和欧洲联合等形成了基本的政治与社会共识，并一直不遗余力地打击纳粹及极右翼主义等极端化思想，加强对极右翼团体和右翼民粹政党的监视，制定有关法律制裁极右翼及新纳粹分子，禁止极右翼出版物和仇恨言论的传播。政治与社会共识集聚于社会中间地带，极大地限制了右翼民粹主义思潮在德国的传播。鉴于持有极端主义立场的力量在选择党内逐渐占据上风，其政治路线右转，联邦宪法法院和宪

---

① Yasmin Fahimi, „Gemeinsam gegen die Demagogen im Schlafrock", *FAZ*, http://www.faz.net/aktuell/politik/inland/spd-gastbeitrag-zur-afd-gemeinsam-gegen-die-demagogen-im-schlafrock-13210611.html.

法保卫局对于选择党的极端化程度保持高度的警觉。联邦和各州宪法保卫局作为监督社会团体极端化情况的情报机关，不定期将具有极端主义倾向的组织列入监控名单，并界定其极端化程度，程度较轻的列为"待审核"，中等的列为具有极右翼"嫌疑"，最严重的列为"具有明确的极右翼倾向"，即确认其极右翼组织的属性。选择党进入德国各级宪法保卫局的极端化监控名单，对于该党及其下属组织右翼极端主义程度的定性也在不断上调。2019年1月，联邦宪保局首次将选择党整体列入"待审核"的观察名单，并将选择党下属的"羽翼"和"青年选择"列为具有极右翼"嫌疑"，选择党在萨克森、萨安州、图林根和勃兰登堡州的州联合会同样被列为"嫌疑"。2023年，选择党整体以及"青年选择"均被列为具有极右翼"嫌疑"组织，而"青年选择"更是被勃兰登堡州列为"极右翼组织"。尽管选择党诉诸法院，但2022年初科隆行政法院的裁决维护了宪保机关的决定。这一趋势给选择党的发展带来直接的不利影响，因为在被列入极右翼"嫌疑"的情况下，宪保局可以对该组织采取安插密探、资金调查和安装监听设备等监控措施，在政府公共部门任职的选择党党员可能会被审查，而该党在公共部门的民主参与也会受到一定限制。

其四，右翼民粹受到主流政党刻意排斥。主流政党刻意排斥与选择党的合作，在欧洲议会、联邦议院、州议会等立法层级均同选择党明确划清界限，相关事例不胜枚举。在联邦议院，每个党团按照惯例可提出一位副议长，自选择党2017年进入议会之后，只有该党始终无法像其他党团一样推出本党出身的副议长，所提人选均遭到其他政党的联合抵制，即便诉诸联邦宪法法院也遭到驳回。尽管选择党有与同为右翼政党的基民盟联合组阁的意愿，在萨安州等地方层面积极向基民盟释放信号，强调与后者在国内安全、教育政策和家庭政策上的相似之处，但基民盟始终坚决排除与选择党组成执政联盟的可能。其他政党的排斥清晰体现在2023年6月图林根州索纳贝格的县议会选举中，在选择党候选人初选得票率超出基民盟候选人的情况下，社民党、绿党、自民党和左翼党等无论阵营归属，纷纷力挺基民盟候选人，尽管这一努力并未能阻止选择党候选人在第二轮票选中获胜。在选择党在东部地方层面实现突破、陆续担任县长和市长的背景下，基民盟主席默茨一度表态接受民主选举结果，反对封禁选择党，支持在县一级与该党在城市治理方面开展务实合作，共同寻求合作路线，但该言论随即在党内外引发轩然大波，迫使默茨收回相关言论并明确表态划清界限。此外，在德国，联邦议院下属的议会监督委员会负责监督德国各大情报机关的工作，而在2022年联邦议院重新选举议会监督委员会之时，选择党的候选人却未能进入这一重要的职能部门。种种做法都极大限制了选择党政治影响力的发挥，选择党的发展潜力以及局限性也由此可见一斑。

五　左翼阵营的潜力与局限

在逆全球化进程中，社会经济领域的政党争夺让位于社会文化领域的立场交锋，右翼保守思潮得以在德国加快传播和蔓延，而左翼阵营在提升社会影响力、实现政治结盟方面则面临不少制约因素。不过，当前资本主义的持续危机困境也为左翼阵营的发展和左翼思潮的传播提供了重要发展机遇，左翼政党在纲领和政策主张方面存在一定交集，左翼阵营的政治结盟具备一定潜力和基础。

（一）左翼阵营结盟的时代意义

二战结束以来，以德国社民党为代表的欧洲左翼政党走向政治实用主义，在议会乃至政府中致力于不断完善社会福利体系和公共健康保障体系，推动欧洲各国在建设福利国家和维护劳工阶层利益方面取得实质进展，客观上缩小了欧洲社会的贫富差距，缓和了劳资矛盾。稳定的经济增长、良好的货币政策和社会平等被视为资本主义政治经济体系获得合法性的前提，欧洲国家普遍采取了保护性劳动权益立法、限制性金融规则和惠及普通大众的福利体系等各种措施。而在20世纪90年代以来的第三轮全球化进程中，新自由主义经济模式回归并占据主导地位，金融资本凌驾于民众意愿之上。2008年爆发的国际金融危机充分暴露出资本主义经济社会秩序的一系列制度缺陷，新自由主义深陷系统性困境，并带来贫富分化加剧、市场失灵和民主失灵的严重后果。主要资本主义国家经济增长持续下滑，负债持续增长，无论是政府、个人还是金融机构都背负了沉重债务。

自此之后，福利国家的财富分配冲突再度占据德国和欧洲的政治议程，富人攫取了大部分新创造的财富，底层民众的收入和生活水平陷入停滞，收入和财富不平等状况加速恶化。法国经济学家皮凯蒂（Thomas Piketty）指出，21世纪欧洲的贫富差距日益接近19世纪的欧洲，他从分配领域入手，揭示资本主义社会不公的必然性，主张改革根本制度。① 德国历史学者维勒（Hans-Ulrich Wehler）的研究证明，尽管德国战后实现高福利社会模式，但等级社会的现象稳定且顽固地存在，无论是从年龄、性别、宗教还是从地区分布来看，当前德国社会不公和分配不公的程度都在显著加深。② 德国社会学者施特雷克（Wolfgang Streeck）预言，资本主义未来将经历长期、痛苦的危机症状和瓦解过程，它的瓦解不需依赖外力，而是被自身的问题压垮。③ 英国记者曼森（Paul Mason）认为，资本主义是一种复杂的、能够进行自我适应的系统，但是当前的资本主义经济已经到达了其调适能力的极限，正走向穷途末路。曼森进一步建议左翼政党必须权衡经济、生态和市场转型目标，拿出过渡性的纲领计划，包括打破利益集团的技术垄断和权力寻租，促进全民基本收入，促进数字民主。④ 还有不少学者提出后资本主义、后增长经济学、生态社会主义等各种全新学说（Jeremy Rifkin 2016，Niko Paech 2009，Klaus Dörre 2018）。

当前，德国经济社会环境发生转变，资本主义的系统性危机远未结束，贫富分化重新成为现实问题，气候变化、地缘冲突等新旧危机交织叠加，知识精英对于资本主义的反思与批判方兴未艾，这一危机背景整体上为左翼阵营带来发展机遇，为左翼政党提供了"驯服资本主义"的绝佳时机。与此同时，普通民众对于社会民主主义乃至社会主义的支持率和好感度同样上升，根据民调机构舆观（YouGov）2016年所做的一项调查，德国民众对于社会主义的好感度（45%）超过对于资本主义（26%），这一比例也超出了英美国家民众对于社会主义与资本主义的好恶程度。⑤ 近年来，关于征收"富人税"、没收房产和将大型私人企业国有化等话题正成为德国公众关注和讨论的热点问题，而社会公平正是左翼政党的传统优势和纲领内核。在资本主

---

① Thomas Piketty, „Das Ende des Kapitalismus im 21. Jahrhundert?", *Blätter für deutsche und internationale Politik*, No. 12, 2014, pp. 41-52.
② Hans-Ulrich Wehler, *Die neue Umverteilung. Soziale Ungleichheit in Deutschland*, Muenchen: Verlag C. H. Beck, 2013, pp. 85-90.
③ Wolfgang Streeck, „Wie wird der Kapitalismus enden?", *Blätter für deutsche und internationale Politik*, No. 3, 2015, p. 109.
④ Paul Mason, "The Postcapitalist Transition: Policy Implications for the Left", *The Political Quarterly*, No. 2, 2020, pp. 287-298.
⑤ 参见 "British People Keener on Socialism than Capitalism", *YouGov*, https://yougov.co.uk/topics/politics/articles-reports/2016/02/23/british-people-view-socialism-more-favourably-capi。

危机的背景下为社会经济政策制定新的路线方针是左翼政党凸显自身纲领特色的历史机遇。左翼政治力量可以重拾批判和改造社会的能力，从社会公正、民主价值与和平稳定等一系列挑战当中发掘和利用时代议题，在内涵发展和议题设置方面适应时代精神，从国家、市场与资本的角色入手，提出对资本主义生产生活方式的清算和批判话语，在此基础之上形成合力，在新的经济社会环境中找准自身作为左翼力量的长远定位，对所有制与财富分配、经济增长、民主、人与自然的关系等原则性问题拿出行之有效的资本主义改造和替代方案。

（二）左翼阵营政治结盟的限制因素

纵观战后德国政党格局的历史发展阶段，社民党长期独占左翼阵营，左翼阵营内部的结盟直到20世纪80年代绿党的兴起之后方才成为现实可能，左翼党成立后，又新增了红红绿组合、红红组合等新的左翼结盟可能性。然而，在联邦层面却极少出现完全由左翼政党组成的联合政府，只有红绿联盟在1998~2005年曾经短暂地联合执政7年时间。究其原因，左翼政党实现政治结盟仍旧存在若干制约因素。

其一，左翼阵营内部高度异质化。德国左翼政党林林总总，规模和影响力各异，政策主张存在显著分歧，大致可以划分为四类：一是激进派，坚持民主社会主义，以左翼党为代表，被西方主流视为左翼民粹政党；二是传统派，坚持马克思主义的传统纲领，以德国的共产党和德国马列党为代表，被西方主流视为左翼极端政党；三是温和派，坚持社会民主主义，以社民党为代表；四是生态派，坚持生态资本主义，以绿党为代表。其中，激进派、温和派和生态派在德国政党体系中均具备一定影响力和政治结盟能力。在如何进行资本主义改造的指导理念方面，激进派主张介于马克思主义与社会民主主义之间的制度转型，温和派主张从社会领域入手进行福利国家改造，生态派则主张从环境领域入手进行生态改造。左翼党和社民党都可以追溯到工人运动的历史，左翼党奉行民主社会主义的指导思想，要求改变资本主义所有制形式、经济模式和民主体制；社民党在纲领中尽管仍写有民主社会主义的基本价值观，但社民党与绿党均致力于改良资本主义，而非改变资本主义的根本发展方向，两党均倡导建立"社会-生态市场经济体制"。而左翼党的外交和安全政策特立独行，尤其是在对北约作用的看法上，更是很难与其他两党形成合力。左翼结盟存在障碍且风险极大。

其二，左翼阵营的核心纲领内外争夺激烈。左翼阵营在其社会公正的核心议题上遭遇激烈的内外挑战。一方面，左翼阵营内部围绕社会公正议题竞争激烈。20世纪下半叶，德国成功实现了福利国家改造，社民党的改革主张一步步地得以实现，其纲领资源也逐渐透支和枯竭，在经过纲领路线的右转之后，其更是向民社党乃至左翼党流失了大量铁杆选民。另一方面，左翼阵营外部同样遭遇来自右翼阵营的竞争。21世纪之后，联盟党向中间靠拢，大量吸收借鉴左翼政党的社会公平议题，与此同时，右翼民粹的选择党成立，出于争夺全球化输家和抗议选民的考虑，同样吸收左翼的资本主义批判话语，提出"左倾"的社会福利政策纲领，在社会经济维度与左翼党争夺中低阶层选民基础。

其三，左翼对于民众关心的时代新议题尚无明显建树。经济全球化和资本主义危机令欧洲人开始高度关注时代新问题、新挑战，例如逆全球化、东西方冲突、难民危机、安全、反恐、气候变化、能源转型、传统工业区的转型、人口老龄化、网络舆论环境、数字化转型、全球性疫情等。尤其在社会文化领域，围绕如何看待外来移民的融入和文化冲突问题、如何争取全球化和地区转型的"失败者"等问题，各种立场交锋和力量争夺日益激烈。对于这些时代新议题，左翼阵营中的绿党在环保、气候变化、能源、生活方式变迁等方面表现得十分出色，而社民党和左翼党则拿不出富有创意和有说服力的纲领主张与方案，无法在选民当中树立起具有鲜明时代特色的形象，更多将新领域新议题拱手让给其他政党，只能听任联盟党在经济增长、安全和移民等领域，自民党在数字化和教育等领域，以及选择党在移民和欧洲政策等领域发展出各自的能力特色，给选民留下更加深刻的印象。

其四，左翼阵营的整体力量仍旧相对薄弱。当前西方政治中政党衰落渐成趋势，而左翼政党受到这一大背景的影响更甚，陷入持续低迷和沉沦的境地，其整体弱势的背后既有政党自身的纲领、路线、策略、议题选择、人事等方面的内在原因，也有全球性挑战、社会结构、社会环境变迁和政治竞争加剧等外部动因。三个主要左翼政党当中，社民党作为全民党自2005年以来持续陷入低迷状态，左翼党在2021年联邦大选中未迈过5%的议会门槛，2023年的民调徘徊在5%的边缘，其在东部的优势地位已经被选择党全面赶超。绿党的发展现状明显比其他两个左翼政党更加乐观，但其表现仍旧大起大落，时而出现在两次大选之间人气节节攀升但大选结果却低于预期的情形。在自2009年以来的历次联邦大选中，进入联邦议院的左翼政党总得票率仅在2013年大选中超出右翼政党总和，但这一结果也是由于自民党未进入联邦议院，而联盟党的得票率领先社民党近16%，差点就获得单独执政权。从各主要政党的得票率和民调结果来看，即便左翼阵营的三个政党均有联合意愿，其支持率相加也难以形成多数派，在联邦层面不具备上台执政的现实可能性。

（三）左翼政党的纲领交集与结盟潜力

左翼政党政治纲领的共同之处在于对资本主义的批判，三党对资本主义生产生活方式转型的指导思想和实施路径均提出了各自具体的改革方案和政策构想，这当中存在非常多的基本共识和政策交集。在基本价值观上，三党均提出自由、平等、和平、团结、社会和生态可持续等基本政治原则；在指导思想上，三党均提出要对现有的资本主义经济与社会进行"社会-生态改造"。对于扩建福利国家、加强生态保护存在广泛共识，社会和生态这两个维度在客观上也回应了左翼思想的本源。马克思在《资本论》中指出，资本主义生产方式破坏了一切财富的源泉——土地和劳动者，战后德国的改良资本主义对此进行了调适，社会市场经济体制致力于从社会保障、劳资协议、工会组织、职业教育、收入再分配等各方面建设福利国家，以修复资本主义对于劳动者的破坏力，而生态现代化改造则是致力于修复资本主义生产方式对于自然资源的破坏力。但三个左翼政党强调的"社会-生态改造"仍有差别，其中，社民党和绿党都是主张在市场经济体制下进行社会-生态转型和改造，即为资本主义创造社会福利和生态保护的市场经济体制框架，绿党更是提出建设"社会-生态市场经济"；相反，左翼党的"社会-生态改造"更为彻底，主张彻底改变资本主义经济秩序和经济社会发展，停止私有化政策，建设21世纪的民主社会主义经济体制。在左翼纲领和改革方案的实施路径上，三党均强调分配公正，主张通过具体政策领域的财富再分配实现社会公正，为此，在社会、工资、税收、教育、住房、卫生、环境等政策领域提出具体的政策主张。

表4-2梳理了三个左翼政党在党纲、竞选纲领和施政纲领中对于资本主义生产生活方式转型所提出的构想，重点从增长、分配、民主和生态这四个主要政策维度罗列了三党的价值诉求和政策内涵，其中也凸显了三党之间大量的政策交集和共识。在"社会-生态改造"思想的指导下，在涉及社会公正和气候保护的大量具体领域，三个左翼政党相互之间更容易找到共同语

言,而与右翼政党存在显著分歧。在社会政策领域,三党均主张保障社会公正、劳工权益、分配正义和可持续性,支持提高最低工资标准和基本养老金,创造更多职工参与决策的机会,加强对租赁工的政策监管;在税收政策领域,三党均主张通过对富人加征财产税和遗产税等手段进行社会财富再分配;在家庭政策领域,三党均支持提高子女补贴金,引入儿童基本保障金;在教育政策领域,三党均主张扩建免费的托儿所、全日制中小学等基础设施;在住房政策领域,三党均主张限制大城市房租过快上涨,扩建社会福利房;在环境政策领域,三党均主张推进能源、交通、建筑、农业等各领域的生态转型,其中绿党相关计划最为详尽;在欧洲政策领域,三党均主张将左翼色彩的改革计划和分配公正的观念拓展至欧洲层面。鉴于理念与政策的交集与共识,一旦获得有利时机,三个左翼政党还是有可能复制联邦州层面的成功,实现政治结盟。

表 4-2 三个左翼政党的政策主张比较

政策领域\政党	社民党	绿党	左翼党
增长	对经济进行社会-生态改造,投资科技研发确保经济区位,建设先进的数字基础设施,促进环保领域的技术创新	建立"社会-生态市场经济"体制,通过社会-生态转型保障工作岗位,发展绿色金融市场,投资环境保护领域的未来技术研究	建立民主社会主义的经济社会体制,进行社会-生态改造,经济增长让位于社会团结和环境保护
分配	保障社会公正、劳工权益、分配正义和社会领域的可持续性,提高最低工资标准,引入公民保障金代替"哈茨四号"失业金,提供儿童基本生活保障,保障养老金水平,限制房租过快上涨,扩建社会保障房	通过扩建托儿所和中小学保障教育公平,引入儿童基本保障金,提高最低工资标准,引入基本生活保障取代"哈茨四号",实现欧洲范围内的最低劳动和社会标准,为养老金建立公民基金	改变财富分配方式,实现分配公正,通过引入最低工资标准、保障工作岗位、提高工资和劳工权益、扩建社会保障住房等手段扩建福利国家,实现欧洲范围内的最低社会和环境标准
民主	捍卫民主价值观,保障职工对企业经营的参与决定权	捍卫民主价值观,继承劳资谈判和职工参与决定权的传统,提高职工对于生态转型决策方面的参与决定权	实现社会民主化,增加直接民主形式,加强职工委员会的参与决定权,创造更多劳资共同决策机会,限制银行和大企业的权力

续表

政策领域＼政党	社民党	绿党	左翼党
生态	实现生态转型，2040年百分百实现可再生能源发电，促进环境友好型交通，促进电动汽车研发生产，发展生态农业	实现生态转型，2035年实现百分百可再生能源发电，推进能源、交通、建筑、农业各领域去碳化进程	开展生态可持续改造，对能源经济体系、农业、交通各领域进行生态改造，发展区域循环经济

资料来源：笔者自制。

六 当前政党格局的整体特征

两德统一以来，德国政党体制彻底告别了持续数十年之久的"两个半"政党格局，加速向流动多党制演化。德国政治文化发生了剧烈变化，政党版图加速重构，政党竞争日趋激烈，传统政党面临前所未有的挑战，过去由中左和中右阵营两分天下、轮流上台执政的政治格局早已被打破，无论右翼阵营还是左翼阵营都无力实现阵营内组阁。德国政党体制表现出若干显著特征，给政党体制的发展以及大选结果注入了更多的不确定性。

（一）碎片化程度加深

政党格局的碎片化程度集中体现在进入议会的政党数量及其力量对比上，两德统一以来，德国政党体制从20世纪六七十年代的三党制逐步发展成为流动多党制，同时有5~7个政党分流议席，这一碎片化程度从历届联邦大选中参选政党的数量以及成功进入联邦议院的政党数量中可见一斑（见图4-5）。

在进入联邦议院的政党中，联盟党和社民党是长期主要竞争对手，联盟党自2003年以来与社民党明显拉开领先差距，2013年甚至差点获得单独执政权，但此后逐渐失去主导优势，在2021年联邦大选中甚至落后于社民党，自2023年来重新与其他政党拉开距离；社民党自1998年上台执政以来支持率日益低迷，整体趋势并未因2021年上台执政有所扭转；绿党支持率整体走高，尤其自2020年以来大有取代社民党成为新一代全民党的势头；选择党在经历10年发展后表现出后来居上的势头，明显超过自民党和左翼党的发展情况。

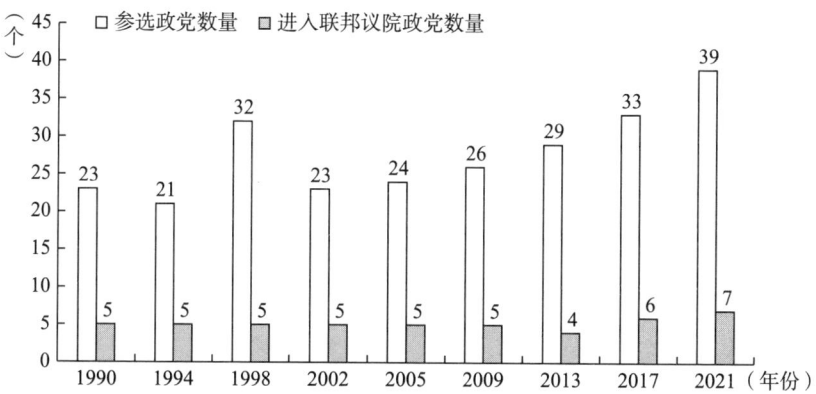

图 4-5　1990~2021 年参加联邦大选和进入联邦议院的政党数量①

资料来源：Oskar Niedermayer, „Die Entwicklung des Parteiensystems seit 1945", *bpb*, https://www.bpb.de/themen/parteien/parteien-in-deutschland/zahlen-und-fakten/138661/die-entwicklung-des-parteiensystems-seit-1945/。

从图 4-6 所示主要政党大选得票率中清晰可见，两德统一以来大党小党力量对比发生极大变化，进入议会的政党数量从四个增至六个（如果计入代表少数民族的政党 SSW，则联邦议院中的议员来自七个不同政党），大党与小党之间的差距明显缩小，大党力量在削弱，传统票仓和铁杆选民严重流失，与选民之间的传统联系纽带松动，对整个政治格局的控制能力在下降，日益沦为中等规模政党。在 1972 年和 1976 年的大选中，联盟党和社民党两大党得票率相加超过 90%；在"三足鼎立"阶段，两大党得票率相加约占 2/3，如今相加只有半数左右。反之，以绿党、选择党为代表的中小党分流大量选票并稳步崛起，日益挑战两个全民党的主导地位，四个议会内中小政党中，尤其是绿党和自民党这两个既有组阁能力同时也表现出强烈参政意愿的中小政党话语权在上升，成为联合组阁过程中的"造王者"。

碎片化政党格局下的政党竞争态势加剧，同样也体现在长期民调结果中，图 4-7 呈现了"选举研究小组"对于主要政党民调支持率长期趋势的追踪统计结果，从中清晰可见政党之间的激烈缠斗，这其中还包括昙花一现的海盗党。自两德统一至今，选民的政治取向和选举行为日益不稳定，民众对于各大政党的支持率剧烈震荡，政党格局不断重新洗牌。

---

①　基民盟与基社盟在此处作为一个政党统计。

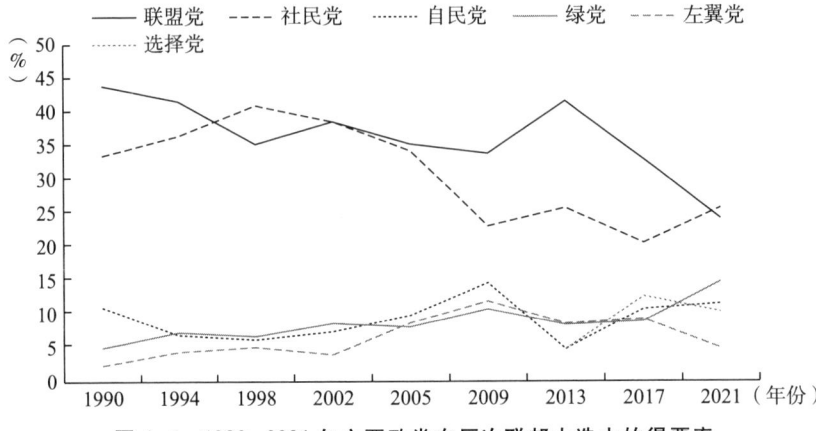

图 4-6　1990~2021 年主要政党在历次联邦大选中的得票率

资料来源：„Bundestagswahlergebnisse seit 1949-Zweitstimmen", Bundestag, https://www.bundestag.de/parlament/wahlen/ergebnisse_seit1949-244692。

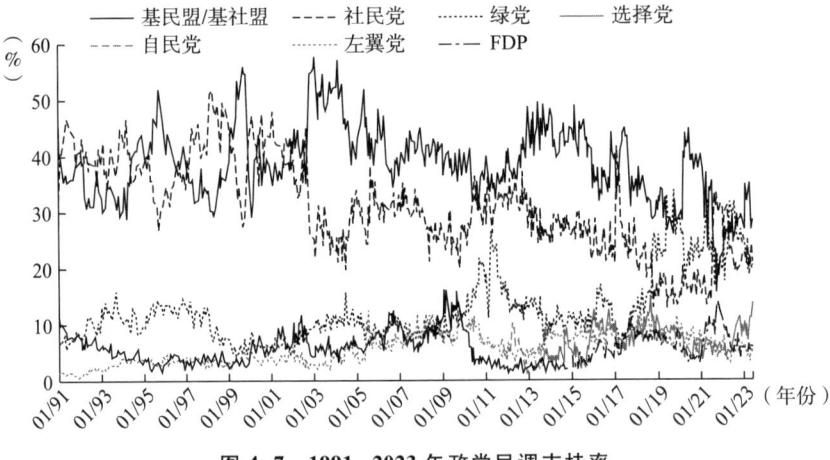

图 4-7　1991~2023 年政党民调支持率

资料来源：„Projektion seit 01/1991, Wenn am nächsten Sonntag wirklich die Bundestagswahl wäre", Forschungsgruppe Wahlen, https://www.forschungsgruppe.de/Umfragen/Politbarometer/Langzeitentwicklung_-_Themen_im_Ueberblick/Politik_I/#Projektion。

（二）从共识政治文化到政治极化

政治极化往往用来衡量各个政党在社会经济以及社会文化政党竞争维度上的纲领意识形态差异，政党的纲领和意识形态特点可以从党纲、竞选纲领或者其他原则文件中看出，也可以体现在其支持者的基本价值取向中。政党之间的纲领意识形态差异越大,政治极化程度就越高。在二战结束之后,无论是在"两个半"、两大阵营并存还是在"三足鼎立"阶段,德国政治极化程度都保持了极低水平,政治生态总体上保持超强稳定性,其背后的主要原因是主流政治乃至整个社会基于历史反思以及战后的新社会运动和价值观变迁,对于国家发展中的重大时代命题逐步形成了较为广泛的基本原则性共识,普遍认可西方宪政民主、社会市场经济体制、国家与社会力量之间的合作主义、外交和军事领域的克制立场以及生态与环境保护等基本原则,主流政治和舆论对于极端主义思想均保持高度戒备和抵御心理,这种共识的政治文化是德国政治在战后长期维持稳定性的社会基础。

在联邦德国建国后的很长时间里,联盟党和社民党以"资本-劳动"分歧为主要社会分野形成阵营对峙,右翼阵营除了联盟党,还有自民党发挥一定影响力,而左翼阵营在很长时间里由社民党独占,三党制的政治现实驱使社民党与自民党多次进行跨阵营的政治结盟,联盟党与社民党之间也偶尔尝试跨阵营的大联合政府。绿党的出现改变了这一形势,阵营内部的政党联盟意愿更加强烈,黑黄联盟和红绿联盟分别成为两大阵营的天然首选,阵营化趋势空前加强,左右两大阵营主要在社会经济维度的对峙泾渭分明。1982年到2009年,联邦层面的执政联盟全部都是同一阵营内部的两党联合。

两德统一以来,欧洲在新自由主义的主导下进入超级全球化进程。进入21世纪以来,又被迫面对接踵而至的多重危机,各种内外危机的作用相互叠加,导致福利国家财富分配冲突和文化认同冲突态势明显加剧,政治经济与社会现实加深了民众对于主流政治的不满并带来严重的社会后果,社会撕裂程度加深。德国也同样未能避免受到极大冲击,社会共识传统日益松动,主流政治思想的社会基础和主导地位不再牢固,"三足鼎立"时代终结,德国战后形成的社会共识和政治中间地带逐渐受到挤压,抗议政治获得更多选民认可。在进入联邦议院的政党当中,左翼党和选择党分据政党光谱的左右两端,在其成立初期均表现出鲜明的"抗议党"色彩,因而根据德国政党特征的认知分属于左翼和右翼民粹政党,凸显了政治极化程度的加深。

在大规模难民潮、全球性疫情、气候变化等一系列严峻的现实挑战面前,选民的选举行为更加不确定,德国社会的离心力加剧,选择党成为最大的受益者之一。尽管德国政治和社会极化程度远不及英美国家,主流政党仍能在城市核心区域固守世界主义的文化价值观和生活方式,但社会共识的松动和民众的不满心理足以给传统政党带来极大冲击和挑战,同时给新兴小党在边缘地带带来发展机遇，尤其是以选择党为典型代表的右翼民粹政党得以在政治边缘地带集结和扩张，搅动身份政治议题，逐步打破政治禁忌，动员那些无法跟上时代潮流或是对现实不满的保守力量，即便民粹政党暂时只能发挥"搅局者"的作用，无法参与执政，但至少它们正在稳步发展壮大。

（三）主流政党的路线调整及趋同

二战之后，德国社会的经济结构发生显著变化，中产阶层壮大规模，政治中间地带的选民增多，逐渐脱离传统的社会环境，基本价值观和选举行为均经历深度变迁。社会结构的变化导致各大政党纷纷调整本党的路线方针和发展策略，重新定义理念与利益的平衡，政党功能日益从体现传统的政治理念特色转向争取上台执政，政治主张也相应变得更加稳健务实，更多是围绕现实政治中具体的政策领域而非政党自身的党章和传统政治理念展开。在20世纪五六十年代，为了争取中产阶层选民，两个传统大党从左右两边向中间地带靠拢，从而分别发展成为中左和中右政党，80年代后期，绿党经历了从理想主义到现实政治的转型，也开始逐渐走上主流化和政治实用主义道路，努力印证自己的执政能力。两德统一以来，随着进入联邦议院的政党数量增多，政党竞争更加激烈，各大政党不断顺应时代发展变化和选民选举行为的变化特征，调整自身的纲领路线和竞争应对策略，修正和拓展自身政治纲领和政策议题的范围，以期吸引更多选民的支持。在这一调整过程中，左右阵营之间的界限也变得越发模糊，新老政党在纲领路线上均表现出极大的灵活性。

一方面，某个全新的议题或者政治主张一旦被提出并且助推单个政党迅速取得政治成功，往往就会被其他政党所吸收和借鉴。在绿党成立并在短短几年内迅速崛起为政治新生力量之后，其他三个政党也逐步意识到被忽略的环保议题的重要价值，在之后的本党纲领中逐渐发展出自身在生态环境保护方面的政治内涵，无论是基民盟还是社民党的环保政策都可以追溯到绿党的传统政策特色。另一个典型的例子是成立于2006年的德国海盗党，该党抓住了数字信息化时代和知识社会背景的特点，在德国政坛率先引入了网络政策这个全新的政策议题，并运用社交网络的新媒体作为政治动员手段，在短短几年内迅速进入多个州议会，其政治成功充分向传统政党昭示了网络议题在现代信息社会之下的重要意义，如今，网络政策已经出现在各大传统政党的政治纲领中，而新老政党也纷纷将互联网和新媒体作为自己重要的宣传动员渠道。

另一方面，几乎所有的传统政党都在突破自身的纲领限制甚至是政治禁忌，日益偏离最初的部分基本原则立场，对政治现实做出更多妥协。基民盟日益关注和支持最低工资标准、性别平等、女性比例等左翼政党的传统议题。例如在家庭政策上，联盟党已经静悄悄地调整和放弃了该党传统的家庭观念和角色分工，提出大量更加符合社民党理念的家庭政策主张，例如扩建托儿所等社会化的儿童看护设施，引入父母双方都可能领取的育儿费，将获得托儿所托管名额列为法定权利等；该党在日本福岛核灾之后迅速做出能源转向和核能下马的决定，这原本是绿党一直主张和推动的政治议程。社民党建党百年以来最核心的纲领和指导原则是社会公正，但是也日益重视强调经济治理能力这一联盟党的优势强项，而在施罗德执政时期的社民党推进实施社会政策改革，没有体现社会民主主义社会公正的宗旨，相反在一定程度上排斥社会福利国家，明确要在社会主义和资本主义之间走一条"新中间道路"，并对社会福利制度和就业市场政策"开刀"，将社会公正视为在必要时不得不舍弃的负担和障碍。绿党早已突破环保急先锋的"单一议题党"形象，开始关注产业政策、债务刹车、金融市场等经济政策议题；在外交和安全政策上，绿党现在的政策主张也逐渐远离其成立之初的生态和平主义理念，从"鸽派"变身"鹰派"，不仅支持执政联盟对外派遣联邦国防军的决定，而且打破政治禁忌，支持德国发展国防能力，并积极主张向乌克兰战乱地区提供重型武器。

整体而言，各大主流政党均不同程度地走上政治中间道路，政治主张出现部分交叉和趋同趋势，在政治纲领上的跨党政治共识日益增多。各个主流政党普遍强调经济增长、社会福利和生态保护这三大政策维度的均衡发展，均面向社会各阶层，推出了综合经济、社会和生态三大维度的纲领。主流政党的政策议题也相应日益接近，涵盖了气候保护与可持续性、经济增长、社会公正与福利保障、创新、数字化等广泛领域的议题。如果说20年前德国政党体制中还是特色鲜明的两个阵营，那么现在则是各个政党打破阵营局限，围绕三四个大的主题提出各自的政策主张。不但左翼党的出现冲淡了社民党在社会公正传统主张方面的纲领特色，分流了社民党大量选票，导致社民党陷入深重的认同危机，而且联盟党在捍卫社会公正方面和社民党表现出前所未有的一致，大联合政府内阁的政策远比之前的红绿联盟政府更具备社会民主性。

如今，主流政党的纲领性文件已经几乎看不出实质性的差别。以联盟党、社民党和绿党这三个在大选中较有竞争力的主流政党在2021年联邦大选中的竞选纲领为例，三个政党的纲领无论是在主要政策领域还是在指导理念上都存在大量重合之处，均涵盖经济、社会保障、生态、数字化、教育、家庭、住房、交通、农业、卫生、外交、国际政治等广泛领域，并将公平、可持续和安全等基本指导思想贯穿几乎所有政策领域（见表4-3）。三个政党均将做强、做大欧盟以及维护跨大西洋伙伴关系作为外交政策的核心支柱，社民党和绿党甚至同样将"社会-生态市场经济"的概念写入竞选纲领，类似的政策理念表述在三份竞选纲领中比比皆是。三个政党的差异性主要体现在侧重点和具体主张上的不同，而非原则立场的对峙之上。

表4-3 联盟党、社民党和绿党2021年联邦大选纲领中主要政策领域的比较

章节	联盟党	社民党	绿党
1	德国的世界责任：国际秩序，跨大西洋伙伴关系，欧洲稳定	指导理念：保障未来，加强尊重，增强欧洲，实现团结	保护生活基础：气候标准，可再生能源，可持续交通，生态农业
2	强大欧洲的世界政治能力：强大的欧洲，强大的德国，可持续的欧洲	未来愿景：气候中和，现代化交通体系，数字主权，卫生，经济促进，科研创新，财政	经营未来（促进创业，社会-生态市场经济，数字化，公平与可持续贸易，可持续金融市场，稳定财政……）
3	财富：可持续增长，气候中和的工业国，能源构想，可持续经济，资源保护，智能交通，可持续农业，消费者权利	社会尊重：工作价值，工作机会，团结，老年保障，负担得起的居住，增强民主，安全，卫生，自然保护	保障团结：家庭与青少年政策，工作与工资公平，性别平等，医疗与护理，创造负担得起的居住空间，投资城乡发展
4	公平与社会安全：老年经济安全，高效的卫生系统	欧洲主权：增强主权，社会-生态经济，扩大民主，睦邻关系，保障和平	教育科研：基础教育，职业教育，高等教育，终身学习，改善科学条件
5	财政税收代际公平：稳固财政，公平高效的税收体系，德国金融地位	未来，尊重，团结的欧洲	共同生活：国家服务，多样性与平等权利，民主基础，性别平等，安全与公民权，欧洲建设
6	社会升迁：家庭政策，性别平等，通过教育实现升迁		国际合作：社会生态转型，多边主义，多极化世界，保护避难者，公平的世界经济秩序
7	创新：战略研发创新政策，人才政策，数字化转型		

续表

章节	联盟党	社民党	绿党
8	现代国家治理能力：现代化10年，公民权利，公共事业，数字基础设施		
9	安全：社会安全，打击有组织犯罪和极端主义，安全部门，网络风险应对		
10	城乡生活品质：城乡居住，区域均衡发展，移民融入		

资料来源：笔者综合各党纲领自制。

德国主流政党的立场日益接近与趋同，左右阵营在基本政治观点上的边界日益模糊，这些发展趋势对于德国政党格局整体而言是一把"双刃剑"，一方面极大降低了主流政党之间实现跨阵营政治结盟的难度，使得政党更容易接受潜在联合执政伙伴的观点，在大选之后达到半数以上议席的情况下可以迅速达成妥协；另一方面又带来诸多不利影响。首先，引发主流政党的身份认同危机和内部路线的争议，政治路线的调整固然可以吸引更多的中产阶层选民，但同时也会导致部分党员和铁杆选民对其失望和流失，例如，社民党在右倾向中间靠拢的过程中就遭遇身份认同危机，引发党内争议和政党分裂。其次，导致主流政党相互之间在极大程度上出现同质化发展，单个政党政治内涵和政策议题的辨识度下降，不再具有无可替代的单独代表性，主流政党之间对于同一选民群体的争夺更加激烈，例如，绿党、社民党和左翼党在支持最低工资标准、征收财产税等不少社会公正议题上几无差别。最后，主流政党纷纷主动走中间化发展路线，向政治中间地带聚拢，为其他政治力量腾挪出政治空间，新兴政党、新生代力量、政治素人和社会运动积极填补政治边缘地带的代表性真空，全新动员形式不断涌现，向传统政党提出有力挑战，尤其给非主流的例如极端主义或者民粹主义政党活动让出了生存和发展空间，在一定程度上加深了德国的政治极化程度。因此，在这个意义上讲，政治趋同与政治极化这两种现象在德国当前的政治文化和政党竞争中是同时出现的。

（四）执政联合模式的变化

随着2005年联邦大选以来德国政党体制的碎片化程度加深，越来越多的政党进入联邦议院，可供选择的组阁形式变得越来越复杂，组阁难度明显加大。在这种情况下，无论是联盟党主导下的右翼保守阵营，还是社民党主导下的左翼进步阵营，都没有能力在同一阵营内部实现首选的执政联盟，必须跨越阵营方可成功组阁。非但如此，由于碎片化程度的加深和大联合政府尤其在社民党内不受欢迎，各个政党在联邦大选之后不仅需要跨越阵营，而且不得不从两党联合转向三党联合，并尝试更多的执政组合形式，为了最终成功组阁，跨阵营合作的政党不得不在执政理念和具体政策上做出更多的妥协，走上政治实用主义路线。

1. 联邦层面的政党联盟形式

根据政党联盟理论，意识形态、政治价值观、党内政治文化，包括在经济、劳工、财政、税务等政策领域的取向不同，往往会影响政党间的结盟合作意愿，政党偏好组成"最小获胜联盟"或"最小范围联盟"。具体到德国的政党体制，将这两者结合起来的黑黄联盟和红绿联盟显然是最为传统和牢固的天然伙伴和结盟形式，分别代表各自主导的政治阵营。经过20世纪五六十年代政党体制的形成与巩固阶段之后，在"两个半"和"三足鼎立"的政党格局阶段，这两种执政联盟成为联邦层面最常见的组阁形式。此外，还曾短暂出现过联盟党一党执政以及1966~1969年的大联合政府。然而，进入"流动多党制"阶段后，随着德国政党体制碎片化程度加深，黑黄和红绿这两种理想组合均难以达到组阁所需的半数以上有效选票或者议席，政党被迫改变政治结盟传统，寻找新的政治结盟形式，需要基于实用主义目的在政策或者人事安排上做出更多妥协，上台执政的意愿在一定程度上决定了政治妥协的程度，政党间政治结盟的不确定性增大。

这一趋势充分体现在组阁时间的延长方面。组阁时长是指从选举日到联邦内阁宣誓就任的时间，这是组阁难易程度的一个重要指标。其间，政党需要完成组阁谈判，在最初的接触性谈判中可能会同时与多个政党探讨组阁意向，就联合执政协议和内阁高层人事安排达成一致。表4-4比较了两德统一以来历届联邦政府组阁时长，从中可以看出，两德统一之后，组阁时间最短的是在1998年和2002年两次联邦选举之后，红绿政府的组阁仅耗时30天。从表中的历时比较看，自2013年联邦大选以来，组阁时间明显延长，2017年联邦大选后的组阁耗时甚至长达171天，创下联邦德国建国后最长组阁时间纪录，德国也开始经历其他欧洲国家早就出现过的组阁政治僵局。

表 4-4 两德统一以来历届联邦政府组阁时长

选举年	1990 年	1994 年	1998 年	2002 年	2005 年
执政联盟	黑黄	黑黄	红绿	红绿	大联合
组阁时长	47 天	32 天	30 天	30 天	65 天
选举年	2009 年	2013 年	2017 年	2021 年	
执政联盟	黑黄	大联合	大联合	"交通灯"	
组阁时长	31 天	86 天	171 天	73 天	

资料来源：„Regierungsbildung", *Bundestag*, https://www.bundestag.de/resource/blob/196256/a70991800977c71f180216c815ac9d57/Kapitel_06_07_Regierungsbildung-data.pdf。

自 2009 年联邦大选以来，黑黄和红绿联盟的选项几乎不再具有现实可行性，联邦层面的两党组合只有联盟党和社民党这两个传统大党组成大联合政府才能实现议会多数，三党组合在联邦政府组阁时也日益被纳入考虑范围。由于两大全民党的政治作用较之以往已显著下降，两党在组阁压力下也被迫接受了大联合政府这一权宜之计，自 2005 年以来，两党先后组成了三届大联合政府。不过，这一组阁形式往往不被待见，尤其是社民党内不少人认为本党作为执政小伙伴被联盟党抢走了政绩功劳，不愿意继续维持与联盟党的合作。这也导致联邦层面三党联合的可能性越来越大，在 2017 年联邦大选之后这被正式提上了政治日程，而碎片化的政党格局也导致单纯从计算意义可供选择的潜在组阁形式增多。这其中，频频被提及的可能组合包括"牙买加组合"（黑绿黄）、"交通灯组合"（红绿黄）、"肯尼亚组合"（黑红绿）、"德国组合"（黑红黄）和"红绿红组合"（左翼多数派，实际按照三党力量排序，也可能是"红红绿"）五种。[①] 在议会内政党当中，只有选择党不被纳入政党联盟可选项当中，尚不具备结盟能力。

不过，最终的组阁形式既要看将各政党的支持率累加起来能否超过半数，更要看各党在组阁过程中能否就基本执政理念、政策领域和高层人事安排达成共识，而这也加大了组阁过程的不确定性。2017 年联邦大选的组阁过程拖延近半年时间，正是因为联盟党、绿党和自民党的"牙买加组合"谈判耗时良久，最后自民党的退出导致谈判破裂，联盟党和社民党在此后方才开始实质性的谈判，最终仍旧组成大联合政府。而根据 2021 年的大选结果，

---

① 德国习惯以颜色代表政党，以国旗颜色的国家代表政党组合形式，例如，德国国旗颜色为黑红金，就相应以"德国组合"称呼由联盟党、社民党和自民党组成的组合。

达到组阁所需多数票的政党组合形式就有五种，分别是"肯尼亚组合"、"德国组合"、"交通灯组合"、"牙买加组合"和大联合政府，"红绿红组合"的左翼多数派以微弱劣势未能达到半数，联盟党得票率大幅下挫，更不愿屈居执政小伙伴地位，因而绿党和自民党这两个选举成绩出色的中小政党的选择成为关键，最终促成联邦层面首个三党联合政府上台执政。

在五种频频被讨论的三党执政联盟模式中，"交通灯组合"是明显的利益联合体，社民党与绿党在国内安全、外交、教育、生态和社会福利政策领域有大量共识，与自民党在外交内政、科学以及教育政策领域虽然也有许多共同语言，但是在经济和社会福利政策领域，提倡国家干预主义的社民党和代表保守自由主义利益的自民党之间仍存在不小的分歧，自民党从保障就业和提高竞争力的角度出发，在制定行业最低工资标准、财政政策、税收政策、国家补贴、投资性工资以及解雇保护等经济和劳动力政策上的立场和社民党及绿党仍旧存在理念差异，这也导致联邦层面首个"交通灯"政府上台之后始终龃龉不断。

其他四种三党执政模式在联邦层面都尚未实施过，其中，"红绿红组合"在历次联邦大选中从未形成过多数，无论这三个同为左翼的政党排名先后如何。这三个政党在不少政策领域尤其在社会公正理念方面存在极大共性，但也正因如此，相互之间对同一选民群体争夺激烈，无法在联邦大选中形成左翼派多数。"肯尼亚组合"和"德国组合"均是在联盟党和社民党这两大党之外分别再加上绿党或自民党，根据"最小获胜联盟"理论，这两种组合在两个政党票数相加已经超过半数的情况下再加上另一个小党，无疑会分散所有参政党获得的公职资源，不符合参与各方的利益，因而很少会纳入政党组阁的现实选项。与此相比，"牙买加组合"实现的可能性更大，自民党在"流动多党制"中表现不稳定，联盟党难以与之形成多数派，而联盟党结盟能力有限、处境尴尬，既无法与选择党合作，也不考虑与左翼党结盟，因而日益倾向于考虑与绿党的合作，从政策立场来看，两个保守党在经济、税收和劳动力政策上的共同点更多一些，例如都反对在各个行业规定最低工资标准、支持减税等，而绿党尽管在税收、财政、生态标准等方面的诉求明显更加激进，但也表现出较强的妥协意愿。

2. 各州层面上的政党联盟形式

在联邦德国成立之初，各州议会的政党联盟经历了一段政党优胜劣汰的动荡期，政府频繁更迭，甚至先后出现过四党、五党甚至是六党联合政府，这一不稳定期在各个州或长或短，短的如在莱法州，从1948年开始就步入稳定期，始终由"两个半"体制的政党按照不同组合执政；而长的如在黑森州，直到1969年还有如今已经销声匿迹的全德意志党（GDP）参与执政。纵观此后几十年来各州层面的政党合作行为可以看出，各州的政党联盟形式与联邦层面相比更为多样化，三党联合的形式更常见，充分折射出德国政党格局的变数与政党合作形式的创新。由于政党在各州的力量对比极度不平衡，地方层面的政党版图分布更加复杂，联邦州的组阁早已成为"政治实验场"。联邦州层面既有一党单独执政，例如基社盟历史上在巴伐利亚州长期单独执政，而社民党自2022年3月的州选之后在萨尔州单独执政，也有两党联合，更不乏各种三党联合形式。

从政党结盟能力来看，在所有政党当中，社民党和绿党表现出最强的政治结盟能力，极具兼容性和灵活性，在组阁方面更能够左右逢源，政治合作对象覆盖了联邦议院内除选择党以外的所有政党，这两个政党各自在11个州（参与）执政。基民盟的结盟行为相对保守，完全排除与选择党以及左翼党合作，在联邦州层面除了与社民党多次组成大联合政府，主要与传统阵营的政党合作，包括与自民党、希尔党以及在巴伐利亚州与自由选民党组成联合政府，但近年来也逐渐突破传统，越来越多地选择与绿党组成联合政府。

在联邦州层面，两党联合政府仍旧十分普遍。除了传统的黑黄联盟、红绿联盟和大联合政府，基民盟与绿党组成的黑绿联盟（在巴符州为绿党主导的绿黑联盟）在16个州政府当中占了4个，而社民党与左翼党组成的"红红联合"主要出现在东部联邦州。从图4-8当中可以清楚看到各州的政党联盟形式。

与此同时，三党联合政府在联邦州层面司空见惯，前文所提五种具有理论可能性的三党联合形式在联邦州均多次付诸实施。"交通灯组合"早在20世纪90年代初就已经在不来梅和勃兰登堡州实施过，当前在莱法州领导州政府。"红红绿组合"最早只在城镇地方层面出现过，而且是由社民党主导，近年来这种组合形式日益出现在联邦州层面，2014年首次在图林根州出现由左翼党主导的"红红绿组合"政府；"肯尼亚组合"曾经在萨安州，当前在勃兰登堡州和萨克森州上台执政；相比之下，"牙买加组合"和"德国组合"在各州政府中比较少见，"德国组合"自2021年以来首次出现在萨安州，而"牙买加组合"也仅仅于2009年在萨尔州上台执政，而且仅坚持了两年时间就中途下台。除了这五种形式，汉堡还曾出现过基民盟、自民党和希尔党组成的保守派三党联合政府。

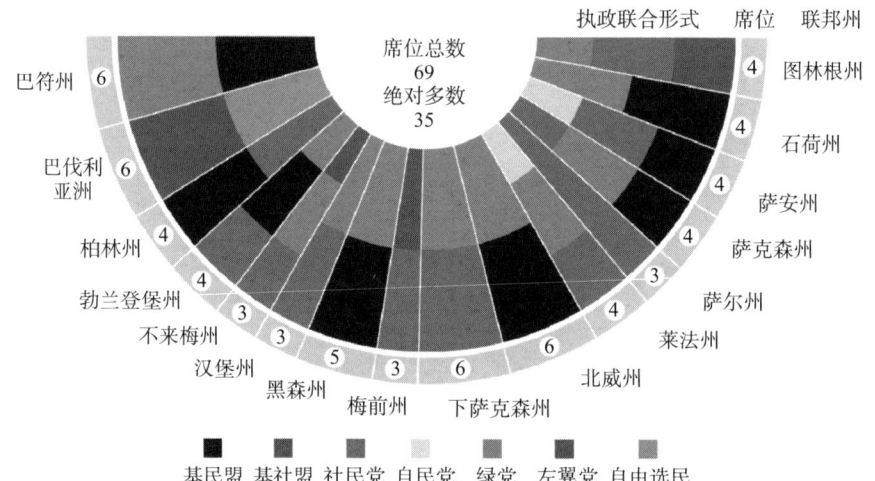

图 4-8 联邦州的执政联合形式与联邦参议院的席位分布①

资料来源：„Zusammensetzung des Bundesrates", *Bundesrat*, https://www.bundesrat.de/SharedDocs/bilder/DE/galerien/stimmverteilung-br/zusammensetzung-br.html; jsessionid = 1A624FA18AA1236480FC37EC2E119FAA.2_cid365? nn = 4353098。

2014 年图林根州选之后的组阁过程一波三折，集中反映了联邦州层面政党结盟行为的不确定性，由于社民党在该州势力疲弱，竞争主要是在基民盟和左翼党之间展开，基民盟在选举中得票率最高，但该党在政治结盟能力上极大受限，而左翼党与社民党、绿党签订了联合执政协议，这一结果不仅终结了基民盟在该州长达 24 年的执政历史，而且颠覆了之前的种种政治结盟传统，在联邦德国历史上第一次组成了由左翼党出任州长、社民党和绿党成为执政"小伙伴"的"红红绿组合"，社民党和绿党也为此动员基层投票表决是否参与执政。这一组阁结果也充分彰显大选中的得票率优势不能主导一切，最终能否成功执政，取决于政党之间的结盟潜力与政治妥协的态度，弱势政党、小规模政党在其中具备的潜力不容忽视。

（五）政党政治功能的削弱

冷战结束后，全球化进入新一轮迅猛发展阶段，推动德国政治与社会生

---

① 数据截至 2023 年 4 月 27 日。

态发生复杂演变，政党在政治生活中的组织动员能力和作用逐渐弱化，也引发了政治学者对于西方民主未来的讨论。德国政党政治功能的弱化趋势可以从几方面的数据看出。

其一，大选参选率下降。联邦德国建国之后，除了首次大选参选率为78.5%，历次大选参选率均稳定保持在86%及以上的高水平，在1972年联邦议院将参选年龄从21岁下调至18岁之时，联邦大选的参选率甚至达到91.1%的历史最高水平，1976年的参选率同样超过了90%（见图4-9）。不过，1990年两德统一之后的首次全德范围内大选参选率降至77.8%，此后的历次参选率几乎都维持在70%~80%的水平，2021年为76.6%，这意味着不愿意投票的选民人数在增加，而低参选率折射出选民对于政党和政治事务普遍产生厌烦心理。

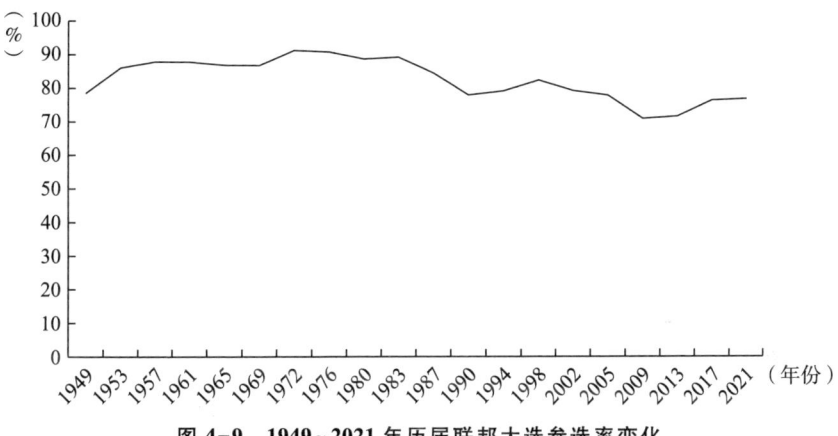

图4-9 1949~2021年历届联邦大选参选率变化

资料来源：„Wahlbeteiligung", *Die Bundeswahlleiterin*, https://bundeswahlleiterin.de/service/glossar/w/wahlbeteiligung.html。

其二，主要政党党员规模大幅萎缩。从表4-5列出的主要政党党员人数变化可以看出，党员规模的萎缩是多数政党的共同趋势，尤其两大全民党党员人数的缩减幅度最大：长期位居德国党员规模之首且一度拥有上百万名党员的社民党跌幅一直高于基民盟，社民党在1990年还拥有94.3万名党员，至2021年已失去一大半，仅剩39.4万名党员；基民盟在两德统一后的30年间党员也从79万人腰斩至38.4万人，自民党同样损失了大半党员，基社盟的表现相对比较稳定，但也从18.6万人降至13万人。民社党在两德统一之际尚且有28.1万党员，如今的左翼党东西德两部分加起来只有6.1万人。

党员队伍发展势头最好的是绿党,从两德统一时的 4.1 万人稳步增至 2021 年的 12.6 万人,而选择党发展至今在党员规模上并没有突破,维持在 3 万人左右。

表 4-5　1990~2021 年德国主要政党的党员人数变化

单位:万人

政党	1990 年	2010 年	2021 年
社民党	94.3	50.2	39.4
基民盟	79	50.5	38.4
基社盟	18.6	15.4	13
绿党	4.1	5.3	12.6
自民党	16.8	6.9	7.7
左翼党	28.1（民社党）	7.4	6.1
选择党			3

资料来源:Oskar Niedermayer, "Mitgliederentwicklung der Parteien", *bpb*, https://www.bpb.de/themen/parteien/parteien-in-deutschland/zahlen-und-fakten/138672/mitgliederentwicklung-der-parteien/。

其三,党员年龄结构日益老龄化。联盟党、社民党和绿党党员中 30 岁以下党员比例偏低,例如,16~30 岁的德国人在总人口中占比 19%,而基民盟 16~30 岁的党员占比只有 5.6%,社民党 16~30 岁的党员在 20 世纪 70 年代还占 1/5,2000 年左右该年龄段占比跌至 4%,2021 年回升到 8.6%。此处,联盟党、社民党和左翼党 60 岁以上党员比例明显高于总人口中同一年龄段的比例,2021 年基民盟 52.6% 的党员已经超过 60 岁,社民党 60 岁以上党员占比高达 54.2%,12% 的党员甚至已经超过 80 岁。① 党员老龄化程度也从一个侧面体现出政党难以吸引和动员年轻人接受本党政治理念,投身政党政治。

部分德国人选择彻底远离政党政治,不愿投票选举或者入党效力,这是种种原因造成的。社会结构的变化、社会的世俗化倾向以及个性化的社会趋势均弱化了政治和政党在个人生活规划中的地位;而对于政党产生不信任或者政治厌烦情绪,是党员或选民对政党忠诚度下降的另一个重要原因。根据

---

① Oskar Niedermayer, „Die soziale Zusammensetzung der Parteimitgliederschaften", *bpb*, https://www.bpb.de/themen/parteien/parteien-in-deutschland/zahlen-und-fakten/140358/die-soziale-zusammensetzung-der-parteimitgliederschaften/.

联邦国防军军事史与社会科学中心（ZMSBw）2023年所做民意调查的结果，仅58%的德国人对于政党表示信任，信任程度远低于对警察（89%）、联邦国防军（88%）、公立学校（87%）等其他机构。① 很多人表示对政治乃至选举机制缺乏信任，对政党或者政要的工作以及政党之间的相互倾轧不满，认为政党容易滋生腐败，不愿卷入党派斗争，不认同任何政党的政治主张和执政能力，认为尽管政党林立，但没有政党能够代表自身利益，政权更迭并不能带来实质性的改变，因而索性不行使法律赋予他们的民主权利。此外，普通德国人也可以通过参加社会运动、志愿服务或非政府组织的工作等其他途径来实现政治参与。事实上，与政党政治的发展势头相反，两德统一以来，各类社会运动呈现蓬勃发展的势头，通过社交媒体迅速集结和扩大影响力。

针对政党功能下降的问题，各政党也纷纷分析原因，并思考和讨论调整方针路线，希望加强政治动员和引领民意的能力，重拾民众对于政治的信任和积极参与的热情，考虑的手段包括改革选举程序，将联邦选举从4年一次改为5年一次，将选举年龄从18岁下调到16岁，增加直接民主和公民参与形式，等等。② 不过，需要看到的是，尽管政党体制面临的挑战增多，碎片化和政治极化程度加深，政治结盟的不确定性增加，但与不少欧洲国家相比，德国政党体制仍旧表现出极强的稳定性，较少出现执政联盟破裂、提前重新大选的情况，政党也仍旧在政治动员中发挥主要作用，其政治角色并未被社会运动所取代，社会运动的兴盛也导致不少政党重新将视线投向社会运动，希望从中寻找发展动力。

（六）东部地区政党政治的特殊性

德国政党格局分布呈现显著的地域差异，突出体现在东西部地区选民选举行为和政党竞争态势的显著差异之上。两德统一之后，东部地区经济社会经历了深刻转型，历史经历的巨大差异导致东部地区的政党格局具有极大的特殊性。

两德统一后，西部政党纷纷将资源投放到东部，在东部地区建立起各级

---

① Timo Graf, „Zeitenwende im sicherheits-und verteidigungspolitischen Meinungsbild. Ergebnisse der ZMSBw-Bevölkerungsbefragung 2022", *Forschungsbericht 133*, Potsdam: Zentrum für Militärgeschichte und Sozialwissenschaften der Bundeswehr, 2023, p. 19.

② „Wahlwoche: Für SPD «goldrichtig», für CSU «Unsinn»", *Pforzheimer Zeitung*, https://ga.de/news/politik/wahlwoche-fuer-spd-goldrichtig-fuer-csu-unsinn_aid-42181475.

政党组织，但是东部特殊的政治与社会生态影响了不同政党在东部的发展潜力，使得东部政党版图呈现极大特殊性。

首先，主流政党在东部的发展严重受限。联盟党、社民党、绿党和自民党在东部的表现明显不如西部，尤其是绿党和自民党更多代表社会境遇较好的群体利益，在东部影响力普遍较弱。而由于东部各州内部还存在发展水平的差异，联盟党在经济相对发达的萨克森州和萨安州整体发展更好，社民党在勃兰登堡州和梅前州的支持率也相对较高。不过，这两个政党在其他东部州的表现都低于西部整体水平，社民党在萨安州的民调支持率和大选得票率甚至只能在不到10%的低位徘徊。绿党在东部各州的发展较为缓慢，自2009年选举以来才首次进入两个议会，目前已进入了所有东部州议会。自民党在东部发展最为艰难，多次无法进入东部州议会，尤其在萨克森州已经近10年未进入州议会。

其次，左翼党总体上保持了在东部的影响力。从选举之后的选票流向分析结果来看，社民党的选票主要流向左翼党，该党甚至在2014年的图林根州选举中改写历史，由左翼党籍人士出任州长职务，这也是继绿党在巴符州之后第二次由两大全民党以外的中小政党籍人士担任州长职位。左翼党一直争取在整个德国的政党体制中拥有稳固的一席之地，但从影响力来看，始终局限为东部的地方性政党，其在东部地区早已进入政治主流。为维持在这一地位，左翼党必须深耕东部各州，在纲领和路线上也展现了更多的务实态度，从一开始就竭力与东德时期执政的统一社会党撇清政治理念上的关联，声明其奉行的是民主社会主义，在该党上台执政的各州实际推行社会市场经济政策，而其在2014年图林根州的执政协议序言中回应执政伙伴的要求，声明前东德是"不公正国家"，表态与前东德的历史彻底清算，充分表现出了该州左翼党的合作与务实态度。

最后，选择党在东部不断收获政治成功。一般而言，极右翼力量在东部地区相对更有影响力，现已改名为"家乡党"的极右翼国家民主党（NPD）包括其前身德国人民联盟（DVU），在东部选举中都表现出了持久的影响力。选择党尽管并未被定性为极右翼，但其在东部各州的党组织例如在萨克森州和图林根州的组织更倾向游走在极右翼边缘。选择党自2014年三次东部州选后迅速在东部崛起，此后在东部地区稳步发展。根据2023年8月的最新民调，选择党在东部五个州当中的四个联邦州均成为第一大党，在其中的图林根州和梅前州民调支持率接近甚至超过30%，在萨安州也直逼位居首位的基民盟。① 选择党在东部各州的发展趋势已经远远超出左翼党，大有成为东部全民党之势。

东部地区政党力量分布的特殊性给政治结盟行为带来直接影响，选择党和左翼党在东部影响力更大，导致主要政党在东部组阁形势尴尬。产生这一局面的主要原因在于选择党在东部逐步发展壮大却缺乏结盟能力，由于选择党在欧洲政策、移民政策等问题上的基本立场与主流政治存在根本性对立，无法与主流政党合作组阁。这一事实首先使基民盟的结盟能力严重受限，基民盟在右翼阵营缺乏合适的组阁伙伴，党内稍有与选择党合作的讨论苗头立即会被合力抵制，而该党也不可能考虑与左翼党结盟，因此，基民盟即便能获得最高得票率，也不一定能确保执政地位，这也导致左翼政党在东部上台执政的概率高于在西部地区。

在五个东部州当中，只有梅前州是两党联合政府，其余各州均为三党联合执政，而社民党结盟能力强的优势在东部更加明显。截至 2023 年 7 月，社民党在所有东部州都参与了执政，在两个州（勃兰登堡州，梅前州）领导联合政府，而在三个州作为"小伙伴"参与联合执政（萨克森州，萨安州，图林根州）；基民盟在两个东部州（萨克森州，萨安州）领导州政府，在一个州（勃兰登堡州）参与执政；左翼党在一个州领导联合政府（图林根州），在一个州参与联合执政（梅前州）；绿党在三个东部州（勃兰登堡州，萨克森州，图林根州）作为"小伙伴"参与执政；自民党表现最弱，仅在萨安州作为最小的"小伙伴"参与执政，而在萨克森州甚至没有进入州议会。选择党的快速上升势必给其他党派带来更多的现实难题，如果选择党保住在东部各州的优势甚至进一步做大，无疑会在 2024 年东部数次州选之后导致组阁形势更加复杂，使得组阁陷入僵局，或者不得不产生少数派政府。

---

① „Landtagswahlumfragen", *wahlrecht*, https://www.wahlrecht.de/umfragen/landtage/index.htm.

第五章

德国政党政治的结构转型

政党竞争在很大程度上取决于政治、经济、社会、文化、历史等结构性维度的发展变化,社会阶层的变化、价值观的变迁、内政外交领域的历史进程和重大事件均有可能从根本上改变选民偏好和选举行为,对选举结果产生极大的影响,继而影响和塑造政党格局。公共领域和社会运动的变迁往往会为新兴政党的成立与壮大提供历史性机遇,而已有政党通常也会顺应政治、经济和社会环境的发展变化,不断调整自身的路线、方针、策略、定位和内涵,代言社会群体的利益诉求,维护其价值观、观念、立场和利益,由此持续推进政党政治的结构转型。只有深入研究德国社会的结构性维度,剖析重要的社会结构变化、价值观变迁、社会思潮和社会运动,以及两德统一、欧洲一体化、难民危机、全球气候变化等改变历史的里程碑式事件和进程,并关注新科技革命给政治传播带来的冲击与影响,才能更好地把握选民选举行为的变化以及政治文化生态、政党功能、政党定位、政治动员方式背后的深层影响因素,更好地了解德国政党竞争的规律以及政党格局的趋势变化。

一 社会结构与价值观变迁

(一) 社会阶层的变化

二战结束后,德国在战争的废墟之上实现经济重建与工业振兴,步入西方发达国家行列,德国的经济与就业结构发生了显著变化,国民经济的重心稳步从第二产业向第三产业即服务业转移。根据联邦统计局的数字,1952~2021年,农林业从业人员在德国就业人口中所占比例从21.9%跌至1.2%;

产业工人在就业人口中的占比从44.6%降至23.8%，2021年在第二产业就业的人口还不到第三产业的1/3；与此同时，服务性行业就业人口占比从33.4%激增至75%，构成就业人口的绝对主力军（见表5-1）。二战后到20世纪70年代的德国是传统的工业社会，此后，随着技术革命和自动化的发展，德国自80年代后开始步入后工业化社会，经济与社会结构的变化趋势在两德统一之后进一步强化。

表5-1　1952~2021年三大经济产业从业人员占比的变化

单位：%

年份	第一产业	第二产业	第三产业
1952	21.9	44.6	33.4
1960	13.7	47.9	38.3
1970	8.4	46.5	45.1
1980	5.1	41.1	53.8
1990	3.5	36.6	59.9
2000	1.9	28.4	69.7
2010	1.6	24.4	74.0
2021	1.2	23.8	75.0

资料来源：„Erwerbstätige im Inland nach Wirtschaftssektoren1 Deutschland", *Statistisches Bundesamt*, https://www.destatis.de/DE/Themen/Wirtschaft/Konjunkturindikatoren/Lange-Reihen/Arbeitsmarkt/lrerw13a.html。

在战后数十年发展过程中，德国处于传统的工业社会阶段，社会目标从改革转变为改良，不断完善社会福利制度和劳工权益，致力于缓和阶级对立和阶级矛盾。随着职业教育与学历教育的普及与扩展，年轻人接受教育的时间越来越长，受教育水平整体上升，社会阶层的流动性增强，传统产业工人规模进一步减小，职员、公务员等新中产阶层的队伍不断发展壮大。大量民众持续改善个人社会经济状况，实现社会升迁，向上流动成为新兴中产阶级，构成德国社会的中流砥柱。在这一过程中，德国的社会阶层和社会结构相应发生显著变化，旧有的阶级和社会对峙被打破，阶级对立趋于缓和，形成了中产阶层占多数的橄榄型社会结构。对此，经济社会学者薛尔斯基（Helmut Schelsky）早在1953年就提出了"平整的中产阶层社会"（nivellierte Mittelstandsgesellschaft）的构想，他认为，在一个具有高度流动性的社会中，社会中底层向上升迁的过程和中上阶层向下跌落的过程会在中产阶层实现交汇，不同社会阶层的集体升降过程将最终消除社会阶级与阶层差异，形成相对统一的小市民的中等阶层社会。① 在一个平整的中产阶层社会当中，中产阶层占据社会中间地带，并且具备巨大规模，社会公正和文化同质性程度相对较高。

自20世纪70年代以来，西欧社会逐渐进入后工业化，开始去工业化进程，这导致自80年代起德国社会结构的差异化发展趋势加剧，社会阶层的流动性趋势显著增强。两德统一以来，尤其自21世纪以来，不同社会阶层的社会境遇差距进一步加大。德国社会学和文化学者雷克维茨（Andreas Reckwitz）认为，西方社会结构自进入21世纪以来发生了显著变化，处于金字塔顶端的1%人口成为新的上层阶级，余下99%的人口当中社会阶层的流动、晋升和下滑进程加剧，一部分受到良好教育的老中产阶层走上上升通道，另一部分人跌落至底层，还有一部分传统中产阶层的生活状态受周围环境变化的影响极大。在这一判断基础上，雷克维茨提出，当今西方社会除了顶端的上层阶级之外可以大致划分为三个阶级：一是新中产阶级，这一阶级构成知识经济和后现代社会的中坚力量，拥有良好的教育和职业背景，是全球化赢家，在文化价值观上笃信世界主义；二是老中产阶级，这一阶级在经济上不一定是输家，甚至可能支持自由贸易，但对文化和生活模式发生的重大转变存有担忧，成为文化意义上的全球化输家；三是新工人阶级，全球化带来的全球性竞争致使这一阶层的经济社会地位下降，落入社会底层。这三个阶级在经济和文化维度上的资源、生活方式和影响力都存在显著差异，只有新中产阶级对于自身的经济社会境地较为满意，而老中产阶级和新工人阶级均怀有不同程度的不满甚至愤怒情绪。②

（二）价值观变迁

1977年在《静悄悄的革命》一书中，政治学者英格尔哈特提出了价值观变迁理论，具体采用四个指标来衡量物质主义和后物质主义的价值观取向：一是维护本国的安定和秩序；二是民众对政府决策拥有更多影响力；三是应对物价上涨；四是保护言论自由。在这四个指标中，第一个和第三个属

---

① Nicole Burzan, *Soziale Ungleichheit*, Wiesbaden: VS Verlag für Sozialwissenschaften, 2011, p. 41.
② Andreas Reckwitz and Peter Kuleßa, „Strukturen der Gesellschaft. Andreas Reckwitz im Gespräch", *Kultur & Kultur*, 2021, https://www.kulturelle-integration.de/2021/05/05/strukturen-der-gesellschaft/.

于物质主义价值观,第二个和第四个则属于后物质主义价值观,个体对于这四个指标的偏好可以用来衡量其价值观是物质主义还是后物质主义取向。英格尔哈特采用这一指标体系对六个欧洲国家进行了调查,所得出的结论是:西方发达工业社会的民众价值观发生了重大转变,正在经历从物质主义价值观向后物质主义价值观的转型,并且表现出明显的代际差异特征,老年人的价值观仍以物质主义导向为主,他们有过战争经历,对于安全和食品等物质性因素有着持久需求,而年轻人已经偏向后物质主义价值观。尽管英格尔哈特的衡量指标也引发一定争议,但他的主要研究成果具有极强的说服力,开辟了一个全新的研究视域,揭示了战后西方社会价值观取向的发展规律和发展趋势。①

基于价值观变迁理论,英格尔哈特在1983年进一步提出,20世纪六七十年代主导西方政治博弈的劳资分歧已经发生了根本改变,传统上的左翼和右翼政治目标以及相关议题不再是主导性的政治分野,在工业发展过程中,政治力量的竞争开始围绕一个新的维度展开,即"物质主义-后物质主义"的社会分歧。在一个物质发展水平已经达到相当标准的后工业社会阶段,之前为民众所忽视的议题会变得重要,推动社会分歧发生根本性变化,从阶级导向的政治分野过渡到价值观导向的政治分野。②

价值观变迁是富裕社会的典型现象,尽管后物质主义者多由经济与社会境况良好的群体组成,客观上是物质发展的受益者,但他们往往不再将经济增长、军事安全等传统价值观作为优先考虑,而是要求改变社会。后物质主义价值观包括保护环境、反对战争、反对核能、公民自由、男女平等和个人自我实现等诉求。这一价值观取向在德国同样深刻影响了战后成长起来的年轻人,这些人身处一个已经充分实现自由和福利的富裕社会中,价值观念发生极大转变,不首要看重金钱、财物等物质主义的富足,而更倾向于追求后物质主义价值观,例如和平、妇女解放、生态环境保护和生活品质,并转而批评传统的阶级观念、物质消费观念以及军备扩张的动向。与此相应,20世纪70年代中后期德国的政治抗议议题不再以反对失业现象或者抗议收入下降等物质主义的诉求为主,而是反对建造核电站、军事设施等原本可以有效提振就业的项目。后物质主义者并不构成社会的大多数,但是在政治上十分

---

① Ronald F. Inglehart, *The Silent Revolution: Changing Values and Political Styles Among Western Publics*, Princeton: Princeton University Press, 1977, pp. 21-22, 28.
② Ronald F. Inglehart, „Traditionelle politische Spannungslinien und die Entwicklung der neuen Politik in westlichen Gesellschaften", *Politische Vierteljahresschrift*, No. 24, 1983, pp. 139-142.

活跃,有能力表达诉求,并将环境保护等新的争议性问题带入政治生活和政治讨论中,并积极参加70年代以来的新社会运动,社会生活方式也相应表现出个人主义化、多元化、分散化和后物质主义的显著特征。

(三) 社会分歧的新变化

冷战结束之后,经济全球化迎来新一轮的高速发展阶段。不少学者认为,西欧社会结构再度发生剧烈变化,社会经济维度上的劳资分歧不再是反映西欧社会主要矛盾的决定性社会分歧。这其中最具代表性的是政治社会学学者克里斯,他经过对西欧多国的实证调查得出结论,认为劳资分歧不再是反映欧洲社会主要矛盾的决定性分歧,在社会文化维度上,西欧社会出现了"融入-划界"(integration-demarcation)的社会分歧,这组新的社会分歧基于文化价值观,具有划时代意义,具体表现为世界主义(Kosmopolitismus)的开放包容与社群主义(Kommunitarismus)的封闭划界之间的对立,即支持开放、包容、进步社会的开放阵营与拥戴封闭、划界社会的封闭阵营之间的对峙和深度分裂,其核心问题是边界。精英阶层整体上倾向于世界主义立场,中下层民众的立场则较为混杂和分化,但多数人远离世界主义,偏好传统保守的社群主义生活方式。①

在克里斯"新社会分歧说"的基础上,柏林政治社会学者默克尔(Wolfgang Merkel)和齐恩(Michael Zürn)进一步指出,社会经济领域的劳资分歧给20世纪的欧洲社会打下烙印,成为欧洲社会的主要矛盾;而进入21世纪后,这一分歧不再是唯一的社会分歧,而且已经没有太多发展动力,新的社会分歧发生在社会文化领域,是由全球化催生的身份认同政治,因为全球化带来输家和赢家。从经济维度来理解,全球化输家中不少人仅具备较低技能,并且没有完全为社保体系所覆盖;与此同时,也应当从社会文化和政治维度解读,考虑全球化在文化和生活方式方面带来的冲击和带来的输家。②

---

① Hanspeter Kriesi, "Restructuration of Partisan Politics and the Emergence of a New Cleavage Based on Values", *West European Politics*, No. 3, 2010, pp. 673-685; Thomas Meyer, „Realitäten und Begriffe. Der Streit um Grenzen und die Sozialdemokratie", *Neue Gesellschaft/Frankfurter Hefte*, No. 6, 2019, pp. 36-37.

② Andreas Reckwitz, *Die Gesellschaft der Singularitäten. Zum Strukturwandel der Moderne*, Berlin: Suhrkamp Verlag, 2017, pp. 2-4; o. V., „Die neue Konfliktlinie und die Rolle des Politischen, Gespräch mit Wolfgang Merkel, Michael Zürn", *Neue Gesellschaft/Frankfurter Hefte*, No. 6, 2019, pp. 14-16.

从这一理解出发，在雷克维茨所划分的"三个阶级"当中，新老中产阶级的差别主要是在文化生活方式而非经济收入水平上，而新中产阶级与新工人阶级无论是在社会经济领域还是在社会文化领域都存在显著差异，分别构成最为典型的全球化赢家和输家群体。

本书第一部分关于社会环境理论的分析中曾提到，根据西努斯研究所对社会环境展开的长期定性定量分析，当前的德国社会可以根据文化生活方式和价值观划分成十类特征各异的社会环境，包括市民中产、保守建制、传统、社会生态、自由知识分子等，各类社会环境的占比分别为7%~15%，而且不同社会环境之间是流动的。① 这一结果也从一个侧面佐证了当前德国的社会结构已经告别了传统工业时代高度同质化的"平整的中产阶层社会"，整体呈现多元化和流动性强的趋势。

（四）社会结构变迁给政党政治带来的后果

政党活动的主要目的是通过参政议政谋取所代表社会集团的利益，特定社会背景的选民与政党之间存在天然的归属感和政治结盟的传统。二战之后尤其是两德统一以来，德国社会领域发生的种种变迁，包括社会结构的变化、价值观的变迁以及新的社会分歧的出现，给选民的选举行为、政治文化以及政党竞争带来多方面的冲击与影响。

其一，社会结构变迁导致选民选举行为受到阶级归属束缚的程度降低。② 现代社会职业的流动性带动了社会文化领域的活跃与变化，反映到政治文化中，就表现为选民与政党之前的联系纽带松动，选民的政治偏好、核心诉求发生变化，难以固定为一成不变的模式。中产阶级大多以个人主义为导向，不具备明确的代表集体意志的政治主张。昔日铁杆选民远离传统政治环境的约束，对政党的忠诚度已经不像以往那样强烈并决定着其选举行为，选民对政党的认同感和长期忠诚度显著下降，选民流动性增强，选举行为日渐复杂。具体而言，连续两次大选投票给同一政党的忠诚选民数量减少，跨党派甚至是跨阵营投票的现象司空见惯，中左翼的社民党选民可能在下一次选举中支持右翼民粹的选择党，越来越多的公民甚至不再参加大选，参选率在数

---

① „Sinus-Milieus Deutschland", *Sinus-Institut*, https://www.sinus-institut.de/sinus-loesungen/sinus-milieus-deutschland/.
② Ronald F. Inglehart, „Traditionelle politische Spannungslinien und die Entwicklung der neuen Politik in westlichen Gesellschaften", *Politische Vierteljahresschrift*, No. 24, 1983, pp. 143-144.

十年间下降20%左右。进入21世纪以来，社会结构加剧发生变化，选民作为政治市场的需求方，其社会背景日益复杂多元，导致选举结果的不确定性和选民的流动性进一步增强。1972~2009年，铁杆选民在所有选民中的占比从55%降至32%，而摇摆选民占比则从20%增至38%。① 这一整体趋势对于长期依靠铁杆选民票仓的传统大党影响尤其大，政党赖以生存的社会基础，例如社民党与劳工阶层以及工会之间的天然纽带和长期政治联系早已松动，在北威州、巴符州等一些老工业基地以及工会组织发展良好的联邦州，社民党早已失去稳定的票仓，尤其在历来被视为社民党"政治心脏"的北威州，社民党党员人数甚至不及基民盟。

其二，社会经济和文化领域的变迁刺激政党竞争日趋活跃。一方面，在社会文化领域，社会结构变迁带动价值观变迁，为政党竞争提供新领域，带动新兴政党的勃兴，同时驱使传统政党调整路线、策略和议题。20世纪70年代末以来的价值观变迁驱使不少选民不再关注物质主义的阶层归属，而是日益关注后物质主义的争议性问题，绿党在这一背景下应运而生，自成立之后也顺势抓住了后物质主义价值观导向的选民群体，在全国范围内发展壮大。另一方面，在社会经济领域，随着中左翼政党选民基础发生根本性变化，新中产阶层超过劳动阶级，社民党不再专注担纲劳工阶层这一日益萎缩的社会群体的利益代言人，而是通过调整修改政治纲领和意识形态争取尽可能多的选民，涵盖各方诉求，以适应德国日益复杂多元的社会环境。全民党向政治中间地带调整路线，内外政策逐渐趋同，使得服务业和工业中的无产者不再有归属和被代表感，② 政治边缘形成的代表性真空分别被左翼和右翼民粹力量所填补。失业者和低收入者等昔日的社民党铁杆选民部分转向左翼党，另一部分则转而支持右翼政党，希望通过右翼政党的力量保留强势的社会福利国家，例如转向联盟党甚至是选择党。从选民的社会组成看，右翼民粹政党在小业主、手工业者、独立从业者等中产阶层以及劳工阶层中选民最多。

其三，新旧社会分歧共同决定当前政党力量分布。选民的政治倾向很难简单采用社会领域的左中右来界定，旧的社会分歧日益为新的社会分歧所补

---

① Uwe Jun, „Parteien und Parteiensystem der Bundesrepublik Deutschland", *Informationen zur politischen Bildung*, Vol. 328, Iss. 4, 2015, p. 64.

② Jan-Werner Müller, *Was ist Populismus? Ein Essay*, Berlin: Edition suhrkamp, 3. Auflage, 2016, p. 30.

充，这两组分歧在当前的政治博弈中同时发挥影响力，共同参与塑造政党力量格局。默克尔和齐恩认为，"资本-劳动"和"世界主义-社群主义"这新旧两组社会分歧清晰体现在当前德国的政治分野上，当前的政治民意围绕着这两组社会分歧可粗略均分为四种类型：1/4 在传统意义上的左翼阵营，就是社民党、左翼党占据的部分；1/4 在传统意义上的右翼阵营，就是联盟党的位置；另外两个 1/4 则是围绕新的社会分歧展开，绿党是最鲜明的世界主义代表，而选择党代表了文化社群主义，这可能就是未来德国政党体制的基本情况。① 这一划分尽管比较笼统和简单，各个政党的力量对比也远非一成不变，但这种四分法仍旧十分清晰地勾勒和揭示了德国新旧社会分歧与政党竞争结果之间的紧密关联。事实上，联盟党、社民党和左翼党仍旧主要在社会经济分歧维度具备一定竞争力，而在文化生活方式的议题领域难以有所建树，难以形成特色话语或形象；与此相反，绿党和选择党更多在社会文化维度的"开放-划界"分歧中树立起政党特色，各自发展出竞争优势，形成相互抗衡之势。20 世纪末以来，主流政党聚焦中间地带，为选择党的发展留下大量空间；与此同时，绿党将自身成功定位为现代化自由主义党和市民阶层的政党，在环保、气候保护、儿童照管、宽容开放的生活方式等大城市主题上树立特色形象，在大城市从社民党、自民党乃至联盟党手中争取大量新中产阶级的选票。由此，这两个政党在当前政党竞争中的表现更加突出一些。

二 社会运动与政党政治的互动

政党和社会运动作为西方民主体制政治生活中最常见的两类组织形式，对于代议制民主的正常运转发挥重要作用，两者在特征和功能上存在显著差异。与政党参加竞选和担任公职等政治职能不同，社会运动是议会外的反对力量开展抗议政治、参与民主过程的一种形式，其重要功能在于设置议程（Agenda-Setting），组织结构通常比较松散，没有正式的政治纲领，其形式是草根的、自发的和非正式的，社会运动的产生往往折射出经济结构或社会思潮的深刻变化。

---

① o. V., „Die neue Konfliktlinie und die Rolle des Politischen, Gespräch mit Wolfgang Merkel, Michael Zürn", *Neue Gesellschaft/Frankfurter Hefte*, No. 6, 2019, pp. 14–16.

（一）德国战后的社会运动

二战结束之后，街头政治和示威抗议行动在德国司空见惯。20 世纪 60 年代中后期，影响力最大的社会运动是"议会外反对派"（APO）运动和大学生运动，这两个运动相互关联，其中"议会外反对派"运动涉及的范围更广，而大学生运动以左翼大学生为主体，几乎席卷德国所有大学，其产生的背景是 1966~1969 年的大联合政府导致议会内反对党力量微弱。作为抗衡力量，1967 年德国社会出现"议会外反对派"的政治民主活动，高举社会变革的大旗，批判议会体制和资本主义制度，要求将德国转变成"非官僚主义的、自由的社会主义国家"。与此同时，被称作"68 一代"的左翼青年学生诉诸街头政治，他们从批判大学和教学体制的弊端开始，之后将抗议矛头转向德国的国家民主基本秩序、社会制度以及美国发动的越战等国际问题。大学生运动的挑衅性观点、新的生活方式以及对更公正世界的理想改变了联邦德国，对于德国绿党、绿色和平组织及极"左"思潮的兴起均产生了直接的影响。在大学生运动和"议会外反对派"运动逐渐衰退之后，自 60 年代末开始德国兴起一系列影响广泛的社会运动，包括生态环保运动、反核能运动、和平运动、女权运动等，由于其有别于工人运动或学生运动等旧式运动而得名"新社会运动"。新社会运动的主力军往往是新中产阶级成员，他们更多追求后物质主义价值观，关心能否获得更高的生活质量、如何保护和改善生态环境，以及实现世界和平、公民自由与性别平等。尤其自 1972 年罗马俱乐部发表《增长的极限》首次揭示了传统工业增长模式带来的环境和生态后果后，德国公众开始广泛关注环境保护议题，生态保护运动蔚然成风。70 年代末，随着德国政府计划建立越来越多的核电站，关于发展核能、处理核废料等问题引发了民众极大争论，进一步催生了反核能运动。

两德统一以来，各类社会运动的发展势头有增无减，吸引大批支持者参加，社会运动作为引领和代言民意渠道的作用更加凸显，这其中较为持久并且拥有广泛社会影响力的社会运动大致有三类。第一类是环保运动。生态环境保护在德国始终拥有牢固的社会基础，尤其随着 21 世纪以来极端天气现象在全球范围内增多，世界各国普遍关注气候变化给人类带来的灾难性后果，德国民众参加生态环境保护运动的积极性进一步提高，近年来，以青少年为主体的"未来星期五"（Fridays for Future）以及"最后一代人"（Letzte Generation）和"反抗灭绝"（Extinction Rebellion）等环保抗议活动均十分活跃，后两个运动的积极分子时常采取一些过于激进甚至是极端的抗议行为。第二类是右翼民粹或极右翼运动。尽管德国在战后不断清算极端主义思想，但极右翼思潮始终拥有一小部分社会土壤，而两德统一以及超级全球化进程带来的社会问题推动了右翼民粹和极右翼势力的发展，极右翼社会运动宣扬传播民族主义、种族主义、排犹主义、反伊斯兰主义和反民主体制的极端思想，这其中形成了较强声势的是"爱国欧洲人反伊斯兰化运动"，该运动抗议德国政府的移民和避难政策，反对欧洲社会的伊斯兰化，其性质介于右翼民粹与极右翼运动之间，在东西部地区都吸引了大量人群参加示威抗议活动，不少人更多是出于对统一之后社会现实的不满才参与其中。第三类是左翼抗议运动。以工会为代表的左翼力量在德国历来有组织街头抗议的政治传统，不定期组织罢工运动，每年"五一"期间则在一些大城市组织示威游行，或组织公民请愿运动、"占领运动"、反七国集团运动以及反资本主义游行等，将主要矛头指向资本主义和全球化的制度性弊端，提出具体的左翼政治诉求，例如要求将房地产企业收归国有等，这其中，Attac反全球化运动等左翼运动的组织程度相对较高。除了这三类运动，还有一些社会运动难以界定具体的属性，例如在新冠肺炎疫情期间反对政府防疫措施的"横向思维"运动，以及斯图加特民众反对本市铁路交通重组工程的"斯图加特21"运动，这些运动更多是因为对政府某项具体政策的不满而发起的，同样也会持续较长时间并造成一定的社会影响力。

（二）社会运动给政党政治带来的挑战

社会运动可以催生新的政党成立，不少德国政党都是从社会运动走向组成政党，或者从社会运动中获得建党动力。历史上，德国社民党和共产党均发源于早期的工人运动，并与工会保持紧密联系。① 而20世纪70年代以来的反核能环保运动则催生了一批环境保护党的建立。1977年5月下萨克森州政府宣布建造核废料堆放及处理站，这一决定迅速在可能被选为核废料堆放及处理站的地区引起强烈反应，下萨克森州民众当即成立了下萨克森州环境保护党，这也是德国第一个联邦州层面上的绿党。在1977年秋该州执政的社民党和自民党在各自党代会决议中支持发展核能之后，加入下萨克森州环

---

① Jasmin Siri, „Von der Partei zur Bewegung? Stand und Perspektiven einer politischen Vergesellschaftungsform", *Aus Politik und Zeitgeschichte*, Vol. 68, No. 46-47, 2018, p. 27.

境保护党的人数迅速增加，同一时期其他各州纷纷建立起以保护生态及环境为目标的组织和政党，绿党正是在反核能运动兴起的背景下应运而生。这些政党在建党初期多植入社会运动的因素，依托社会运动的力量发展壮大，甚至可能成为社会运动在议会和政府内表达其理念和利益的代言人。

不过，社会运动的勃兴给政党带来的挑战多于机遇，组织结构松散的社会运动带给政治文化和政治博弈更多不稳定性，导致政治基础发生力量转移，政治博弈环境发生极大变化，政治力量不再主次分明，而是日益多元化、碎片化，政党的政治和社会动员功能被极大削弱，西欧代议制民主体制民主政治的组织结构发生显著变化，传统政党遭遇生存挑战。各种全新的政治组织形式获得较大生存土壤和发展机遇，尤其是社会运动形式灵活，可以针对具体事由临时发起倡议行动，对参与者的约束力低，为普通民众带来更加直接且便捷的政治参与体验和意见形成渠道。在当前信息技术革命和社交媒体普及的背景之下，创新的政治动员方式和民主参与工具不断涌现，政党在政治生活中作为政治代言人的功能遭到极大削弱，在公众中的信任度下降，日益为相对松散的社会运动所取代。在新兴社会运动中，政治"素人"有机会成为公共意见领袖和魅力型领导，核心人物凭借新媒体的传播和粉丝的支持而非政党的组织工作积聚人气，这一现象在西方各国日益普遍。

作为这一发展动向的结果，政党在政治生活中的地位和作用下降，组织动员能力削弱，社会基础日渐松动。[①] 对此，政治学者穆勒（Henrik Müller）指出，"政治市场"的竞争加剧，参与门槛降低，不再需要复杂的组织结构和长期的联系纽带，这些因素有利于社会运动的组织动员，带动西方民主经历根本性的结构转型。[②] 在法国、意大利等欧洲国家，社会运动对于政党的弱化作用尤其明显，直接导致传统政党体制濒临瓦解，新型政治组织形态不断涌现，马克龙在退出法国社会党之后发起"共和国前进"运动，借助新兴社会运动的爆发力成功上台执政，而法国社会党这一传统政党日渐式微。德国政党同样不能免于这一转型过程，全民党的处境即为传统政党发展现状的一个缩影，德国大多数政党均受到极大冲击，政治影响力普遍下降。根据政党学者的统计数据，1980年德国符合入党年龄的人口当中有4%的人加入了

---

① Uwe Jun, „Parteien und Parteiensystem der Bundesrepublik Deutschland", *Informationen zur politischen Bildung*, Vol. 328, Iss. 4, 2015, p. 72.

② „Strukturwandel. Brauchen wir noch Parteien? ", *Spiegel*, https://www.spiegel.de/wirtschaft/soziales/bundestagswahl-2017-brauchen-wir-noch-parteien-kolumne-von-henrik-mueller-a-1166946.html.

某个政党，2019年这一比例降至1.7%，进入联邦议院的所有政党党员总人数则在1990~2019年从240万人减至122万人。① 与这一趋势相应，民众对于政党的信任度也从20世纪80年代的50%跌至2010年的29%。②

(三) 政党的调整与应对

为应对社会运动带来的挑战，传统政党日益加速转型，及时在多个方面积极调整应对，以期实现创新发展。

其一，调整纲领路线，顺应时代变化。社会运动的勃兴往往折射了经济社会结构以及选民社会心理发生重要变迁。一些欧美学者的实证研究结果显示，社会运动将某个争议性议题带入公共领域，通过抗议行动释放重要信号，引发关注和冲突发酵，体现了相关政治或社会问题的迫切性，一旦形成较大声势，该抗议运动所关注的话题或者核心诉求通常会引发政治精英的重视，被纳入政府和议会的议事日程。③ 政党同样会从社会运动中受到启发，吸纳其政治议题，回应社会运动反映出的社会结构或价值观的变化，对于本党的纲领意识形态或者方针路线进行适当调整。20世纪70年代以来德国各类新社会运动兴起，为适应社会思潮的趋势，社民党在纲领中吸收文化自由主义和环境保护的思想。近年来青少年环保运动方兴未艾，也促使几乎所有政党在竞选纲领和立场文件中提出更多生态环境保护方面的政策设想。

其二，创新组织动员方式。联盟党、自民党等历来强调核心领导结构的传统右翼政党也日益注重借鉴社会运动的成功模式和经验做法，重视提高民主政治生活的透明度，主动推行政治讨论文化，召开地区性大会，开展公民对话。与此同时，政党也纷纷借鉴社会运动通常使用的直接民主、参与式民主和协商式民主程序，利用互联网尝试各种民主参与工具和民主参与实验，在党内有争议的事务上采取基层投票或基层推选候选人的形式，高层政要在竞选中注重通过在街头或市民活动中心发表演讲拉近与选民的距离，并通过新媒体维系与公众的直接沟通。此外，一些新兴小党的组织运作模式较之传

---

① Oskar Niedermayer, „Parteimitglieder in Deutschland: Version 2020", *Arbeitshefte aus dem Otto-Stammer-Zentrum*, Iss. 31, 2020, pp. 2, 6.
② „Strukturwandel. Brauchen wir noch Parteien? ", *Spiegel*, https://www.spiegel.de/wirtschaft/soziales/bundestagswahl-2017-brauchen-wir-noch-parteien-kolumne-von-henrik-mueller-a-1166946.html.
③ Swen Hutter et. al, „Soziale Bewegungen im Zusammenspiel mit politischen Parteien: Eine aktuelle Bestandsaufnahme", *Forschungsjournal Soziale Bewegungen*, Vol. 32, No. 2, 2019, pp. 163-177.

统政党发生较大变化，其背后同样有社会运动和社会环境的影响因素。

其三，加强与社会运动之间的互动。一些政党有意识参加体现本党特色的社会运动，借助社会运动的力量扩大影响力。选择党就与"爱国的欧洲人反对西方伊斯兰化"运动开展过合作，部分右翼保守的高层党要出席过该运动的集会活动。而在各个政党中，左翼党与社会运动之间的关联最为紧密，左翼党成立之初就立足于抗议党的定位，通过街头斗争加大对政府施压力度，从而将政党政治与社会运动的政治动员方式结合起来，同时在议会内和议会外这两个政治博弈场所进行组织动员。不少左翼党成员积极参加各类左翼抗议运动，例如和平反战游行、反七国集团游行、反全球化游行、公民请愿运动、"占领运动"以及地方自治运动等，提出左翼色彩浓厚的政治诉求，其中也不乏一些游走在法治国家边缘的激进行动。曾任左翼党联邦议院议会党团主席的瓦根克内希特甚至于2018年9月发起名为"站起来"（Aufstehen）的左翼集结运动，效法法国左翼领导人梅朗雄，召集和吸收对本党失望的社民党党员、左翼绿党和部分左翼党人士开展全民草根运动，在官网上广泛招募支持者，集结动员对现有政治和政党不感兴趣的人群，就左翼人士共同关切的社会议题展开公共辩论，持续从社会运动中寻找发展动力。不过，从其整体规模来看，这一左翼集结运动的社会影响力有限。

三　重要历史进程与政党格局的重塑

重大历史进程和重要历史事件带来政治、经济和社会领域的时代变化，催生新的社会分歧的形成和新兴政党的勃兴，同时促使已有政党不断调整和适应时代精神以及新的政治与社会现实。这些重要历史进程既可能发生在国内层面，也可能出现在欧洲层面，甚至是在全球层面，其中，两德统一、欧洲一体化、欧洲难民危机以及全球气候变化这几个历史性趋势进程均给德国普通民众的日常生活带来直接而深远的影响，也因此在极大程度上推动和加剧了德国政治文化与政党格局的嬗变。

（一）两德统一

1990年10月3日民主德国加入联邦德国，两德统一对于德国政治、经济、社会、文化等各领域均带来深远影响，统一后的德国结束了战后数十年的分裂状态，走出了历史阴影，从战败国家转型为欧洲中等强国，国家权力资源发生实质性变化,在政治和外交上日益自信,大多数德国人对柏林墙倒塌、德国实现和平统一评价积极。不过,德国在战后经历40年的分裂,两个德国采取完全对峙的政治、经济与社会体制,统一的机遇来得相当突然,并且无先例可循,东部地区经历了旷日持久的巨大转型过程,尽管生活水平有了显著提升,但迄今东西部之间不仅在基础设施建设、收入和养老金水平、就业率、经济活力、科研和创新等各方面长期存在较为明显的鸿沟,而且在政治与社会生态上仍旧表现出极大的差异性。

　　两德统一之后,东部地区完全照搬了联邦德国的政治、经济和社会体制,实现了计划经济向社会市场经济的转轨。德国政府为促进东西部之间的融合投入了巨大人力、物力、财力,根据联邦议院的数字,截至2018年德国政府向东部的净转移支付累计达到1.6万亿欧元之巨。① 时至今日,东部地区的收入和养老金已向西部水平靠拢,东西部在经济发展水平和生活水平上的差距逐渐缩小。不过,在东部国有企业全盘私有化的过程中,大批工厂倒闭,失业人员激增,东部一些繁华城市并未有明显的东西部经济落差,但在偏远地区这一差异巨大。东部平均失业率高于德国平均水平,青年失业率长期居高不下,在德累斯顿附近的一些城镇,官方公布的失业率一度超过20%,大规模失业现象导致乡村人口大量外流,年轻人就业前景黯淡,纷纷选择迁徙到西部地区。

　　两德统一也给东部的文化和社会心理带来不少负面效应,东部民众对于统一后的发展现状一度非常失望,甚至曾经兴起怀旧情绪,加深了东西部德国人之间的隔阂。两德统一给东部地区带来独特的政治与社会生态,导致东西德的融合进展相对缓慢。首先,社会现实与东部人的高期望值之间有较大的落差。统一后,西部将其宪法、法律、规章制度和政府机构等原封不动地全部扩展到东部,东部地区全盘接受联邦德国的政治体制和行政法规,但东部人并没有迅速过上科尔总理承诺的安定富足的生活,使部分人心理不平衡,产生"二等公民"和"头脑中的柏林墙"的感觉,继而产生抵触情绪,并表现出强烈的怀旧心理。其次,东部人对于民主制度的信心不足。在统一后进行的清理运动中,东部地区不少高校教师和公职人员被解雇,受意识形

---

① Georg Ismar and Hans Monath and Cordula Eubel and Thorsten Mumme,„30 Jahre nach dem Mauerfall: Wie es um Deutschlands Einheit bestellt ist", *Tagesspiegel*, https://www.tagesspiegel.de/politik/wie-es-um-deutschlands-einheit-bestellt-ist-4105855.html

态影响大的专业系科被关闭或者彻底改组重建，许多西部教授被聘用到东部，清理运动挫伤了原东德人的积极性，使其对民主自由制度产生了疑虑。最后，东部地区多次发生针对外来移民和穆斯林的极右翼排外事件。德国政府关于两德统一事业进展的年度《统一报告》多次指出，东部地区频繁发生新纳粹和极右翼仇外事件，威胁社会和平与稳定，并给东部地区的经济发展带来消极后果。在欧洲2015年爆发难民危机之后，德国一度盛行右翼保守和反移民的"爱国的欧洲人反对西方伊斯兰化"运动，其主要活动范围位于德累斯顿、莱比锡等东部地区。与此相应，东部选民的选举行为更多表现为对于东部过去的怀旧主义，或者是对于现实政治的失望、不满乃至强烈抗议。

在两德统一的过程中，整个德国政党体制的转变相对温和，主要变化在于西部政党结构模式扩展到东部，并且新增了民社党这一政治竞争对手，而德国政党体制也由两大阵营对峙的四党制过渡到五党制。不过，东部地区独特的政治与社会生态无疑对于整个政党格局的重塑产生了一定影响，导致各个政党在地区力量分布和发展方面表现出极大的东西部差距和不平衡。

从党员分布来看，大多数进入联邦议院的政党在西部的党员人数均远远超过在东部地区，只有左翼党是特例。左翼党的绝大多数党员来自东部地区，从党员地理分布而言其是一个地区性政党，已经发展成为东部地区利益代言人，一度成为东部地区的全民党，但是该党在西部地区的组织基础薄弱。在两德统一之时，社民党未能及时抓住历史机遇扩大影响力，只在东部扩建本党的基层组织结构，在五个新联邦州的党员总数只有区区2万余人，占该党党员总数5%左右，凸显该党在东部发展严重失衡。基民盟在萨克森州和图林根州党员发展情况相对较好，但整体较之西部要薄弱。

从招募新党员的能力来看，各个政党当中社民党和绿党在东部地区招募新党员的能力最差，而基民盟、社民党、绿党和自民党等各个政党在东部各州招募新党员的能力普遍远远低于在西部，只有左翼党和选择党在东部招募新党员的能力更强。

从民意支持率来看，东西部政治版图差异巨大，主要政党分化明显。基民盟在东部各州整体发展势头不及在西部，但在萨安州、萨克森州和图林根州基本维持了第一或第二大党的地位。社民党在梅前州和勃兰登堡州发展势头较好，甚至作为主要执政党领导州政府，但在萨克森州、图林根州和萨安州的民调支持率不到10%。绿党和自民党在东部地区的支持率都仅有个位数，尤其自民党在好几个东部州都无法突破5%的议会门槛。与这几个政党形成较大反差的是选择党和左翼党。其中，民社党在2007年转型成立左翼党之前始终是东部的地区性政党，1998年首次进入联邦议院，自2005年之后始终保持联邦议院内政党的地位，民社党及其后续的左翼党选择深耕东部，在东部影响力明显超过西部；而选择党在东部地区的发展更为迅猛，大有取代左翼党成为东部全民党之势，2023年其在四个东部州均已跃升至民调第一，在萨安州其支持率也直逼基民盟。

（二）欧洲一体化

欧洲一体化进程自1952年欧洲煤钢共同体成立至今，不断打破旧有民族国家的界限，在成员国之间建立起无内部边界的空间，实现区域共治，促进成员国经济和社会的协调发展，以期实现欧洲和平与安全，并有效整合资源，提升欧洲整体实力及其在全球范围内的地位。德国希望打消周边邻国对于德国战后发展与崛起的顾虑，因此在战后实质性开启欧洲一体化之初就选择在欧洲一体化的框架内发展自身，其始终作为欧洲一体化进程的"发动机"发挥作用，历届政府都将欧洲政策作为德国外交政策的重要支柱，坚信只有加强欧洲的深化与联合，才能有效地维护自身利益。1993年欧洲联盟成立之后，欧洲一体化经历新一轮深化与扩大进程，建立起统一的内部大市场，实现商品、服务、资本、人员的自由流动，实行共同外交和安全政策，逐步建立起经济与货币联盟、政治联盟以及社会联盟，其成员国数量经过历次扩大进程，也从1952年欧洲煤钢共同体的六个扩员至二十七个。时至今日，欧盟已经发展成为欧洲国家政治和经济利益代言人。欧盟超国家治理结构和跨国组织的发展导致形成新的决策层面，拓展了国家治理的政策空间。与此同时，随着欧盟从成员国让渡获得的权限越来越多，欧洲联盟在政治、经济、外交、安全、社会、教育等各领域所施行的政策与法规直接影响和渗透成员国公民日常工作与生活的方方面面，由此，欧洲一体化的实践也给德国政党拓展出了新的博弈空间和政策议题，为政党竞争带来了机遇与挑战。

欧洲一体化在欧洲引起的深远变革是有目共睹的，这一发展动向为德国政党带来了新的政治博弈空间。1979年欧洲议会首次举行普通直接选举，此后每5年举行一次，德国按照本国人口在欧洲议会拥有96个议席，不过欧洲议员并不按照国籍，而一般是按照政党归属分配席位，并决定所加入的议会党团，这一规定促使各国政党在欧洲层面加强跨国合作，同一政党家族在欧洲议会往往组成一个议会党团，例如欧洲各国的中右政党包括德国联盟党在欧洲议会中组成欧洲人民党党团，而各国保守疑欧的政治力量在欧洲议会多加入欧洲保守派与改革派等疑欧党团。经过历次对于欧盟成立条约的修订，欧洲议会获得了更多权限，包括部分立法权、监督权和预算审批权，地位明显提升，而自2014年欧洲议会选举以来，欧洲层面的政党开始推出"领衔候选人"，这些变化导致各国政党对于欧洲议会选举日益重视，政党活动出现了欧洲化趋势。

在1979年到2009年的欧洲议会选举中，德国对于进入欧洲议会的政党设置了5%的门槛；2011年之后小党上诉至联邦宪法法院并获得了支持，联邦议院在2013年10月将门槛调低至3%；后经19个小党及多位公民再次上诉之后，联邦宪法法院在2014年2月26日裁定3%的门槛违宪并予以取缔。由此，小党获得了进入欧洲议会的机会。2019年欧洲大选之后，七个德国小党进入欧洲议会，包括海盗党、德国生态民主党（ÖDP）、伏特党、自由选党、伏特党、派别党和动物保护党，尽管这些小党仅能派出1~2名欧洲议员，但大都选择进入较大的议会党团，从而保证了影响力的发挥。

欧洲议会选举为德国政党拓展了博弈空间，成为一些政要发挥政治影响力的新途径。在欧洲议会选举前，德国政党大多加紧与同一政党家族内的其他欧洲国家政党的沟通与联络，围绕欧洲一体化的发展方向等问题，利用选举机会加强在欧洲层面的联动和造势，希望通过跨国结盟来整合力量、提升影响力。在欧洲大选后，德国政党派出的议员可以加入欧洲议会内的党团，在2019年举行的最近一次欧洲议会选举后，欧洲议会调整成立了七个党团，包括欧洲人民党党团、社会民主党党团、欧洲保守派与改革派党团等，德国在其中规模最大的欧洲人民党党团以及绿党党团当中均为议员人数最多的国家，由此在欧洲议会的立法、审议与监督过程中相应发挥更大作用，表5-2列出了德国政党议员在欧洲各个议会党团当中的分布。

表5-2 2019年后欧洲议会中的德国政党

单位：人

隶属的议会党团	议员总数	德国政党	议员数量
欧洲人民党	176	联盟党	30
欧洲议会社会民主党进步联盟	144	社民党	16
欧洲复兴	102	自民党，自由选民	7

续表

隶属的议会党团	议员总数	德国政党	议员数量
绿党/自由欧洲联盟	71	绿党，海盗党，生态民主党，伏特党	25
认同与民主	64	选择党	9
欧洲保守派与改革派	64	家庭党	1
左翼党	38	左翼党	5
无党团	47	派别党等	3

资料来源：笔者自制，数据参见„Mitglieder je Mitgliedstaat und Fraktion"，*Europaparlament*，https://www.europarl.europa.eu/meps/de/search/table。

欧洲一体化发展过程中，从欧洲经济共同体发展到欧洲联盟，政策领域不断拓展，例如，如何看待成员国与欧盟之间的权限划分，如何加强成员国之间在经济、社会等各领域的协调，是否应当在欧盟层面推出统一的金融附加税或者最低工资标准，等等，对于这些涉及欧洲层面的问题，政党必须确立自身的政策立场，甚至可以从欧洲层面找到凸显自身能力和纲领特色的议题。而更为重要的是：一体化发展至今经历了各种大大小小的挫折，一直在危机中曲折前行，围绕支持和反对一体化的政治斗争也始终如影随形。仅仅进入21世纪之后，欧洲就接连遭遇国际金融危机、欧债危机、恐怖袭击、难民危机、乌克兰危机等重大打击，加剧了欧盟治理的难度。这一系列危机投射到国家层面，暴露出欧洲一体化的一些负面后果，既给成员国政府带来挑战，同时也激活了在欧洲议题上的政党竞争与分化，推动政党政治分野的裂变和新兴政治力量的上升。

这一点清晰体现在2011年的欧债危机之中。2011年南欧国家深陷债务困境，引发欧债危机不断发酵，欧盟在德国默克尔政府的主导下采取财政紧缩和救助措施，并逐步对欧洲经济与货币联盟进行改革，推出欧洲稳定机制、银行业联盟、欧元区改革等系列措施以提高抗危机能力。在这一过程中，无论是在接受救助还是在出资救助的国家，质疑欧元区乃至整个欧盟前途命运的疑欧情绪不断蔓延，各种欧盟崩溃论不绝于耳，在德国国内同样引发巨大争议。德国是欧盟最大的出资国以及欧洲稳定机制中承担担保金额最多的国家，部分德国民众对于政府的欧洲政策心生不满，不愿为其他深陷债务危机的国家买单，不希望德国财政救助在他们看来"挥霍无度"的南欧重灾国，担心欧债危机的蔓延会使得欧元区发展成为财政联盟和债务联盟，从而拖垮健康发展的德国经济，甚至有人上诉到联邦宪法法院提出违宪控告。

德国选择党正是在这样的背景下应运而生，利用一体化的困境，抓住部分民众的不安和恐慌心理，高举反对欧元的大旗对抗主流政治，聚焦是否应当向欧盟让渡更多国家主权等欧洲议题形成疑欧派的特色，逐渐在德国政坛形成声势。选择党作为一个聚焦欧洲议题的政党，今后仍可以源源不断地从欧洲一体化进程中的各种危机症状以及争议性话题中获得新的发展动力。

随着欧洲一体化渗透各国政治、经济与社会的方方面面，德国主要政党也不断发展和完善对于欧洲问题的基本政策立场。在欧洲一体化的大方向上，联盟党、社民党、自民党和绿党均为坚定的"亲欧派"，强调支持欧盟深化与扩大的整体方向，普遍支持维护并进一步发展欧洲经济与货币联盟、共同安全与防务政策等一体化迄今为止的主要成果，希望建设强大的欧洲，而左翼党和选择党的欧洲政策主张相对"非主流"。这几个政党在欧洲政策上的议题重点各有不同，在具体问题上也存在明显的立场差异。

其中，联盟党在经济领域主张增强欧盟内部大市场和欧元区的功能，具体要求是提升欧盟委员会经济与货币事务专员的作用，加强欧洲技术创新；在安全防务领域，主张加强欧洲防务联盟和永久结构性合作机制框架，支持建设欧洲军队，要求保护欧盟外部边界，加强欧洲各国安全部门在信息交换等方面的合作；在移民政策领域，支持改革欧洲难民体制；在文化领域，主张加强欧洲认同、保障传统文化和欧洲的文化多样性。

自民党在政治领域主张推动欧盟机构改革，设立共同的欧洲外交部长，压缩欧盟委员会的规模，赋予欧洲议会以立法动议权，主张通过改革和透明化增强欧盟凝聚力，加大公民对欧洲事务的参与，同时，主张建立"双速欧洲"，即有意愿者先行；在经济领域，要求欧盟在贸易、内部大市场、数字化等领域制定更多共同规则，主张扩大欧盟的排放交易体系，建议将在应对欧债危机过程中设立的欧洲稳定机制转变为欧洲货币基金组织；在安全防务领域，主张建立共同的欧洲外交与安全政策，创建欧洲军队，加强欧盟边界防护。

社民党在政治领域主张扩大欧洲议会的职权，提高年轻人对于欧洲事务的兴趣；在经济领域，主张为欧元区设立经济政府，建立有数字主权的欧洲，在保障德国和欧洲的技术和价值链方面加强协调，投资交通基础设施、高速互联网和教育领域，加大各国征收企业税方面的协调；在安全防务领域，要求加强欧洲防务联盟建设。

绿党可谓德国主要政党当中最"亲欧"的政党，在政治领域，主张深化欧盟的职责范围，推动决策机制改革，建立新的欧盟机构，加强欧洲议会民主监督的职能，并积极应对民族主义和民粹主义升温趋势；在经济领域，主张完善欧洲银行业联盟，同情南欧国家，呼吁发行相互担保的债券，扩大欧洲共同预算，主张欧洲中央银行引入数字欧元，要求加大投资保障工作岗位和环境保护。值得一提的是，联盟党和自民党强烈反对财政一体化，反对通过诸如"欧元债券"等欧洲层面的财政计划使欧盟蜕变成为"转移支付联盟"，而绿党和左翼党均更有意愿与南欧国家分担风险。

左翼党在政治领域要求重启欧洲联盟，改革欧盟成立条约，主张欧盟立宪；在经济领域支持跨国合作，主张为希腊削减债务，终止欧洲与其他经济区签订自由贸易合约，要求扩大社会福利和劳工权益，征收欧洲金融交易税，规定企业最低税率，要求欧洲央行接受欧洲议会的民主监督；在安全防务领域，要求终结欧洲层面的永久结构性合作机制等军事防务合作计划，终止军备出口。左翼党在欧洲政策上的政治诉求与其对国内政治的要求一脉相承，不过是将本党在社会-生态改造、再分配以及和平政策方面的整体构想由德国推广至欧洲层面。

选择党在政治领域要求重新考虑欧盟未来的发展方向，维护民族国家的主权，反对"欧罗巴合众国"的构想；在经济领域，主张德国退出欧元区，重新引入马克，并成立一个新的欧洲经济共同体，反对欧洲与加拿大或者其他经济体签订自由贸易协定；在安全防务领域，反对联邦国防军执行海外任务；在移民政策领域，主张欧盟执行更严格的移民、难民和边境政策。如今，选择党调整了其欧洲政策立场，不再明确要求解散欧盟，而是强调保留欧洲经济一体化的成果，聚焦内部大市场的核心职能，在政治、外交、安全和移民等政策领域则聚焦打造欧洲"堡垒"，竭力主张在欧盟中增强国家主权，主张建设一个由主权国家组成的经济与利益共同体。

（三）欧洲难民危机

2015年夏季以来，在欧洲多国政府向难民关上国门之时，德国主流社会选择奉行宽容自由的难民政策和欢迎文化，约有2/3的德国人支持本国政府接收更多难民的决定。仅在2015年一年，德国就接纳了110万名主要来自伊斯兰国家的难民，难民接收的数量和速度突破历史记录。难民涌入之初，多数德国人出于道义的考虑，对于处境艰难的难民普遍抱有同情之心。在2015年8~9月，从宗教组织、人权组织到普通民众，德国举国为难民提供志愿帮助。

然而，随着涌入德国的难民数量日益突破预期，德国社会当中积累的压力慢慢接近极限，地方政府不堪重负，难民接纳和安置能力达到上限，与难民联系在一起的公共治安问题日渐浮现，与难民有关的犯罪案件频繁发生。2015年12月31日除夕跨年，科隆等若干大城市发生上千人参与的偷窃、抢劫和性侵案件，且这些案件被证明与难民及移民密切相关，这极大地震动了德国社会。此外，2015年以来欧洲发生多起宗教极端主义暴力恐怖事件，其疑犯都曾在德国登记为难民身份，这些事实均造成了恶劣的社会影响。从科隆事件开始，德国民意对是否接收难民的态度出现了明显的转向，排斥难民的声音不再仅仅出现在右翼民粹阵营，而是广泛出现在普通民众当中，关闭边界、加速不符合避难条件难民的遣返、限制非法移民、收紧避难政策的呼声日益高涨。在这之后，德国政府也开始调整难民政策，力图将之前的无序涌入转为有序进入。

大量难民的到来不仅引发难民与本土公民之间在公共资源领域的分配冲突，而且与数十年以来始终未能妥善解决的穆斯林移民融入问题勾连在一起，引发了诸如伊斯兰文明与基督教传统影响下的西方文明是否相容，穆斯林移民是否有能力和有意愿融入德国主流社会等诸多问题的争议，加剧了德国社会中围绕文化价值观展开的冲突。

难民危机带来的各种后果在德国社会渐次发酵、升级，德国政局出现剧烈振荡。这种振荡即便在欧债危机最为严重之时都不曾有过，民众对于政府的不信任显著加深。联盟党和社民党未能充分估计到大规模难民的涌入给德国政治、经济和社会带来的复杂影响，过于乐观地预判了形势，在难民危机中面临内政外交的多重压力后，执政党之间在难民政策上争执不断，欧洲解决方案遥遥无期，引发民众普遍担忧难民问题会彻底改变德国社会，对执政党联盟的信任度下降到低点，极右翼和民粹势力借机煽动排外民意。难民危机直接冲击德国的政党竞争，带来的影响既有短期的，也有中长期的，主要变化表现在以下几个方面。

其一，德国主导的社会分歧从左右分野转向"开放-划界"。围绕着劳资分歧的左右政治分野转向"开放-划界"之争，这一转变自21世纪以来在其他欧洲国家就表现得非常明显，德国政党政治则是在经历了难民危机之后才出现这一现象，从而契合了欧洲其他国家的发展变化。选民更为明确地从中间地带流动到代表了开放和划界的清晰两极：世界主义者支持全球化，而社群主义者试图逆转全球化。难民危机深刻地影响、分化和改变了德国社会，德国人在国内政治中越来越多地关注难民激增现象的后果及其应对方法，讨论对于外来人口应当采取多大的开放度，支持和反对难民的立场截然对立。支持者体察难民的困难处境，从人性道义的立场出发欢迎难民的到来，为难民捐赠衣物和日用品，义务提供德语语言培训；反对者将难民视为安全威胁，担心外来难民干扰本土居民的自由生活，忧心欧洲社会伊斯兰化的风险。从短期来看，数量众多的难民突然而至，对于承平已久的德国社会产生极大的冲击，外来难民和本土居民在共同相处过程中的摩擦和冲突直接影响了社会治安，难民当中的犯罪现象成为公众舆论关心的问题；从中长期来看，难民给德国社会人口结构带来显著变化，难民的文化与社会融入也将对德国社会产生持久的后果，成为德国社会长期面临的任务和挑战。

其二，右翼民粹政党借助难民危机这一历史机遇实现突破。可以毫不夸张地说，如果没有 2015 年以来的难民危机，右翼民粹和极右翼力量在德国是无法借势迅速扩大影响力的，德国战后针对极右翼势力共同构筑的"防火墙"也不至于被攻破。出于历史原因，对于一切有排外主义、民粹主义和种族主义倾向的言行，德国主流社会都会基于"政治不正确"而合力进行口诛笔伐，避免社会风气受到毒化。然而，伊斯兰国家的移民带来了新的文化特质，对社会团结提出新的挑战。主流社会对于穆斯林移民群体的认知也会由于缺乏接触和了解而走入误区，容易将少数现象推而广之，产生畏惧感和防御心理。选择党借着难民危机的有利时机，成功传达了部分保守人群的焦虑和反对意见，积极联络"爱国的欧洲人反对西方伊斯兰化"运动，不断动员敌视难民的民意，制造敌视难民的舆论，以扩大自身影响，时任选择党党主席甚至主张在必要情况下允许在边境向难民开枪。难民危机的集中爆发帮助选择党遏制了由于党内高层分裂带来的下滑趋势，使其成为难民危机中最大的赢家。在难民危机中，选择党先后进入多个联邦州，2016 年 2 月，在主要执政党支持率下滑的同时，选择党的支持率攀升至历史高位。①

其三，中右政党内部围绕难民政策出现严重分歧。围绕难民政策的意见分歧和矛盾冲突并不主要出现在执政联盟与反对党之间，而是集中表现在主要执政党内部，并最为明显地体现在时任总理默克尔与党内高层尤其是与基

---

① „Deutschland TREND: Zustimmung für Merkel und Union bricht dramatisch ein", *Die Welt*, 03. 02. 2016.

社盟高层之间。默克尔奉行政治中间路线，追求支持率最大化的目标，这促使其选择政策路线时表现出跨越政党传统议题和传统立场的倾向，在某些议题领域的政治内涵接近社民党和绿党。在难民政策领域，默克尔就与社民党及绿党之间存在诸多共识，而与联盟党内高层尤其与移民政策立场更加保守的基社盟之间分歧明显。在难民危机何去何从的决定中，默克尔选择了捍卫避难的基本权利，坚决宣称"我们做得到"，拒绝给接收难民设置上限，对于难民的宽容和欢迎文化成为默克尔不容商榷的政治正确。随着难民危机的进一步发酵，保守阵营的支持者在减少，质疑与调整呼声日益高涨，基民盟联邦议员公开抱怨高层对于基层的意见充耳不闻，该党议会党团对于默克尔的难民路线也普遍持抵触情绪。

其四，左翼政党对于社会文化领域的新动向难以形成特色优势。在"开放-划界"问题上，社民党党员和支持者的相关立场分裂，左翼政治精英宣扬世界主义思想，而不少过去一直投票支持社民党的选民拒绝接受开放边界的思想，对于难民的涌入尤其是来自外来低薪劳动力的竞争忧心忡忡，社民党对于这一争议性问题无法给出清晰的回答，无法主导政治辩论话语，导致该党向选择党流失大量支持者。左翼党同样无法从难民危机中获益，传统的左翼党支持者质疑福利国家的融入能力，担心自身利益在难民冲击下受损，转而支持选择党。面对这一动向，左翼党党内就避难政策议题争执不下，高层主张宽松的避难政策，部分政要则尝试抓住移民议题与选择党争夺选民，反而助推移民冲突持续成为主导性话题，导致选择党进一步从中受益。

其五，德国政治稳定性明显遭到破坏。自21世纪以来，欧洲接连遭遇国际金融危机、欧债危机、恐怖袭击等重大打击，欧洲各国人民对恐怖主义、文化冲突和经济滑坡的担忧相互叠加，社会分裂与冲突经过数十年的积聚，在难民危机的刺激下趋向表面化，德国首当其冲遭受难民危机的冲击，长期以来作为欧洲政治稳定锚的作用逐渐弱化，在这一过程中，建制派政党普遍受到冲击，政党体制加快深层转型。更为重要的是，德国在难民危机过程中难以发挥欧洲领导力。由于中东欧国家的坚决抵制，德国难以在欧盟层面推进难民机制的改革，促成统一的欧洲避难政策，各国之间围绕难民摊派机制等问题龃龉不断，反过来进一步影响了德国国内政治的稳定性。

总体而言，德国的政治精英对于宪法第16a条规定的避难基本权利存在共识，不仅社民党、绿党和左翼党等以社会公正为纲领特色的左翼政党积极主张开放边界，安置和融入难民，就连长期否认德国为移民国家的保守的联盟党也在难民危机中坚持了避难基本权利。然而，随着难民危机的不断发酵，各党之间、执政联盟甚至是执政党内部不再团结一致，对于难民和移民政策出现了较大分歧。

联盟党的难民和移民政策远不及选择党或者绿党清晰明确。联盟党历来的优势是实用主义的治理能力，而不是依靠复杂的意识形态话语，在劳资分歧中也更多定位为中右翼。在移民和难民问题上，联盟党内同样传递了相互矛盾和模糊的立场，在默克尔宣布开放边界政策的同时，党内也存在收紧移民政策的声音，而默克尔政府也在国内和欧盟双重层面的双重压力下不断调整政策重心，加强边界控制、采取遣返措施和加大对非法移民的打击力度，强调通过与南方国家的发展援助合作从根源上解决难民问题，并立法吸引更多来自国外的技术工人。

基社盟与默克尔之间围绕难民议题一度关系紧张。基社盟长期在巴伐利亚单独执政，本身的政治主张就比基民盟更加保守，而此次难民潮的多数难民都是沿着巴尔干路线，从南部的巴伐利亚州进入德国，该州首当其冲承受压力，导致各级政府不堪重负。在这一形势下，基社盟要求德国改变难民政策路线，设置每年 20 万的难民人数上限，在边境全面引入控制并直接拒绝接受难民，同时把重心放在已接收难民的融入工作上，彼时担任巴伐利亚州财政部部长的索德尔主张修改宪法规定的避难权。默克尔与基社盟之间曾经的默契配合不复存在，时任基社盟主席、巴州州长泽霍费尔（Horst Seehofer）数次威胁将默克尔政府告到宪法法院。党内分歧导致联盟党并未因为领导处理难民危机而加分。

社民党在避难政策上总体宽松，也在很大程度上导致大联合政府内部同样难以形成统一意见。联盟党执掌的内政部在难民危机发酵过程中一步步收紧避难政策，希望限制对叙利亚难民的避难保护，仅给予其辅助性保护，且不打算立刻一次性给予 3 年的居留许可，而是先给予 1 年的短期居留，不自动给予家属来德国团聚的权利，但这一提议遭到社民党以及其他各党的激烈反对只能收回。联盟党和社民党之间还在难民接收上限以及是否设立难民收容中转区等技术问题上争执不下。这虽然不能算得上是真正的破裂，但执政联盟的不稳定动摇了民众对于政府的信心。而社民党在避难政策上的定位与其部分传统支持者的需求并不相符，社民党的不少支持者担忧外国人在低收入工作领域形成竞争，因其诉求在社民党的政策立场中无法得到响应，转而支持选择党。而社民党在适应新技术革命和数字化时代等新的经济现实方面缺乏创新构想，更多只是在重复诸如低收入者生活保障等方面的传统主张，在难民危机过程中继续陷入低迷状态。

左翼党的避难政策十分激进，坚决主张开放边界，与南方国家合作进行难民问题的源头治理，主张在欧盟外部边境保障难民得到法律保护和救助，保障难民家属团聚的权利，要求中止遣返被拒难民的做法。该党主张取消欧盟统一难民政策，要求所有成员国接收难民，并根据各自经济能力决定接收规模。

自民党奉行自由主义思想，原本应当是支持世界主义和开放立场的当然代表。然而，自民党在移民这一争议性问题上传递出的信息比较混乱，既发出了不少自由主义言论，主张通过技术移民来解决德国劳动力紧缺的问题，又力图取悦其传统票仓中的保守派选民，难以旗帜鲜明地支持宽松的避难政策，因而顾此失彼，无法赢得具有世界主义理念的选民支持。

除了选择党，绿党是当前德国社会分歧转型的另一个受益者。过去，绿党一直受到现实派和激进派之间内部斗争的困扰，聚焦征收财产税、富人税等再分配领域的议题，在民意调查中的表现不尽如人意。在淡化再分配的政治主张之后，绿党反而可以留住经济状况良好的支持者。自难民危机以来，绿党前后一贯地主张世界主义、人道主义的定位和宽松的移民政策，坚持向难民和移民开放边界，主张多元文化主义的社会，主张促进外来移民更好融入德国社会，发出拒绝选择党的明确信号，事实上在"开放-划界"这一组新的社会分歧和政治分野中其成为选择党最有力的抗衡力量。

选择党在避难政策上是德国主要政党当中的异类，该党主张在移民政策领域进行范式转换，认为欧洲应当效法特朗普治下的美国，推出移民问题全球契约，要求严格限制一切向欧洲的移民，加强外部边界安全，主张成员国应当收回避难和移民政策的管辖权和主导权，认为欧盟最多只能在加强难民遣返方面提供帮助。

（四）全球气候变化

气候变化与环境保护和能源结构息息相关，传统的化石燃料导致温室气体排放，是迄今为止造成全球气候变暖和气候变化最主要的原因，能源结构的变革同样成为世界各国的普遍共识和共同推动的进程。近年来，全球范围内的极端天气现象与日俱增，并与环境难民、粮食安全等一系列问题交织，引发全球性的负面后果，气候变化被世界各国视为21世纪人类在可持续发展领域面临的最为重大的挑战之一,气候变化和环保议题再度回归公众视线,生态环境保护运动在全球方兴未艾,始于 2018 年夏季的"未来星期五"青少年环保运动迅速风行欧洲,掀起新一轮气候保护热潮。与此同时,新冠肺炎疫情、俄乌冲突等突发重大事件导致欧洲能源供应短缺,令欧洲深切感受到能源及能源系统的脆弱,引发公众关于社会福利与生活质量下降的担忧。在气候变化、环境保护和能源危机等一系列挑战中,社会弱势群体首当其冲受到波及,气候正义的问题比以往任何时候都更加紧迫。

欧洲从 20 世纪 70 年代兴起生态环保运动,确立起较为成熟的可持续发展理念、生态治理模式和治理体系,环境保护具有深厚的社会基础。气候、环境和能源领域的危机助推生态保护成为各国民众普遍关心的问题和大选热点话题,欧洲各国政府纷纷将生态保护列为优先战略议程和施政重点,欧盟也拿出雄心勃勃的绿色新政方案,推进生态保护立法,计划 2050 年将欧洲打造成全球首个碳中和大陆,并将 2030 年温室气体减排目标从 40% 修订至 55%,计划将至少 30% 的多年财政预算和欧洲复苏基金资金投入生态保护和生物多样性项目,并提出一揽子政策措施,确保欧盟未来 10 年达到既定减排目标。具体包括改革和扩大欧洲碳排放交易市场的覆盖范围,将更多行业、企业和商品纳入碳交易体系,实施航空碳税、航运碳税、碳边境调节税等碳定价工具,加大对于环保创新技术的资金投入等。

德国在国际上历来享有环保先锋的声誉,在生态环境保护领域起步早、力度大、理念超前、成效明显。早在 1971 年,德国就已经对限制汽车废气排放提出了严格要求,80 年代中期开始试行垃圾分类回收制度。德国将环境保护作为国家任务写入《基本法》,自 20 世纪 70 年代开始出台环境保护政策,采取各种严格措施进行环境污染的综合预防和治理,致力于减少空气、水和土地污染,控制与降低噪音,并大力发展循环经济,不断优化对废弃物的回收和再生利用。2001 年德国政府出台可持续发展战略,2011 年将能源转型确立为国家目标,开始启动能源转型的一揽子计划,逐步淘汰核电站,加快向可再生能源系统转型的进程。为此,德国政府陆续推出《可再生能源法》《能源与气候综合计划》《2050 年气候保护计划》等相关立法,并将越来越多的行业领域纳入碳排放交易市场,推进二氧化碳定价工作。随着社会各界对生态环境保护问题日益重视,德国也不断上调中长期生态环境保护目标,具体目标包括 2022 年退出核能利用(实际于 2023 年 4 月完成),2030 年可再生能源发电量占比达到 80%,2030 年温室气体净排放量与 1990 年的水平相比减少65%，2035年退出燃油车使用，2038年退出煤炭使用，2040年温室气体净排放量与1990年的水平相比减少88%，2045年实现碳中和，等等，这其中的不少目标甚至高于雄心勃勃的欧盟生态环境保护目标。鉴于此，德国是全世界最具生态环境保护雄心的国家之一。

德国民众较早认识到环境问题的严重性，环境保护意识深入人心，因此德国政党普遍重视环境与气候议题，气候变化带来的全球性挑战和生态环境保护较早成为跨越党派界限的政治共识，已被纳入多数主要政党的竞选议题和原则纲领，并被列入执政党的执政纲领。随着极端天气增多和民众气候保护意识再度上升，各大政党也越来越多地关注气候、能源、环境的相关议题。比较2017年和2021年两次联邦大选的竞选纲领可以看出：绿党在2017年竞选纲领中有141次提及气候一词，2021年则有278次提及；左翼党2017年有57次、2021年有202次提及气候；就连选择党也从2017年有15次提及增加到2021年有40次提及气候，这一比较也从一个侧面凸显气候作为政治议题日益重要。① 主流政党普遍认为气候变化是21世纪人类面临的全球性挑战，普遍主张将经济增长与环境保护的目标结合起来，并将工业转型与环境保护领域的能源转型及环境转型联系在一起，希望将全球性气候变化转化成为加速经济社会绿色转型的机会，转变发展理念、优化发展模式，以环境保护为抓手，将减排和环保指标作为核心准绳，推动经济社会的生态现代化建设，以及能源、交通、农业、建筑等广泛领域的绿色转型。

在所有政党当中，绿党的气候政策最为详尽，在各个政策领域均提出具体的生态环境保护路径和措施。绿党自建党以来始终将气候变化、环境保护、可持续发展和清洁能源利用作为党的品牌核心，在环保领域始终拥有议题特色优势，不断顺应时代变化，拓展其生态环境保护思想的内涵，倡导"社会-生态市场经济"理念，主张以生态标准重新定义财富，对资本主义进行生态现代化改造。近年来，随着生态环境保护回归公众视野，绿党抓住这一有利时机，提出以生态环境保护为突破口引领新一轮经济和工业转型，再度成为时代潮流的代言人，迎来新一轮发展机遇。自2019年以来，绿党在环境、能源、农业、交通、基建等政策领域提出更多激进的环保目标，包括德国2030年温室气体净排放量与1990年的水平相比减少70%、2030年退

---

① „Die Wahlprogramme der Parteien zum Klima im Vergleich", *Tagesspiegel*, https://interaktiv.tagesspiegel.de/lab/bundestagswahl-2021-die-wahlprogramme-der-parteien-zu-klima-im-vergleich/.

出煤炭使用、2041年实现碳中和等。绿党主张将碳排放量和气候影响作为各项工作的关键评估标准，挖掘生态环境保护在创造"绿色就业"方面的新动力，大幅提高欧洲碳排放交易体系当中电力、工业和航空领域的碳价，以施压这些行业使用可再生能源并投资低碳技术。为实现环保目标，绿党提出了大量具体的实施建议，包括建议德国政府在今后10年间每年投资500亿欧元公共资金用于绿色转型，2030年前将公共短途交通客流量翻倍，2035年前投资1000亿欧元用于建造铁路网和火车站，等等。

联盟党在各种原则文件和竞选纲领中均将生态环境保护视为巨大挑战，反复强调温室气体排放导致气候变暖，给人类与自然界带来深远后果。该党在2011年执政期间启动能源转型，做出2022年关闭所有核电站的决定，在长期执政期间通过了大量生态环境保护立法和政策措施。联盟党认可德国官方各项生态环境保护目标，包括2030年、2040年和2045年的温室气体减排目标和2038年退煤目标，希望将德国发展成为头号氢能国家，主张扩大德国和欧洲的碳排放交易和碳定价范围，要求推进交通、农业等各领域的生态转型。

社民党自20世纪60年代就开始关注环境保护议题，1969年上台执政之时将环境政策列为新的政策领域。该党同样认可德国政府正式宣布的各项保护措施，但提出了更加具体的实施措施，例如要求在所有条件适合的房屋屋顶安装太阳能发电装置，扩建轨道交通和电动汽车充电桩，高速公路限速，至2030年至少要有1500万辆电动汽车上路，等等。此外，与该党社会公正的核心特色相符，社民党要求在推进气候保护和经济转型的过程中更多考虑转型带来的社会影响因素。

自民党1969年首次将环境保护作为竞选议题，2011年参与执政期间与联盟党共同启动能源转型，并做出核能下马的决定。该党与其他主流政党的最大区别在于首先强调欧盟标准，主张放弃更具雄心的德国生态环境保护目标，要求德国到2050年实现碳中和。在生态环境保护领域，该党看重技术创新对于环保的作用，并强调通过自由市场的激励机制来解决气候问题，具体的政策主张包括自主创新低碳技术，将碳排放交易拓展到所有领域，在工业生产中使用绿色和蓝色氢能，但反对高速公路限速和燃油车禁令。

左翼党将气候变化和气候危机视为21世纪的巨大挑战，要求大幅限制化石能源的使用，要求在欧洲范围内推进能源转型，加快推动《巴黎气候协定》的落地，主张能源供应国有化。在所有政党当中，该党提出的环保目标最具雄心、更加激进，包括要求德国2035年实现碳中和、2030年减排80%、2030年退出煤炭和燃油车的使用。然而，如何实现这些目标，左翼党所提措施要么不够具体，例如泛泛要求扩建短途公共交通；要么十分激进，例如要求在钢铁工业、航空和航运业只允许使用绿色氢能。此外，左翼党反对碳排放交易体系。

选择党的气候与能源政策与其他政党格格不入。该党质疑政府间气候变化专门委员会（IPCC）关于气候变化是由人类活动和温室气体引起等一系列结论与预测，不认同碳中和目标。与此相应，选择党要求德国退出《巴黎气候协定》，反对欧盟绿色新政，在能源政策上要求德国中止退出煤炭的计划，主张取消可再生能源法、恢复核电站运行并将核能作为主要能源之一，反对征收碳税，并拒绝执行德国政府在生态环境保护计划中规定的去碳化措施。

四 新科技革命与政治动员方式的变革

以数字化、网络化、智能化为主要特征的新一轮科技革命正在重塑全球竞争格局，具体到政治和政党领域，数字化和网络化趋势引发媒体乃至政治公共领域的深刻转型，社交媒体和新技术带来政治交流方式的变革，在数字化时代的民主参与以及竞选过程中发挥日益重要的作用，新的政治行为体不断涌现，引领政治组织动员形式的变革，而政党也日益关注数字化转型给社会环境和政治文化带来的影响，不断挖掘本党的网络政策和数字政策内涵。

（一）新媒体：政治交流方式的变革

以媒体为主要载体的政治公共领域在西方民主国家的政治交流中始终发挥重要作用。媒体是主要信息渠道，普通公民通过媒体了解和接触政治公共事务，与此同时，媒体可以通过选择议题来设置公共议程，提升政要的受关注度，由此也成为重要的政治行为体。传统政治动员方式是利用广播电视等传统媒体进行选举宣传，动员政党基层党组织在当地的集市广场和公民活动中心宣传拉票。数字化转型驱动媒体变迁，给政治公共领域带来颠覆性改变。技术进步极大降低了政治参与的门槛，各种互联网平台、新兴媒体和工具软件不断涌现，它们承担起重要的政治交流和民意动员功能，为平行、透明、平等、实时的交流与沟通提供技术手段和创新渠道。对此，德国学者迈尔（Thomas Meyer）认为，政党民主日益蜕变为"媒体民主"，媒体民主的逻辑将政党全线驱赶到政治生活边缘，快速媒体时代要求必须随时采取快速应对的措施和专业策划，随时考验个体或者政治组织的立场与想法，政党对于日常政治的影响力显著下降，政党内部的党员讨论和意愿形成不再居于政治中心位置，媒体在公共意见的形成中发挥重要作用。① 乌韦·容同样也关注到当前政治与社会的"媒体化"趋势。他认为，媒体在政治和社会交流中的作用显著上升，不仅构成最重要的信息渠道，而且日益成为政治舞台，新闻从业者也转变为政治行为体，对于政治行动以及社会和政治现实产生更大影响。②

在"媒体民主"和媒体逻辑的影响下，诞生于传统媒体环境下的政党要么被边缘化，要么必须适应数字化时代公共领域变迁带来的挑战，及时进行自我革新，转变在基本功能、组织动员模式、内部结构和政治领袖个人魅力等相关方面的政党策略。传统政党纷纷面向新科技革命调整各自的政治交流策略，注重借助新媒体吸引选民关注，充分利用数字交流平台快速传播的功能，直接将政治信息传递给选民，并获得实时反馈。2013年联邦大选候选人的辩论就不单是在电视上，而且也在互联网上播出。2015年时任总理默克尔曾接受过YouTube博主的采访，所提问题均是该博主从其订阅者中征集而来的。几乎所有政党都将互联网作为宣传平台，在官网上介绍本党的政治主张和竞选纲领，利用互联网招募新党员，尝试各种全新的民主参与工具和民主参与实验，并使用在线平台投票表决公共事务。绝大多数政党都在脸书、推特、YouTube等常用社交媒体上开设了官方账户，越来越多的部长、议员以及其他政要在社交媒体开设了个人账户，热衷于通过新媒体与选民直接交流互动，树立极具个人特色的形象。例如，在2021年联邦大选过后，绿党和自民党这两个中小政党的党主席和秘书长在碰头后就各自在推特和照片墙上发出合照，传递中小政党能在组阁过程中作为关键力量发挥作用的信号。

互联网的特点使得政治动员和竞选真正成为持续不断的过程，基于互联网的交流与参与形式为政党的政治交流和竞选开辟了新途径，政党也在不断利用新技术优化自身的选举策略。根据德国媒体人披露，个别政党在竞选过

---

① Thomas Meyer, „Mediokratie-Auf dem Weg in eine andere Demokratie？", *Aus Politik und Zeitgeschichte*, No. 15-16, 2002, p. 13.
② Uwe Jun, „Parteien und Parteiensystem der Bundesrepublik Deutschland", *Informationen zur politischen Bildung*, Vol. 328, Iss. 4, 2015, pp. 31-32.

程中，在脸书上采用"微定位"（microtargeting）的大数据分析，精准识别和定位潜在的支持者，只针对特定目标群体的利益关切定向设计竞选活动或播放竞选广告，而这种做法由于涉及个人数据隐私，原本在德国是受到严格监管的。

（二）新力量：组织动员形式的变革

互联网的出现极大地改变了民众的思想观念与行为方式，公开透明与大众政治参与成为大势所趋，网络民主、直接民主和新的政治现象给代议制民主带来前所未有的挑战。在德国，数字媒体的使用日益普及，93%的德国人使用互联网，45%的德国人使用Whatsapp、YouTube、脸书等各种社交媒体。① 新的公共交流平台和渠道层出不穷，政党这一传统政治组织形式之外的新的政治形态和政治行为体也不断涌现，新兴社会运动、政治素人、政治网红等新力量共同参与对政党体制的"解构"，这些社会力量尽管缺少传统的常规政治资源，但可以在脸书、推特等社交媒体上迅速提升人气，吸引草根民众参加政治活动，借助社交网络和新媒体扩大政治动员范围，获得更多的影响力和动员能力，与政党争夺公众的注意力、认可度和支持。新兴政治力量带来了全新的网络民主和直接民主参与的可能性，例如，"站起来"左翼集结运动依托分布在全国各地的行动小组，通过网站、社交媒体、电子邮件等互联网时代的交流方式传播和扩散活动信息，普通民众能在网站地图中查看所在地区行动小组的地点、联系方式和活动安排，参加本地区范围内的活动并成为该运动的活跃分子。

与传统媒体不同，社交媒体打通了公共领域和私人领域，新媒体的运作看重点击量和粉丝数量，② 高流量的"网红"有潜力成为数字时代的意见领袖。随着越来越多年轻人开始对政治议题产生兴趣，"网红"在线营销的主题也逐渐从健身、时尚等拓展到政治和社会领域，许多人转型成为政治网红，他们往往利用YouTube、照片墙或者推特等社交媒体对比主要政党的竞选纲领，评价政府、政党及政要的政策主张和政治表现，为年轻一代维护未来的权益。数字时代的意见领袖一旦积聚了一定人气之后，就有机会受邀参

---

① Kim Berg, „Was Deutschland interessiert", *Deutschland*, https://www.deutschland.de/de/topic/kultur/medien-in-deutschland-zahlen-zur-nutzung.
② Jasmin Siri, „Von der Partei zur Bewegung? Stand und Perspektiven einer politischen Vergesellschaftungsform", *Aus Politik und Zeitgeschichte*, Vol. 68, No. 46-47, 2018, p. 28.

加讨论政治和大选议题的电视节目，俨然以专家身份引导民众的政治意见，从而不同程度地影响大选舆情乃至最终的大选结果。由此，政治网红对于传统政党的话语权构成一定挑战，未来可能成为民众政治意志形成过程的重要部分。这当中值得一提的是德国 YouTube 博主 Rezo，早在 2019 年欧洲议会选举之前，Rezo 就曾放出炮轰基民盟政要的"毁灭基民盟"视频，累计获得 1900 万点击量，给联盟党的选情带来负面影响，导致该党当年的欧洲议会选举结果触及历史低位。而在 2021 年联邦大选前几周，Rezo 再度抛出一系列"毁灭"视频，在 YouTube 上结合气候危机、"口罩门"等时事热点话题，重点炮轰联盟党及其候选人和主要政要的政策和言行，抨击政党内部的腐败现象，Rezo 的攻击对象不仅限于联盟党，也包括绿党等其他政党，其"毁灭"系列视频获得数百万次点击量，但主要是严重冲击了联盟党的选情。

（三）新议题：政党的网络政策和数字政策

在数字化转型时代，互联网和社交网络的发展给社会环境包括选民的价值取向和交流形式带来了持久的变化，导致民意变化和社会变迁，给政治生活带来了深远的影响。多元化的发展趋势和社会变迁不仅给新兴政治行为体带来更多机遇，可以参与政党体制的解构，与此同时也为政党自身的转型与发展提供了重要启示和全新议题。在德国，随着新媒体及各种通信工具的普及，选民尤其是在网络环境下成长起来的年轻一代选民日益关注网络自由、下载合法化、数据保护等新话题，传统政党在较长时间里普遍忽视了这些公共利益最新发展趋势的重要性，新兴小党海盗党则先于传统政党关注互联网和数字化转型带来的影响和变化，率先将网络政策带入政治公共领域的讨论之中，在年轻选民当中引起反响和共鸣。海盗党在成立初期是不折不扣的"单一议题党"，将数字化和与之相关的网络政策作为唯一议题，在此基础上发展本党的纲领内涵特色，聚焦数据保护、信息自我决定权、透明度、互联网自由、网络中立性等概念，提出改革版权法、知识交流自由、取消对于数据保存期限的硬性规定等具体要求，在 2011~2012 年，该党以高得票率迅速进入 4 个联邦州议会，展现出较强的政治爆发力。该党党员平均年龄不到 40 岁，这从一个侧面体现出海盗党首先调动了年轻网民的政治参与热情。[①]

海盗党的政治表现引起了其他政党对于互联网议题的极大关注，数字化

---

① 伍慧萍、邬彩琴：《德国海盗党的制度创新及发展制约因素》，《国际论坛》2013 年第 5 期。

和网络政策由此成为许多政党竞相讨论的话题，作为一个主流议题进入主要政党的竞选纲领当中。自2013年以来，各大政党都日益重视并在联邦竞选纲领中提出专门的数字和网络政策，不断丰富具体的政策主张。纵观历次大选纲领可以看出，各党发展出的具体内涵和政策立场具有很大交集和共通之处，在具体议题上均高度重视网络安全。在2013年的大选中，各党就普遍关注网络安全、数据保护、网络基础设施、电子政务中的数字政策等议题。自2017年大选以来，随着数字化转型渗透几乎所有领域，各大政党不断拓展数字和网络政策的范围与内涵，除了继续强调网络安全，还日益关注电子政务以及在医疗卫生、经济、教育、文化和媒体等具体领域数字化建设的必要性以及相关问题，强调在数字化领域开展欧盟合作和国际合作的必要性。多数政党还关注数字基础设施，认为软件和硬件的生产不应依赖国外制造商，欧洲应当扶植自身的半导体产业。

与此同时，主要政党的数字与网络政策仍旧各有侧重。联盟党看重经济议题，主张设立专职的数字部，完善数字平台监管的法律框架，将行政管理数字化，推动人工智能和区块链等领域的教学与研发，在医疗卫生领域使用更多大数据技术；社民党重点强调数字化转型中的社会公平，要求落实二十国集团关于对谷歌、脸书等跨国数字企业征税的数字税协议，设法保证低收入者和学生上得起网，要求中小学配备数字化教学设备；绿党希望通过推进数字化进程减少能源和资源需求，具体要求联邦管辖下的各种计算中心采用可再生能源运行，加强对于互联网巨头的监管，加大德国在数字高科技领域的研发投入，保障居家办公的权利；自民党对于数字化议题极其重视，希望将数字化议题打造为本党的特色，与联盟党类似，自民党也主张设立一个专职主管数字转型的部委，要求实现手机信号全覆盖，主张补贴私人家庭以及中小企业提高互联网网速，要求实现公共行政管理机构的数字化，要求制定网络安全战略；左翼党在数字领域与社民党类似，将社会公正和基本权利作为重点，要求保障平等的上网权利，要求利用数字化带来的便利缩短工作时间，保障普通职工在企业引进信息操作系统的过程中行使参与决定权，主张通过征税等方式限制大型互联网集团和网络平台垄断市场的权力，并要求终止公共场所的录像监控，与其他政党相比，左翼党在数字化政策上并不强调电子政务和经济等议题，而是主张制定关于开放数据和开源的战略；选择党在数字议题上重点关注网络安全、电子政务、经济和私人领域，要求废除现有一系列关于网络和数据保护的立法，但同时要求维护数据保护权利，主张社交网络对用户发帖保持中立性，只有司法机关而非平台有权决定是否允许发帖。总体而言，主要政党均刻意凸显自身在数字和网络政策中的特色，注重将本党的核心纲领与数字化时代的重要议题有机结合起来，发掘各党独有的优先事项和政策主张。

结 语

两德统一以来,德国政党体制的整体发展表现出碎片化、政治极化等趋势特点,德国传统政党体制与宪政民主遭遇一系列挑战,包括制度困境、西方政治与社会生态的复杂嬗变以及欧债危机、难民危机等多重危机带来的剧烈变化。在这些挑战与变迁面前,主要政党纷纷重新定位并采取调整与应对措施。如何在守正与创新、自由与安全、开放与封闭、新旧社会分歧之间找到恰当的定位与平衡是摆在德国政党面前的世纪挑战。

一

纵观两德统一以来德国政党体制的发展变化,政党格局的深远变革总是与政治框架条件、整体经济社会结构中的社会阶层、意识形态和价值观、重大历史进程、社会运动以及技术进步等多个因素的变化密切相关,透视这些综合因素的共同作用,可以深层把握政党体制的趋势动向以及运行规律。两德统一以来,德国政治与社会生态稳中有变,政党体制保持了一定的稳定性与延续性。与欧洲其他国家以及历史上的魏玛共和国时期相比,联邦德国的政治制度和政党体制总体上表现出极强的稳定性和韧性,政党政治赖以生存和发展的法律与制度框架比较完备,将多数制与比例制结合起来的混合选举制、参选资格、"5%条款"以及基本议席条款等制度性规定为政党迈过各个成功阶段的门槛设置了诸多限制,因此,尽管参与竞争的政党数量众多,但相对稳定且持续进入联邦议院和各州议会从而发挥一定政治影响力的政党数量有限,仅限于联盟党、社民党、自民党、绿党、左翼党和选择党这六个政党，新兴政党的勃兴与发展仍须突破不少瓶颈。

德国社会在战后长期发展过程中形成了政治共识和社会互信，共同支撑起德国政治稳定的形象。主流政治乃至整个社会基于历史反思以及战后的新社会运动，对于国家发展中的重大时代命题逐步形成较为广泛的基本原则性立场，普遍认可西方宪政民主、社会市场经济体制、国家与社会力量之间的合作主义、外交和军事领域的克制立场、生态保护与可持续发展等基本原则，主流政治和舆论对于极端主义思想均保持高度戒备和抵御心理。这种共识政治文化在社会层面为各阶层营造出团结互信、政治稳定和社会和谐的整体社会氛围；同时，在政治层面，为各政治党派提供了合作基础，确保政党在政治体制中始终发挥核心作用，承担重要任务，尽管联邦议院内的政党始终处于激烈的竞争态势，但除了选择党，进入议会的政党之间在德国政治、经济、社会等领域的原则立场问题上形成了最根本的跨党派共识文化，给德国政党体制带来较强的稳定性。尽管现阶段的政治和社会共识有所减少，但面对时代变革，民众仍选择支持熟悉、可靠的政治力量，位于政治中间地带的选民仍占多数，而传统政党也不断因应时代变化，调整各自的纲领内涵与政治结盟策略，有效地将极端力量排斥在议会之外。

二战结束以来，德国政党格局经历了不同的历史发展阶段，发生了深远变革，随着新兴政党不断成立并发展成为地位稳固的政党，德国政党体制逐渐从选民行为集中的"两个半"阶段向"流动多党制"过渡，政治竞争态势扩大。在形成与巩固阶段（1945~1960年），联邦议院中的政治环境表现出动荡和多元化的特征，政党体制经历战后初期10多年的初创适应和巩固磨合，政党结盟和联合的形式逐步固定下来；在稳定的"两个半"政党格局阶段（1960~1980年），进入联邦议院的政党数量稳定保持在三个，选民选举行为集中于两大影响广泛的政党，政党格局的主要特点是以联盟党和社民党为核心，以自民党作为不可或缺的平衡角色，分别形成泾渭分明的中左和中右两大阵营；在两大阵营的确立阶段（1980~1990年），绿党以全新的政策理念、风格和政治参与方式给传统政党竞争带来冲击，不间断成为议会内第四大力量，四个政党的政治结盟形式开始表现出集团化、阵营化的特征，左右两大阵营主要在社会经济维度的对峙泾渭分明，红绿联盟和黑黄联盟成为两大阵营最典型的结盟形式；在"三足鼎立"的共和国阶段（1990~2015年），两德统一引发了政治版图的突破，东部逐渐形成选民行为的特有模式，联邦议院内部的政党分布更为复杂，左翼党在社民党的左侧不断发展壮大，西部的四党制和东部的三党制合并转变成为联邦层面的五党制，政党体制开始向"三足鼎立"即"两大三小"的流动五党制政党格局转型，联盟党和社民党分别占据大约1/3的比重，而自民党、绿党和左翼党这三个昔日小党的总票数加起来占据剩下大约1/3的比重；在"流动多党制"阶段（2015年至今），中左和中右阵营两分天下、轮流上台执政的竞争格局被打破，选择党作为新兴小党异军突起，加剧了政党格局的不确定性和政党体制的不稳定性。

两德统一以来，全球化进入新一轮迅猛发展阶段，推动德国政治与社会生态发生复杂演变，政党竞争日益激烈，当前的"流动多党制"政党格局具备以下几方面的特征。

一是碎片化程度加深。政党格局的碎片化程度集中体现在进入议会的政党数量逐步增加，传统大党的政治生存空间受到挤压，同时有5~7个政党分流议席，大党与小党的差距缩小，带来"大党不大、小党不小"的竞争态势。无论从大选得票率还是从长期民调来看，联盟党和社民党这两大全民党走势双双下滑，日益丧失全民党地位，控局能力和所获政治信任度明显下降，日益沦为中等规模政党；与此同时，以绿党和自民党为代表的小党借助特色纲领和有利时机迅速树立起鲜明形象，在民众当中形成一定声势，显著提升了话语权，发展成为中小规模政党乃至决定组阁结果的"造王者"；选择党的崛起导致政党版图更加多元化。为了最终成功组阁，跨阵营合作的政党不得不在执政理念和具体政策上做出更多的妥协，走上政治实用主义路线。

二是从共识政治文化到政治极化。进入21世纪以来，德国的福利国家财富分配冲突和文化认同冲突态势明显加剧，政治经济与社会现实加深了民众对于主流政治的不满，带来社会撕裂程度加深、离心力加剧的后果，选民选举行为的流动性和不确定性增大。以选择党为代表的右翼民粹政党成为最大的受益者，其在政治边缘地带集结和扩张，搅动身份政治议题，逐步打破政治禁忌，带动德国政治极化程度加深。不过，右翼民粹政党缺乏联合执政能力，其思想传播受到极大限制，同时遭遇主流政党的刻意打压，尚难以作为主导性政治力量发挥政治影响力。

三是主流政党的政策议题和政策立场日益趋同。战后德国社会结构的变化导致政党自身在应对时代变化的过程中持续蜕变，各政党不断调整理念和战略，政治主张更多是围绕当下具体的政策领域而非传统的政治理念提出。

各大主流政党均不同程度走上政治中间道路，政治主张出现部分交叉和趋同趋势，在政治纲领上的跨党政治共识日益增多，普遍强调拉动经济增长、促进社会公正、加强环境保护的基本理念，左右阵营之间的界限也变得越发模糊。新老政党在纲领路线上均表现出极大的灵活性，不少政党走上主流化和政治实用主义道路，努力证明自己的执政能力，几乎所有的传统政党都在部分地偏离最初的基本原则立场，对政治现实做出更多妥协，主流政党尤其是走政治中间路线的政党的纲领性文件中已经难以看到实质区别。

四是政党被迫尝试全新政治结盟模式。黑黄和红绿的天然盟友组合几乎不再具有现实可行性，必须跨阵营组阁，政党间政治结盟的流动性和不确定性增大。各个政党在联邦大选之后进行组阁时不仅需要跨越阵营，而且不得不从两党联合转向三党联合，并尝试更多的全新执政组合形式。为了最终成功组阁，跨阵营合作的政党需要基于实用主义目的，在政策或者人事安排上做出更多妥协，大选之后的组阁时间也由此明显延长。在所有政党当中，社民党和绿党表现出最强的政治结盟能力、兼容性和灵活性，联盟党和左翼党选择有限，而选择党尚无联合执政能力。

五是政党政治功能明显削弱。随着德国政治与社会生态发生复杂演变，政党在政治生活中的组织动员能力和作用逐渐弱化，铁杆选民对政党的传统归属感下降，大选参选率下降，联盟党和社民党等主要政党党员规模大幅萎缩，党员年龄结构也日益老龄化，部分德国人已彻底远离政党政治。党员和选民对于政党忠诚度下降的原因，既包括社会结构的变化、社会的世俗化倾向以及社会趋势的个性化等外部因素，也与政党腐败、派系斗争、政治主张或执政能力无法获得选民认可等政党自身内部因素有关。传统大党主动走中间化发展路线，为其他政治力量腾挪出政治空间，新兴社会运动积极填补真空，全新动员形式不断涌现，向传统政党发出有力挑战，加速德国政治和政党版图的重构。

六是东部地区的政党政治表现出特殊性。联邦制的国体影响到政党的组织架构，东西部政党格局和政治生态呈现差异性。与全国形势相比，东部地区发展出更为复杂的政治生态，逐渐形成了特有的选民行为模式。联盟党、社民党、绿党和自民党等主流政党在东部的发展严重受限，两德统一以来这四党的总体表现明显不如西部，左翼党基本保持了在东部的影响力，而选择党在东部各州的发展趋势已经全面赶超左翼党，大有成为东部全民党之势。政党力量分布的特殊性尤其是选择党的持续上升势头导致主要政党在东部组阁面临现实难题，可能带来组阁僵局或者少数派政府。

七是左翼阵营的结盟潜力与整体力量薄弱有限。当前，福利国家的财富分配冲突再度占据德国的政治议程，左翼阵营的结盟和左翼思潮的传播具有时代意义，面临重要发展机遇，左翼政党在对于资本主义生产生活方式转型的纲领和政策主张方面存在一定交集，左翼阵营的政治结盟具备一定潜力和基础。不过，以社民党、绿党和左翼党为代表的左翼阵营内部高度异质化，相互之间难以形成合力，阵营内部有围绕社会公正议题的争夺激烈，外部遭遇来自右翼阵营的竞争。同时左翼政党自身面临纲领路线调整和重新定位，党内往往尚未形成统一意见，无法拿出有效的资本主义替代性方案，对于民众关心的时代新议题难以有所建树，且整体力量仍旧薄弱，难以重振"左翼事业"。

社会结构、社会运动、社会思潮和公共领域的复杂嬗变是推动政党体制演化的重要驱动力，社会阶层的变化、价值观的变迁、社会运动、内政外交领域的历史进程以及新技术革命均给政治文化生态、政党功能、政党定位以及政治动员方式带来持久和深入的影响。

其一，社会结构变迁给政党政治带来冲击。随着德国逐渐进入后工业化和去工业化进程，社会结构加剧差异化发展趋势，社会阶层的流动性趋势显著增强，规模庞大的中产阶层占据社会中间地带；民众的价值观相应发生变迁，从物质主义价值观向后物质主义价值观转型；社会经济维度上的劳资分歧不再是反映西欧社会主要矛盾的决定性社会分歧；在社会文化维度上，德国社会出现了基于文化价值观的"融入-划界"的社会分歧。这些社会变迁导致选民选举行为受到阶级归属束缚的程度降低，铁杆选民大量流失，参选率降低，选举的流动性和选民行为的不确定性增强，刺激政党竞争日趋活跃，社会经济维度和社会文化维度上的新旧社会分歧共同决定了政党力量分布。

其二，社会运动挑战政党政治功能。20世纪70年代后期，新社会运动的兴起推动绿党迅速在政坛立足，两德统一以来，社会运动作为引领和代言民意渠道的作用更加凸显，社会运动可以催生新的政党成立，给政党带来新的发展动力。不过，社会运动带给政治文化和政治博弈更多的是不稳定性，导致政治力量日益多元化、碎片化，政党在政治生活中的地位和作用下降，社会基础日渐松动。对此，传统政党日益加速转型，相应调整纲领路线，创新组织动员方式，加强与社会运动之间的互动，以顺应时代变化。

其三，重要历史进程重塑政党格局。两德统一、欧洲一体化、欧洲难民危机以及全球气候变化给德国普通民众的日常生活带来直接而深远的影响，其中，两德统一的迅速实现不仅导致东西部之间在经济发展和收入水平上长期存在较大落差，而且带来一定程度的负面文化和社会心理，导致东部地区出现独特的政治与社会生态。欧洲一体化的实践给德国政党拓展出新的博弈空间、政策议题和发展动力，成为一些政党发挥政治影响力的新途径，不过，近10年来欧洲经历多重危机，充分暴露资本主义和西方民主的制度弊端，难民危机则导致德国国内占据主导地位的社会分歧从左右分野转向"开放-划界"，推动身份政治勃兴和民粹主义、民族主义走强，也给主流政党带来挑战。气候变化随着极端天气的增多再度成为公众和政党重点关注的议题，主流政党普遍以气候和环境保护为抓手，结合自身特色，在广泛领域提出推动经济社会绿色转型的具体方案。

其四，新科技革命参与政党政治动员方式的变革。数字化转型驱动媒体变迁，给政治公共领域带来颠覆性改变，互联网和新媒体在公共意见的形成以及政治和社会交流中的作用显著上升，新兴社会运动、政治素人、政治网红等各种新的政治行为体共同参与政党体制的"解构"，政治网红有机会制造大选舆情、影响大选结果。面对这一变化，传统政党不但纷纷调整自身的政治交流策略，借助新媒体加强与选民的交流互动，而且从海盗党一度的政治成功中获得启发，不断挖掘和发展本党在数字化时代对数字化和网络政策这一全新议题的政策内涵。

二

面对经济社会发展以及欧洲所处国际环境的根本性转变，现有地位相对稳固的政党普遍存在革新意愿，纷纷重新思考未来方向定位，希望在历史传统与时代变革之间找准长远定位，偏向更加年轻、务实和现代化，持续推进政党政治的结构转型，不断根据社会群体利益诉求和价值观念的发展变化调整自身的路线、方针、策略、定位和内涵。主要政党在纲领内涵、政治策略和代际更替方面的调整动向表现出不少共通之处。

首先，在纲领内涵方面，各大政党均寻求在保留自身传统纲领内涵与吸收时代新议题之间维持平衡。传统的社会分歧维度及其衍生出的意识形态、政党的传统特色领域和社会认同并未被完全忽视，它们仍然构成了政党纲领的基本立场以及本党有别于其他政党的品牌内核，尤其在选情低迷的情况下,社民党和左翼党日益倾向于重拾本党最初的纲领核心。与此同时,各大政党也纷纷根据社会结构的变化、新媒体的出现等新情况以及选民关切的问题,灵活调整和拓展传统的政党理念和政治议程,开始接触传统议题以外的政策议题,甚至修改纲领,以期以适应时代的形象出现。其中,生态环境保护与可持续性、社会公正与福利保障、绿色转型和数字化转型等话题进入多数政党的关注视野,构成其政策和纲领内涵的重点议题。如果说20年前政党体制中还是特色鲜明的两个集团阵营,那么现在左右两大阵营之间的共同点已经不可忽视,它们更多是围绕具体政策领域而非本党党章对各自的政治主张进行调整,强调经济、社会与生态的有机结合与均衡发展已经成为多数政党的倾向。

其次,在政治策略方面,政治精英的实用主义日益主导党内话语。无论是在政策路线还是在结盟策略方面,党内务实派的立场均占据上风,均有意愿以务实、妥协、小步子和渐进式的风格引领德国经济社会的转型。一方面,各个政党都在悄悄地对现实妥协,逐渐向中间路线偏移。中间位置是最能决定选举结果的地方,面对社会结构和选民行为的变化,主要政党纷纷打破阵营归属的束缚重新定位,调整本党传统的政治理念和政策立场,秉承温和基调,向其他的选民圈开放,服务于广泛的社会大众,不再介意与其他政党的政治主张出现某些交叉和"趋同"。一贯强调传统家庭观念的联盟党提出的家庭政策带有社民党人的立场,提出的气候政策则带有绿党的传统特色;一贯强调社会公正的社民党在执掌联邦政府期间恰恰实质性地改革和削减了社会福利政策;而绿党在乌克兰危机当中支持提供重型武器、扩充军备等立场,距离其成立之初的和平主义理念越来越远。另一方面,政党对现实政治的妥协意愿同样也在上升,更愿意为了参与执政而接受对方观点。尽管政党格局的碎片化趋势导致组成多数派政府难度增大,但主要政党也倾向于修正自身的结盟模式,尝试新的组阁形式,通过淡化自身的意识形态色彩来达成妥协,接受对方的观点,实现跨阵营合作。在默克尔执政期间的大联合政府中,联盟党和社民党在捍卫生态和社会公正方面呈现前所未有的一致,大联合政府的政策远比前任红绿联盟政府更具备社会民主性。而在"交通灯"政府组阁谈判期间,尽管三个政党在能源、财政、税收领域具体议题上仍存在分歧,但无论是绿党还是自民党党内均为务实派掌权,执政意愿极其强烈,最终促成首个联邦层面的跨阵营三党联合政府成立。

最后,在代际更迭方面,各大政党均逐渐开启新生代主宰的政治博弈新时代。在主要政党当中均可以观察到政党政治更新换代的动向，代表未来世代利益诉求的政治新生代逐渐登场，在政党内部获得更多晋升机遇。各大政党有意识地向联邦议院输送更多年轻议员，联邦议员队伍整体呈现年轻化趋势，2021 年联邦大选选出的新一届联邦议院议员平均年龄为 47.3 岁，最年轻的两名议员年仅 23 岁，40 岁以下议员占 1/4，30 岁以下议员占 6%，创下数十年以来的纪录，只有选择党和左翼党议员的平均年龄超出 50 岁。其中，尤其以社民党和绿党的年轻化趋势最为明显，这两个政党启用大批年轻骨干参选，议员平均年龄均低于其他党团：绿党议员平均年龄仅 42.4 岁；40% 的议员小于 40 岁；而社民党议员的平均年龄也只有 46.1 岁，其中 1/4 都是 30 岁以下的社民党青年联盟的成员，不少都是由本选区直选产生。① 在新一届联邦议院中，有从政热情而没有联邦议员任职经验的"素人"议员比比皆是，社民党议员近半数都是首次进入联邦议院。绿党和自民党在组阁过程中成为主导和左右组阁谈判进程的"造王者"，即决定最终组阁结果的关键力量，在很大程度上也得益于这两个中间小党获得年轻选民力捧，明显缩小了与传统大党的差距，充分体现年轻选民在一定程度上求新、求变的意愿，并将变革的希望寄托在中间位置的中小规模政党身上。这也促使绿党在上台执政后更希望着眼年轻选民的诉求推进改革和革新。

具体到几个主要政党，其纲领路线的调整与应对既有共性，也表现出各自的特性，有的政党始终坚守传统纲领内核，而有的政党在纲领传承与转型之间摇摆，甚至一度陷入政党定位和认同的危机。

作为一个保守主义色彩浓厚的政党，联盟党一向主张对内实行社会市场经济，对外加强欧美联盟，实现以欧洲共同体为基础和核心的欧洲统一。不过，在默克尔担任党主席的 18 年内，联盟党明确奉行政治中间路线，在自身擅长的经济、安全等主题之外同样热衷讨论社会福利、家庭政策、移民政策、绿色环保等主题，调整了家庭、移民等领域的传统观念，向中间路线偏移，发展出诸如最低工资标准、基本养老金和抑制房租上涨等相关政策主张，努力传递安全、社会福利、绿色的信息，体现了这一传统大党也希望以新面目示人的意图。这种路线调整一方面表现出明显的"社会民主化"趋势，强调德国的社会市场经济"不仅是一种经济模式，也是一种社会模式"，

---

① „Der Bundestag wird weiblicher und jünger", *Bundestag*, https://www.bundestag.de/dokumente/textarchiv/2021/kw39-wahlstatistik-863722.

旨在占据社民党自动让出的位置；另一方面吸收了绿党的政策议题，看到绿党在城市市民阶层当中的政治成功，加大了对绿党选民圈的开放与争夺，将生态技术、儿童照管以及对各种生活方式的开放度等大城市市民阶层关心的主题纳入自身的议题范围内。而在"后默克尔时代"，联盟党内部就本党纲领是应当更加兼顾社会政策还是回归经济自由主义的保守主义特色存在分歧，在2021年的联邦大选中聚焦于实现"现代化的10年"，中心议题是可持续的环境、经济、社会与数字政策，而该党在选战中重点主张尽快恢复严格的财政纪律，实现财政收支平衡，强调通过减税来减轻企业负担，并通过更多投资于未来技术来实现德国国家的现代化，试图在保留保守主义的特色与引领纲领内涵的现代化转型之间实现平衡。

社民党始终困扰在纲领路线的传承与转型、回归社会民主主义和占据中间路线之间，并左右摇摆。自成立的上百年来，社民党的核心主张和动力是社会公正，而该党擅长的这一传统议题在很长时间里已不再是德国社会和选民迫切关心和能够左右选举结果的决定性议题，早在19世纪中后期，德国就已经率先建立起社会福利体系，二战后又建立起相对完善的普遍福利制度，七八十年代以来劳工权利进一步改善。施罗德时期的社民党偏离了传统特色，走上"新中间道路"，推出"2010议程"的改革路线，所实施的社会政策和劳动力市场改革方案没有体现社会民主主义的宗旨，而是着力削减社会公正带来的福利负担和障碍，其政治现实选择与意识形态倾向有很大出入。加上左翼党成立带来的竞争，社民党逐渐丧失传统议题优势，设置新议题的能力也日益枯竭。2005年红绿政府下台之后，陷入低谷的社民党党内的革新意愿很强，党内高层围绕着是否坚持"2010议程"的问题展开纲领和路线之争，最终放弃了施罗德时代的改革路线，重新确定了社民党的前进方向，2007年汉堡党代会通过新的原则纲领，再次自我确定回归传统价值和最初的理念，推崇以社会福利和社会公正为基础的传统的社会民主主义基本党纲。21世纪以来的国际经济与金融危机暴露出欧洲社会同样存在贫富差距的问题，德国收入分配不均的程度高于欧洲平均水平，可是当前社民党已经丧失了对于自身擅长的这一传统议题的单独代表权，中右政党大量吸收借鉴了社民党的社会公平议题，而左翼党和选择党出于争夺全球化输家的考虑，同样提出"左"倾的社会政策纲领。在左翼方案的竞争中，社民党强调推动社会-生态转型，竭力树立代言弱势群体的社会公正党形象，在大选中偏重强调通过征收财产税加大财富的再分配力度，主张加大公共投资水平并为此放松财政纪律。社民党上台执政之后，也成功推动以"公民津贴"取代"哈茨四号"补贴，并大幅提高弱势家庭的儿童基本保障金。不过，尽管社民党的纲领重点向左倾斜、回归社会公正，该党也并不希望拱手让出政治中间位置和相应的目标群体，而是提出了"团结的多数派"说法，仍旧坚持中左党的定位，希望团结中左阵营多数派以涵盖中间位置。社民党的政策范围涉及外交、安全、劳动力市场、生态政策等广泛领域，除了继续关注劳工解雇保护等传统主题，也更加重视生态政策、安全、劳动力市场和国际责任，在回归社会民主主义和占据政治中间位置之间寻求平衡。

自 1998 年起，绿党首次成为联邦层面的执政党，为期 7 年的执政过程推动该党调整了自我定位，努力印证其执政能力，由绿党创始人凯利的"反政党党"变成了菲舍尔的实用主义国家党，现实派在路线调整中战胜了理想派，绿党甚至支持红绿联盟对外派遣联邦国防军的决定。而在 2005 年重归反对党之后，绿党总结了执政经验，党内现实派与理想派之间就出兵阿富汗、"2010 议程"等原则性问题进行了激烈讨论。在内部代际更迭的过程中，以贝尔伯克和哈贝克为代表的现实派再度占据上风，并带领绿党在 2021 年大选之后第二次在联邦层面执政。在主要政党当中，绿党顺应时代发展变化调整纲领内涵的步伐最快。尽管其他政党在绿党之后同样将生态环保纳入纲领，绿党仍旧能够在气候领域巩固能力特色，维持本党一定程度上的"单独代表权"。绿党始终强调推进生态现代化和实现"社会-生态市场经济体制"，并将其生态环境保护的特色贯穿到具体的政策领域，主张通过绿色转型实现工业现代化，要求德国政府在未来 10 年将 5000 亿欧元公共资金投入环保、尖端科研、充电桩、环保短途交通等领域，主张通过国家补贴激励行业投资可再生能源和绿色氢能，要求拓展碳定价途径和征收碳边境调节税，并在环保领域提出大量激进的环保目标。该党还提出了一系列社会政策主张，包括要求提高高收入者的所得税并引入财产税、规定大城市租金上限、提高基本社会保障金等，而在移民政策领域，绿党也明确提出了不少亲移民和保障避难权的主张，在与选择党的政治博弈中树立了清晰的公众形象。

在联邦德国成立之初，自民党将自由思想具体到市场经济、国家统一以及政教分离等目标。在这些目标之下，大量市民阶层的支持保证了自民党独立于联盟党以外的生存，自民党得以在"两个半"的政治格局下，在所有政治层面对联邦德国的政治体制产生重要影响。不过，作为高举自由主义理念的政党，自民党是以生活条件优越者代言人的姿态出现，主张自我责任的秩序自由主义，寄希望于公民的自我监管，其提出的议题较少关心社会底层民众的命运。因此，自民党的社会基础和生存空间相对狭窄。与其他政党相比，自民党的纲领保持了很强的连贯性和延续性，一如既往地强调自由主义理念，不过，其他政党同样主张实施自民党奉行的经济自由主义，而绿党自从1983年进入联邦议院之后就在自由公民权方面与自民党形成抗衡的态势，导致自民党在议题特色上的传统优势日益枯竭，尽管该党同样有意愿推动政治与社会改革，但与联盟党或者绿党相比，设置议题的能力仍旧有限。自民党在竞选纲领中提出的核心要求是养老金改革，并废除欧盟对德国农业的补贴，此外继续关注数字化转型议题。自民党近年来试图将数字化转型议题作为本党特色，但在该主题上仍旧没有形成特色优势或者带来独有的专业知识，因而并无明显起色。在"交通灯"政府当中，自民党重点凸显自身在经济治理方面的能力特色，坚持"债务刹车"和财政平衡的立场，主张通过为中小企业减税而非国家补贴工业走出经济困境，依旧保持了其连贯的纲领政策内涵。

左翼党高举民主社会主义和社会公正的旗号，在与社民党争辩改革路线的过程中成功地赢得了社会底层民众阵营的选票，但同时也在很长时间里背负上了抗议党的形象。由于主要脱胎于东德时期的执政党——统一社会党，左翼党一直受到其他政治阵营的排斥，在西部和整个联邦层面的发展受到极大限制。左翼党不断调整自身路线适应政治现实，更多在德国东部拥有稳固的一席之地，在部分西部联邦州也陆续进入州议会。而左翼党在参与执政之后其支持率无一例外地降低了，之前作为抗议党所依靠的部分群体亦即该党赖以生存的社会基础逐渐缩小。为此，左翼党尝试清晰连贯地形成政治主张，强化政策纲领的指导原则和内核，力图克服抗议党的形象，向选民证明自身的执政能力。相对而言，左翼党在纲领内涵方面没有重大的方向性调整，始终将社会公正作为核心特色，提出一些左翼政策主张，包括要求提高社会福利、提高对有财产者的征税、引入最低养老金、子女基本保障以及提高最低工资标准等，而在外交、安全等领域该党仍旧坚持自身与其他政党格格不入的立场，并不打算做出妥协和调整。近年来，左翼党的竞选纲领中也吸收了一些新议题，在推动生态社会转型的框架下提出了关于绿色新交易、可持续农业等方面的具体政策主张，但在左翼政党和右翼民粹政党同时争夺社会公正议题的背景下，左翼党难以彰显议题和能力特色，尤其在西部地区日益面临生存危机。

选择党自建党10年以来不断进行纲领内涵的调整、蜕变与转型，寻找政治代言的真空，力图将自身打造成代表普通民众利益和关注民生议题的政党。难民危机加剧德国选民的右转，选择党提出严格避难政策、加速非法难民遣返、废除难民家属随迁、加强边界安全保护等政治主张，乌克兰危机背景下，选择党可以继续在这一议题上获得保守选民支持，一体化过程中的种种挫折也持续不断地为选择党提出自身有别于主流政党的特色话语、争取疑欧选民的支持提供新的议题。随着在东部乃至全国民调支持率的大幅上升，选择党日益考虑上台执政的现实可能性，因此，该党一方面不断拓展自身的政治议题范围，进一步改变"单一议题党"形象，发展多元议题，将纲领和政策立场覆盖广泛政策领域，印证自身参政议政的能力；另一方面，在政策立场上无疑需要考虑走主流化发展道路，希望进一步洗刷本党极端化发展倾向的嫌疑，在涉及移民、难民以及一体化等德国政治和社会各界形成了较多基本共识的领域尝试采用更加温和的基调。然而，右翼民粹政党的定位，加上选择党内偏保守极端的力量走强，推动该党整体右倾，导致选择党难以认同主流政党的不少原则立场，难以与主流政党开展政治合作。

三

当前，德国面临时代转折的严峻挑战，西方民主的制度弊端和危机症状同样在德国政党政治中表露无遗。2022年2月27日，德国总理朔尔茨在联邦议院特别会议的政府声明中抛出"时代转折"（Zeitenwende）的论断，成为德国2022年的年度热词。尽管"时代转折"的提法更多是针对外交与安全政策领域做出的判断，但同样也高度概括了德国政党体制所面临的整体形势和挑战。

当前，西方资本主义社会加速进入后工业化和信息化时代，面临全新挑战和难题，东西方冲突、难民危机、文化冲突、安全、反恐、气候变化、人口老龄化等各种时代性趋势、重大地区事件和全球性挑战层出不穷，其影响相互叠加和交织。在国际政治领域，大国博弈和地缘政治因素显著上升，主要国家力量对比急剧变化，国际政治格局处于重要转型期，世界各国均不同程度地加强了经济与科技自主意识，致力于提高本土韧性，全球治理体系和国际规则的改革与重塑遭遇强大阻挠并陷入停滞。在国际经济领域，冷战结束后的全球化带来福利国家的分配冲突加剧，而随着经济全球化和资本主义陷入危机，建立在国际分工合作基础上的全球化进程和全球经济格局又遭遇逆全球化的风潮，不利于回应解决共同的全球性问题。在地区安全领域，随着乌克兰局势的发酵，欧洲地区安全形势严重恶化，进一步引发能源供应危机、粮食供应危机、难民潮以及生产生活成本高企等次生挑战。在数字化领域，数字化时代的劳动世界经历结构转型，数据保护、网络安全和大型互联网企业的监管是摆在各国面前的新问题。在生态环境保护领域，极端天气和气候事件日益频繁，世界各国普遍重视气候变化的时代命题，在实现生态环境保护目标方面存在压力。

严峻的外部和国际环境同样给德国带来直接冲击，尤其是在战争、难民、气候变化、供暖法、能源危机、高通胀等多重挑战之下，欧洲最大经济体德国发展动力严重不足，陷入增长困境，经济现状总体堪忧。以出口为导向的经济模式面临经济衰退和"去工业化"的巨大压力，朔尔茨总理承诺的"新经济奇迹"尚毫无踪迹可循，德国对外商投资的吸引力已降至10年以来的新低，德国大企业竞相关闭国内工厂而布局其他欧洲国家，德国在人工智能、新能源汽车等领域难以确立竞争优势。危机笼罩德国社会，能否成功应对数十年来最大的经济滑坡风险并维护社会稳定，对政党而言是一次严峻考验。在时代转折的重压之下，执政三党开始背离自身的部分传统政策主张，社民党和绿党购买武器运送到战区，绿党在世界各国寻找化石能源，而自民党被迫接受在民生、国防、对外发展援助方面大量投资带来的巨额债务，但这些政策措施无助于改变现状。

在这些因素的综合影响之下，德国民众悲观失望情绪蔓延，对于国家实力的信心急剧下降，普遍忧虑德国会从"优等生"再度沦为"欧洲病夫"，焦虑出现"去工业化"和"莱茵锈带"的风险，对于当前经济状况萎靡以及贫富差距扩大的现实日益不满，对于未来前景的预测悲观，对于环保、气变、能源转型、俄乌冲突等不直接关乎自身利益的议题兴趣有所下滑，而对于经济发展和难民移民等现实民生话题日益关心，民众对于现政府的失望也相应创下历史新高。根据2023年8月底的"德国趋势"民调结果，德国民众对执政三党普遍失望，面对"交通灯"政府的信心指数跌至史上最低的19%，社民党、绿党和自民党的民调分别跌至16%、14%和6%，联盟党与选择党则分获29%和22%的支持率，而左翼党仅获得4%的支持率。[1] 这一

---

[1] „Zustimmung zur Ampelkoalition fällt auf Tiefpunkt", *Die Zeit*, https://www.zeit.de/politik/deutschland/2023-08/deutschland-kindergrundsicherung-umfrage.

结果对于德国的主流政党无疑极具警示意义，因为这意味着执政联盟的社会基础日益薄弱，三党相加只有区区36%的支持率。值得注意的是，执政三党在各自的特色领域均出现不同程度的民意流失，绿党在气变问题上、社民党在社会公正问题上、自民党在经济问题上的民众信任度均出现严重下滑，而联盟党在经济政策、选择党在避难和移民问题上的民众信任度则有所增加。选择党尽管在缺乏政治结盟的情况下单凭22%的民调支持率无法参与执政，无法迈过这一至关重要的政党发展阶段，但至少已经开始在舆论上为上台执政做准备，该党首次在县一级的地方层面执政，也在某种意义上彰显了当前德国政党政治的极大变化。

选举的理念产生于18世纪，普选制产生于19世纪，大众传媒发明于20世纪，而社交媒体兴盛于21世纪，尤其是社交媒体的普及给西方民主机制与民主工具带来实质挑战，导致西方政治公共领域经历深刻的结构转型。社交媒体和互联网打破了传统寡头媒体的垄断，降低了"政治市场"的准入门槛，改变了政治博弈规则，技术进步与社会发展为政治意志的形成提供了新的渠道，传统代议制民主逐渐失去正当性。西方政治与社会生态进入剧烈嬗变期，政治结构、政党结构和社会思潮发生一系列剧烈变化，新兴社会和政治运动参与政治博弈，抗议运动吸引更多民众，传统大党普遍陷入衰落期，政治活动日益碎片化，政治素人有机会取代传统政要成为政治领袖，而政党主张日益模糊，出现人比党重要、口号比纲领重要的局面，中心人物靠粉丝点击量而非政党的组织工作走红，大选结果和组阁形式日益复杂和难以预测。

与此同时，全球化、数字化加速社会撕裂与政治极化，国际金融危机和欧债危机暴露了资本主义和西方民主的制度弊端，难民危机刺激身份政治勃兴和民粹民族主义走强。西方宪政民主面临根本性制度危机，代议制民主逐渐丧失自我调控能力，陷入深层危机，政治与社会生态呈现危机症状，表现出多党轮流坐庄、党派恶性竞争、派系内斗激烈、政党与利益集团相互勾连、阵营对垒固化、政府停摆、"民主疲劳综合征"等共有现象。自由法治的民主模式承受压力，传统政党丧失政治影响力，凝聚社会力量的能力下降，传统政党结构日益松散和解体，政治格局碎片化，政党达成共识或妥协的能力和意愿下降，政局稳定性也受到严重影响。在以法国、意大利和西班牙为代表的西欧南欧国家，代议制民主的持续危机症状集中体现为：在利益代言方面，公民认为自身未被政治精英充分代表，对于建制派和专家不满和不信任程度加深，传统政党格局经历数次大选冲击濒临解体，日益呈现碎片化和不稳定态势；在政治斗争方面，民粹政党和抗议运动方兴未艾，新的政治行为体和政治形态不断涌现，对于传统政党在政治生活中的主导地位带来挑战，政党这一政治组织在议会民主制中是否已经过时、是否会让位于其他政治形态，已经成为传统政党被迫面对的问题，这一现象在法国尤其明显，传统政党体制已经不复存在；在权力资源方面，越来越多的跨国性、全球性问题挑战难以在国家层面解决，加剧专家政府治国理政的难度。[①]

德国政治虽然较之其他西欧国家维持了较强的稳定性，政党仍旧借助选举体制的规定具备一定优势，在政治动员和政治意志形成过程中发挥主要作用，但同样无法避免西方政党衰落和代议制民主危机的总体趋势，由两大全民党、利益集团和为数不多的大众媒体主导公众舆论形成、设置政治议程的时代已一去不复返；宪法要求的政治与社会基本共识逐渐缩小，政治市场的竞争日趋激烈，突发重大事件有可能左右大选舆情并直接改变大选结果；而选民的不满和愤怒情绪不断蔓延，仍在寻找合适的宣泄渠道，德国政党体制进入两德统一以来最为活跃和动荡的时期，变得更加不稳定和脆弱。

尽管如此，在观察德国政党体制尤其是两德统一以来的德国政党体制之时，仍旧需要同时看到"变"与"不变"这两个方面。诚然，德国政治的超强稳定性在下降，德国政党体制已经无法回归稳定的"两大一小"或"三足鼎立"的时代，全民党尤其是社民党的社会基础急剧萎缩，碎片化和政治极化程度显著增强。与此同时，德国政治稳定和连贯的一面同样存在，表现在政党在德国政治生活当中的地位依旧牢固，其作用是社会运动或者其他临时性、流动性的组织动员形式无法替代的，《基本法》以及选举法规定的大量框架条件充分保障了政党功能的发挥，国家也为地位稳固的政党提供保障，经过一次大选之后发生政坛强震的可能性仍旧微乎其微。

德国的政党体制、政治与社会生态稳中有变，这一事实集中体现在2021年联邦大选的选举结果上。一方面，德国政治中出现新气象，政治博弈明显更加激烈，带来更多动力和变数。社会共识在逐渐缩小，社会分歧在社会经济维度之外新增了社会文化维度，选民的流动性显著增强，其选举行为随着时代变迁以及现实议题不断发生变化，影响政党的力量对比日益不确定，碎

---

① Swen Hutter et. al, „Soziale Bewegungen im Zusammenspiel mit politischen Parteien: Eine aktuelle Bestandsaufnahme", *Forschungsjournal Soziale Bewegungen*, Vol. 32, No. 2, 2019, pp. 163-177.

片化趋势固化，政党竞争更加活跃，政党能否成功取决于政绩表现，而东西部选举行为差异更加明显。得票率超过30%的全民党时代再难实现，选民对于联盟党和社民党这两个全民党普遍失望，两党得票率分别只有1/4上下；黑黄和红绿这两种天然盟友组合无法形成议会内多数派，必须跨阵营组阁，政府内部竞争性加剧，组阁能力差的政党难以进入政府参与执政。在主流政党日益趋同的同时，边缘政党表现出显著的政策立场差异，选择党在欧洲、气候和能源政策上与主流政党意见相左，左翼党的外交与安全政策特立独行，虽然难以在联邦层面参政，但可以在大选和组阁中扮演"搅局者"的角色。

另一方面，政治生态未出现明显的左转或右转趋向，选民整体偏好以求稳和保守倾向为主，政治中间地带仍旧被牢牢守住。德国政治稳定性在2021年大选中体现无疑。其一，边缘政党并未从传统大党的下滑中获益。政治光谱中的中间地带仍然占据多数，主流政党守住了基本盘，左右边缘地带政党并未显著提振力量，选择党和左翼党的选情并没有因为传统政党的颓势而水涨船高。选择党10.3%的得票率基本跟上次选举变化不大，在议会内仍遭到其他政党一致挤压；左翼党难有起色，得票率甚至低于5%，差点无法进入联邦议院。面对变革变数，民众仍选择支持熟悉、可靠的政治力量而非边缘民粹政党，而位于中间地带的昔日小党绿党和自民党的支持率稳步上升。其二，稳健中庸的候选人更受选民认可。联盟党候选人拉舍特和绿党候选人贝尔伯克在选战中表现不尽如人意，先后爆出"大笑门"、水灾应对不力、学历掺水等负面新闻，部分选民在失望之余，转而投票支持在联邦和州层面有过丰富执政经验、未在选战中出现失误的社民党候选人朔尔茨，而不是支持政治边缘地带立场更加激进的政党和候选人，表明选民心态仍旧希望保持保守和稳定，偏好政治和个人风格中庸稳健、具备一定执政经验和执政能力的候选人，并没有表现出急于改变现状的迫切心理。其三，主流政党政策立场均相对稳健务实。以社民党、联盟党、绿党和自民党为代表的主流政党均由执政意愿强、基调温和的务实派掌权，各党围绕气候变化、数字化、现代化转型等重大时代命题提出各自竞选纲领。其四，组阁过程中没有出现政治僵局。尽管碎片化的大选结果导致必须组成三党联合，但组阁过程相对顺利，考虑到三党存在不小的政策分歧，而且是首次在联邦层面尝试此类组阁形式，73天的联邦组阁时长仍算是相对高效了。

根据密歇根学派用以解释政党胜选原因的因果关系漏斗模型，候选人、政治议题和政党认同这三个因素共同影响选民的选举决定。时至今日，政党认同这个长期因素的影响力日渐衰弱，而候选人以及政治议题等短期因素发挥的作用日益突出，当前影响德国大选结果的因素主要有以下若干方面。

第一，政要在德国政治中的个人作用日益重要。从两德统一以来各个政治层级的选举来看，对大选发挥关键作用的是默克尔这样作风亲民的魅力型候选人，其个人表现好坏决定公众对于政党认知乃至选民选举行为。2021年大选中，绿党在推选贝尔伯克为总理候选人之时就充分考虑了其年轻有活力、媒体出镜率高、公众形象专业等各方面的个人优势，但在选战后期爆出其学历掺假、论文引用不严谨等问题，与拉舍特同样未能经受住挑剔的公众检验，这样的候选人更多成为本党竞选的减分项而不是加分项。选民出于对候选人不满，转而惩罚其所在政党。相反，社民党选对了人，选举策略也比较恰当，因此多少有些意外地胜出。在联邦州层面，稳居要职、有着较强专业能力和丰富执政经验的政要个人仍旧发挥重要影响力，例如巴伐利亚州基社盟籍州长索德尔、莱法州社民党籍州长德莱尔、巴符州绿党籍州长克莱驰曼以及图林根州左翼党籍州长拉姆罗等人，都是以个人人气带动了本党的支持率。

第二，年轻人影响大选结果。年轻人选举行为的不确定性大，且具有求变心理，更多关心环境保护、数字化等未来议题，他们在2021年联邦大选中发挥了重要作用，"未来星期五"等以青少年为主力的社会运动客观上推高了绿党支持率。德国各大政党也日益重视动员年轻选民，联盟党、社民党和绿党总理候选人分别接受小主持人的采访，以增加年轻人的好感度。从选民年龄结构看，25岁以下的年轻人偏好投票给绿党和自民党，70岁以上的老年人倾向选择联盟党和社民党。在直接"选人"而非"选党"的第一票中，实际有23%的年轻人投票给自民党候选人，22%的年轻人支持绿党，这意味着将近半数年轻人抛弃了两大全民党，转而选择支持两个中间小党的候选人，年轻人的选择由此对于大选结果产生了直接影响。

第三，议题和纲领内涵仍旧十分重要。选民和政党在关注点上存在一定差异，在2021年大选中，选民传统上比较"内顾"，普遍关注内政和民生问题，包括财税、数字化、医保、养老金、租房、最低工资标准等议题，而政客在电视辩论和采访中较多谈及外交和地缘政治议题。政党在竞选当中能否抓住选民的重大关注，提出合适的议题和纲领内涵，无疑对于选民的好恶产生影响。绿党在选战中的民调一度反超联盟党，很大程度上正是因为气候变化议题上升为左右舆情的话题。

第四,社交媒体也发挥了一定作用。无论是社民党这样的传统政党还是新兴小党,均针对年轻人习惯使用互联网和社交媒体的特点,注重利用社交媒体推广自身的竞选纲领,组织竞选活动,甚至在脸书上采用精确收集、精确投放的方法拉票。各党政要纷纷利用各种社交网络拉近与选民的距离,积极动员民众投票。以 Rezo 为代表的政治网红分析和比较政党竞选纲领,评价政府、政党及政要的政策主张和政治表现,为年轻一代维护未来权益,作为意见领袖影响公众舆论,对选情形成一定冲击力。

对于政党而言,面对时代和社会变迁,同样需要在自身纲领内涵和政治路线的变与不变之间实现平衡。时代挑战要求各大政党打破常规,拿出调整和应对方案,但一味追随热点问题又可能导致丢失自身在政治与社会当中的纲领内核和品牌特色。鉴于此,联盟党在经济治理、安全和移民领域,社民党和左翼党在社会政策领域,绿党在环保、气候变化和能源领域,自民党在数字化和教育领域,选择党在欧洲和移民领域,均发展出各自的竞争重点,并希望将自身的能力优势与新议题、新挑战结合起来,在激烈的政党竞争中彰显独特价值。联盟党、社民党、绿党、自民党这样已经在联邦和地方层面多次上台执政的政党往往更加强调对国家的责任,更加倾向于贯彻政治妥协和实用主义的思路。如何在传统与改革、自由与安全、开放与封闭、新旧社会分歧之间找到恰当的定位与平衡,既保留自身在特色议题上的传承与守正,又抓住时代机遇挖掘和充实纲领内涵,因应时代变局实现发展与创新,是摆在德国政党面前的世纪挑战。

参考文献

外文参考文献

1. Albert Scharenberg, „Die Lähmung der Linken", *Blätter für deutsche und internationale Politik*, No. 4, 2009, pp. 5-9.

2. Albrecht von Lucke, „Die Transformation der Volksparteiendemokratie", *Blätter für deutsche und internationale Politik*, No. 7, 2019, pp. 5-8.

3. Albrecht von Lucke, „Thüringen oder die rot-rot-grüne Konfrontation", *Blätter für deutsche und internationale Politik*, No. 1, 2015, pp. 5-8.

4. Albrecht von Lucke, „Die linke Mitte und ihre gesellschaftliche Grundlage", *Neue Gesellschaft/Frankfurter Hefte*, No. 6, 2014, pp. 22-25.

5. Albrecht von Lucke, „Heilsame Verwirrung? Der Euro, die Linke und die AfD", *Blätter für deutsche und internationale Politik*, No. 6, 2013a, pp. 5-8.

6. Albrecht von Lucke, „15 Jahre von 150: Die Misere der SPD", *Blätter für deutsche und internationale Politik*, No. 4, 2013, pp. 5-8.

7. Albrecht von Lucke, „Europa und die Krise der Linken", *Blätter für deutsche und internationale Politik*, No. 7, 2009, pp. 5-8.

8. Albrecht von Lucke, „Linkspartei am Scheideweg", *Neue Gesellschaft/Frankfurter Hefte*, No. 53, 2006, pp. 9-12.

9. Andreas M. Vollmer, *Arbeit & soziale Gerechtigkeit-die Wahlalternative (WASG). Entung, Geschichte und Bilanz*, Baden-Baden: Nomos, 2013.

10. André Brie, Frieder Otto Wolf and Michael Brie and Peter Brandt, „Für ein

völlig neues Crossover. Die Wiederbelebung des linken Projekts", *Blätter für deutsche und internationale Politik*, No. 11, 2013, pp. 59-68.

11. Andreas Schulze, *Kleinparteien in Deutschland. Aufstieg und Fall nicht-etablierter politischer Vereinigungen*, Wiesbaben: Deutscher Universitäts-Verlag, 1. Auflage, 2004.

12. Andreas Reckwitz, *Die Gesellschaft der Singularitäten. Zum Strukturwandel der Moderne*, Berlin: Suhrkamp Verlag, 2017.

13. Andreas Zick and Beate Küpper ed., *Die geforderte Mitte. Rechtsextreme und demokratiegefährdende Einstellungen in Deutschland 2020/21*, Bonn: Verlag J. H. W. Dietz Nachf., 2021.

14. Angelo Panebianco, *Political Parties. Organization and Power*, New York: Cambridge University Press, 1988.

15. Angus Campbell, Philip E. Converse, Warren E. Miller and Donald E. Stokes, *The American Voter*, Chicago: The University of Chicago Press, 1960.

16. Armin Pfahl-Traughber, „Die Partei des Demokratischen Sozialismus (PDS) / DIE LINKE", Oskar Niedermayer ed., *Handbuch Parteienforschung*, Wiesbaden: Springer VS, 2013, pp. 541-562.

17. Benjamin T. Bowyer and Mark I. Vail, "Economic Insecurity, the Social Market Economy, and Support for the German Left", *West European Politics*, No. 4, 2011, pp. 683-705.

18. Benjamin Mikfeld, „Mitte-Links. Geht das?", *Neue Gesellschaft/Frankfurter Hefte*, No. 6, 2014, pp. 19-22.

19. Blätter für deutsche und internationale Politik eds., *Demokratie oder Kapitalismus? Europa in der Krise*, Berlin: Blätter Verlagsgesellschaft mbH, 2013.

20. Cas Mudde, „Radikale Parteien in Europa", *Aus Politik und Zeitgeschichte*, No. 47, 2008, pp. 12-18.

21. Cas Mudde and Cristóbal Rovira Kaltwasser, *Populism: A Very Short Introduction*, Oxford: Oxford University Press, 2017.

22. Christina Holtz-Bacha, „Massenmedien und Wahlen: Die Professionalisierung der Kampagnen", *Aus Politik und Zeitgeschichte*, No. B15-16, 2002, pp. 23-28.

23. Christian Zettl, *Die Wähler der Linkspartei. PDS von 1994 bis 2009*, Wiesba-

den: Springer VS, 2014.

24. Christoph Bieber, „Die Piratenpartei als neue Akteurin im Parteiensystem", *Aus Politik und Zeitgeschichte*, No. 7, 2012, pp. 27-33.

25. David Begrich, „AfD: Die neue Macht im Osten", *Blätter für deutsche und internationale Politik*, No. 7, 2019, pp. 9-12.

26. Detlef Hensche, „Die Linke im Ghetto: Wo bleibt das linke Projekt?", *Blätter für deutsche und internationale Politik*, No. 1, 2012, pp. 37-40.

27. Dieter Nohlen and Florian Grotz eds., *Kleines Lexikon der Politik*, fünfte, überarbeitete und erweiterte Auflage, München: C. H. Beck, 2011.

28. Dirk van den Boom, *Politik diesseits der Macht? Zu Einfluss, Funktion und Stellung von Kleinparteien im politischen System der Bundesrepublik Deutschland*, Opladen: Leske+Budrich, 1999.

29. Elmar Altvater, „Die kapitalistischen Plagen. Energiekrise und Klimakollaps, Hunger und Finanzkrise", *Blätter für deutsche und internationale Politik*, No. 3, 2009, pp. 45-59.

30. Eckhard Jesse, „Krise (und Ende?) der Volksparteien", *Aus Politik und Zeitgeschichte*, No. 26-27, 2021, pp. 39-46.

31. Eckhard Jesse, „Auf dem Weg ins Establishment? Das Abschneiden der PDS/Die Linke bei den Wahlen seit 1990", *Recht und Politik*, Vol. 50, No. 2, 2015, pp. 98-106.

32. Eckhard Jesse and Jürgen Lang, *DIE LINKE-eine gescheiterte Partei?* München: Olzog, 2012.

33. Eckhard Jesse and Eckart Klein eds., *Das Parteienspektrum im wiedervereinigten Deutschland*, Berlin: Duncker & Humblot, 2007.

34. Elmar Wiesendahl, *Parteien*, Frankfurt a. M.: Fischer-Taschenbuch-Verlag, 2006.

35. Elmar Wiesendahl, *Volksparteien. Aufstieg, Krise, Zukunft*, Opladen, Berlin, Farmington Hills: Verlag Barbara Budrich, 2011.

36. Ferdinand Müller-Rommel, "The 'Lifespan' of Green Parties in Western Europe: An Evaluation", Erik Baltz, Sven Kosanke and Susanne Pickel eds., *Parties, Institutions and Preferences. The Shape and Impact of Partisan Politics*, Wiesbaden: Springer VS, 2022, pp. 123-150.

37. Frank Decker, „Jenseits von Links und Rechts. Lassen sich Parteien nochklassifizieren？", *Aus Politik und Zeitgeschichte*, No. 46-47, 2018, pp. 21-26.
38. Frank Decker, „Das Verhältnis der SPD gegenüber der LINKEN-Die offene Zukunft", Gerhard Hirscher and Eckhard Jesse eds., *Extremismus in Deutschland. Schwerpunkte, Vergleiche, Perspektiven*, Baden-Baden: Nomos, 2013, pp. 549-563.
39. Frank Decker and Viola Neu eds., *Handbuch der deutschen Parteien*, Wiesbaden: Springer Fachmedien, 2013.
40. Frank Decker, *Parteien und Parteiensysteme in Deutschland*, Stuttgart: Kohlhammer, 2011.
41. Ferdinand Müller-Rommel, *Grüne Parteien in Westeuropa*, Opladen: VS Verlag für Sozialwissenschaften, 1993.
42. Gero Neugebauer, „Wie hast du's mit der Außenpolitik？ -die linke Gretchenfrage", *Neue Gesellschaft/Frankfurter Hefte*, No. 6, 2014, pp. 26-28.
43. Gero Neugebauer, „Vielfalt ohne Einheit, Die Linke-momentan politisch nicht handlungsfähig", *Neue Gesellschaft/Frankfurter Hefte*, No. 6, 2011, pp. 36-38.
44. Gero Neugebauer and Richard Stöss, „Den Zenit überschritten. Die Linkspartei nach der Bundestagswahl 2013", Oskar Niedermayer ed., *Die Parteien nach der Bundestagswahl 2013*, Wiesbaden: VS Verlag für Sozialwissenschaften, 2015, pp. 159-173.
45. Giovanni Sartori, *Parties and Party Systems: A Framework for Analysis*, New York: Cambridge University Press, 1976.
46. Hans-Jörg Dietsche, *Die kleineren Parteien im Zweikräftefeld des deutschen Volksparteiensystems. Eine funktionalistische Typologie unter Vergleich mit dem Vereinigten Königreich*, Frankfurt a. M.: Peter Lang, 2004.
47. Hans-Jürgen Urban, „Stillstand in Merkelland: Wo bleibt die Mosaik-Linke？", *Blätter für deutsche und internationale Politik*, No. 7, 2014, pp. 73-82.
48. Hans-Peter Bartels, „Rot-Rot-Grün in der Außen-und Sicherheitspolitik—passt da was？", *Neue Gesellschaft/Frankfurter Hefte*, No. 10, 2010, pp. 52-55.
49. Hanspeter Kriesi, "Restructuration of Partisan Politics and the Emergence of a New Cleavage Based on Values", *West European Politics*, No. 3, 2010, pp. 673-

685.

50. Hans-Ulrich Wehler, *Die neue Umverteilung. Soziale Ungleichheit in Deutschland*, Muenchen: Verlag C. H. Beck, 2013.

51. Hans-Ulrich Wehler, „Die Explosion der Ungleichheit. Ein Problem von Macht und Herrschaft", *Blätter für deutsche und internationale Politik*, No. 4, 2013, pp. 47-56.

52. Heinz Dieterich, *Der Sozialismus des 21. Jahrhunderts*, Berlin: Kai Homilius Verlag, 2006.

53. Hilde Coffé and Rebecca Plassa, "Party Policy Position of Die Linke: Acontinuation of the PDS?", *Party Politics*, No. 16, 2010, pp. 721-735.

54. James G. McGann, "2020 Global Go To Think Tank Index Report", TTCSP Global Go To Think Tank Index Reports, No. 18, 2021, https://repository.upenn.edu/think_tanks/18.

55. Jan-Werner Müller, *Was ist Populismus? Ein Essay*, Berlin: Edition suhrkamp, 3. Auflage, 2016.

56. Jasmin Siri, „Von der Partei zur Bewegung? Stand und Perspektiven einer politischen Vergesellschaftungsform", *Aus Politik und Zeitgeschichte*, Vol. 68, No. 46-47, 2018, pp. 27-32.

57. Jens Gmeiner, „Reise ins Ungewisse?", *Neue Gesellschaft/Frankfurter*, No. 6, 2014, pp. 39-41.

58. Josef Braml, *Auf Kosten der Freiheit. Der Ausverkauf der amerikanischen Demokratie und die Folgen für Europa*, Köln: Quadriga Verlag, 2016.

59. Jürgen Habermas, „Demokratie oder Kapitalismus?", *Blätter für deutsche und internationale Politik*, No. 5, 2013, pp. 59-70.

60. Jürgen Rüttgers, *Dinosaurier der Demokratie. Wege aus Parteienkrise und Politikverdrossenheit*, Hamburg: Hoffmann und Campe, 1993.

61. Kaare Strøm, "A Behavioral Theory of Competitive Political Parties", *American Journal of Political Science*, Vol. 34, No. 2, 1990, pp. 565-598.

62. Karin Priester, „Wesensmerkmale des Populismus", *Aus Politik und Zeitgeschichte*, No. 5-6, 2012, pp. 3-9.

63. Kate Hudson, *The New European Left. A Socialism for the Twenty-First Century?* Basingstoke, England: Palgrave Macmillan, 2012.

64. Klaus Lederer, „Programmatisch festgefahren. Warum Die Linke sich ändern muss", *Blätter für deutsche und internationale Politik*, No. 1, 2011, pp. 81-90.
65. Klaus Schubert and Martina Klein, *Das Politiklexikon*, Bonn: Verlag J. H. W. Dietz Nachf. GmbH, 4. erweiterte und aktualisierte Auflage, 2006.
66. Klaus von Beyme, „Funktionenwandel der Parteien in der Entwicklung von der Massenmitgliederpartei zur Partei der Berufspolitiker", Oscar W. Gabriel, Oskar Niedermayer and Richard Stöss eds., *Parteiendemokratie in Deutschland*, Bonn: VS Verlag für Sozialwissenschaften, 2001, pp. 315-339.
67. Larry Diamond and Richard Gunther eds., *Political Parties and Democracy*, Baltimore and London: Johns Hopkins University Press, 2001.
68. Manfred Rowold and Stefan Immerfall, „Im Schatten der Macht, Nicht-etablierte Kleinparteien", Alf Mintzel and Heinrich Oberreuter eds, *Parteien in der Bundesrepublik Deutschland*, Bonn: Bundeszentrale für Politische Bildung, 1997.
69. Marc Debus, „Soziale Konfliktlinien und Wahlverhalten: Eine Analyse der Determinanten der Wahlabsicht bei Bundestagswahlen von 1969 bis 2009", *Kölner Zeitschrift für Soziologie und Sozialpsychologie*, No. 62, 2010, pp. 731-749.
70. Meinhard Meuche-Mäker, *Die PDS im Westen 1990-2005. Schlussfolgerungen für eine neue Linke*, Berlin: Dietz, 2005.
71. Michael Brie, „Thesen zu einer potenziellen Mehrheit links der Mitte", *Neue Gesellschaft/Frankfurter Hefte*, No. 6, 2014, pp. 19-21.
72. Michael Brie, „Die Linkspartei und ihre demokratische Wende", *Blätter für deutsche und internationale Politik*, No. 7, 2012, pp. 9-12.
73. Nicole Burzan, *Soziale Ungleichheit*, Wiesbaden: VS Verlag für Sozialwissenschaften, 2011.
74. Martin Elff and Sigrid Rossteutscher, "Stability or Decline? Class, Religion and the Vote in Germany", *German Politics*, No. 1, 2011, pp. 107-127.
75. Mogens Pedersen, "Towards a New Typology of Party Lifespans and Minor Parries", *Scandinavian Political Studies*, No. 1, 1982, pp. 1-16.
76. Oliver Nachtwey, „System ohne Stabilität: Der Niedergang der Volksparteien", *Blätter für deutsche und internationale Politik*, No. 2, 2019, pp. 95-102.

77. Oscar W. Gabriel, Oskar Niedermayer and Richard Stöss eds. , *Parteiendemokratie in Deutschland*, Bonn: Bundeszentrale für politische Bildung und gleichzeitig, Opladen: Westdeutscher Verlag, 2. vollst. Überarb. u. erw. Aufl. , 2002.
78. Oskar Niedermayer, „Staatliche Parteienfinanzierung", *bpb*, https://www.bpb.de/themen/parteien/parteien-in-deutschland/zahlen-und-fakten/42240/staatliche-parteienfinanzierung/.
79. Oskar Niedermayer, „Die Rolle und Funktionen von Parteien in der deutschen Demokratie", *bpb*, https://www.bpb.de/themen/parteien/parteien-in-deutschland/42035/die-rolle-und-funktionen-von-parteien-in-der-deutschen-demokratie/.
80. Oskar Niedermayer, „Parteimitglieder in Deutschland: Version 2020", *Arbeitshefte aus dem Otto-Stammer-Zentrum*, Iss. 31, 2020.
81. Oskar Niedermayer, „Aufsteiger, Absteiger und ewig ‚Sonstige': Klein-und Kleinstparteien bei der Bundestagswahl 2013", *Zeitschrift für Parlamentsfragen*, No. 1, 2014, pp. 73-93.
82. Oskar Niedermayer, „Die Analyse von Parteiensystem", Oskar Niedermayer ed. , *Handbuch der Parteienforschung*, Wiesbaden: Springer VS, 2013, pp. 83-117.
83. Oskar Niedermayer, „Erfolgsbedingungen neuer Parteien im Parteiensystem", Oskar Niedermayer ed. , *Die Piratenpartei*, Wiesbaden: Springer VS, 2013.
84. Oskar Niedermayer ed. , *Die Piratenpartei*, Wiesbaden: Springer VS, 2013.
85. Oskar Niedermayer, *Die Parteien nach der Bundestagswahl 2005*, Wiesbaden: VS Verlag für Sozialwissenschaften, 2011.
86. Oskar Niedermayer, „Erfolgsbedingungen neuer Parteien im Parteiensystem", *Zeitschrift für Parlamentsfragen*, No. 4, 2010, pp. 838-854.
87. Oskar Niedermayer, „Von der Zweiparteiendominanz zum Pluralismus: Die Entwicklung des deutschen Parteiensystems im westeuropäischenVergleich", *Politische Vierteljahresschrift*, No. 51, 2010, pp. 1-13.
88. Oskar Niedermayer, „Die Erosion der Volksparteien", *Zeitschrift für Politik*, No. 3, 2010, pp. 265-277.
89. Oskar Niedermayer, „Das fluide Fünfparteiensystem nach der Bundestagswahl 2005", Oskar Niedermayer ed. , *Die Parteien nach der Bundestagswahl 2005*, Wiesbaden: VS Verlag für Sozialwissenschaften, 1. Auflage, 2008, pp. 9-36.
90. Oskar Niedermayer, Richard Stöss and Melanie Haas, *Die Parteiensysteme Wes-*

teuropas*, Wiesbaden: VS Verlag für Sozialwissenschaften, 2006.

91. Oskar Niedermayer, „Die Wählerschaft der Linkspartei. PDS 2005: sozialstruktureller Wandel bei gleichbleibender politischer Positionierung", *Zeitschrift für Parlamentsfragen*, Vol. 37, No. 3, 2006, pp. 523-538.

92. Otto Kirchheimer, „Der Wandel des westeuropäischen Parteiensystems", *Politische Vierteljahresschrift*, Vol. 6, No. 1, 1965, pp. 20-41.

93. Paul Lucardie, „Zur Typologie der politischen Parteien", Frank Decker and Viola Neu eds., *Handbuch der deutschen Parteien*, Wiesbaden: Springer Fachmedien, 2013, pp. 61-70.

94. Paul Mason, "The Postcapitalist Transition: Policy Implications for the Left", *The Political Quarterly*, No. 2, 2020, pp. 287-298.

95. Peter Brandt, „Sozialdemokratie und Linkspartei", *Neue Gesellschaft/Frankfurter Hefte*, No. 10, 2010, pp. 40-43.

96. Peter Lösche, „Ende der Volksparteien", *Aus Politik und Zeitgeschichte*, No. 51, 2009, pp. 6-12.

97. Philip Manow, *Die Politische Ökonomie des Populismus*, Berlin: Suhrkamp Verlag, 2018.

98. Philippe Van Parijs, „Links = sozialistisch?", *Blätter für deutsche und internationale Politik*, No. 2, 2012, pp. 34-37.

99. Pippa Norris and Ronald F. Inglehart, *Cultural Backlash: Trump, Brexit, and Authoritarian Populism*, New York: Cambridge University Press, 2019.

100. Pippa Norris and Ronald F. Inglehart, "Trump, Brexit, and the Rise of Populism: Economic Have-Nots and Cultural Backlash", Faculty Research Working Paper Series, No. RWP16-026, 2016.

101. Rainer Lepsius, *Demokratie in Deutschland. Soziologisch-historische Konstellationsanalysen. Ausgewählte Aufsätze*, Göttingen: Vandenhoeck und Ruprecht, 1993.

102. Ralf Tils and Joachim Raschke, „Strategie zählt. Die Bundestagswahl 2013", *Aus Politik und Zeitgeschichte*, No. 48-49, 2013, pp. 20-27.

103. Richard Gunther and Larry Diamond, "Species of Political Parties. A New Typology", *Party Politics*, Vol. 9, No. 2, 2003, pp. 167-199.

104. Richard S. Katz and Peter Mair, "Changing Models of Party Organization and

Party Democracy. The Emergence of the Cartel Party", *Party Politics*, Vol. 1, No. 1, 1995, pp. 5-28.

105. Richard S. Katz and Peter Mair, "The Evolution of Party Organizations in Europe: The Three Faces of Party Organization", *The American Review of Politics*, Vol. 14, Winter, 1993, pp. 593-617.

106. Richard S. Katz and Peter Mair, "The Cartel Party Thesis: A Restatement", *Perspectives on Politics*, Vol. 7, No. 4, 2009, pp. 753-766.

107. Ronald F. Inglehart, „Traditionelle politische Spannungslinien und die Entwicklung der neuen Politik in westlichen Gesellschaften", *Politische Vierteljahresschrift*, No. 24, 1983, pp. 139-165.

108. Richard Sandbrook, „Die demokratische Linke im globalen Süden", *Neue Gesellschaft/Frankfurter Hefte*, No. 6, 2014, pp. 46-50.

109. Richard Sandbrook, „Skandinavische Erfahrungen", *Neue Gesellschaft/Frankfurter Hefte*, No. 6, 2014, pp. 42-45.

110. Richard Stöss and Oskar Niedermayer, „Zwischen Anpassung und Profilierung. Die SPD an der Schwelle zum neuen Jahrhundert", *Aus Politik und Zeitgeschichte*, No. B5, 2000, pp. 3-11.

111. Ronald F. Inglehart, *The Silent Revolution: Changing Values and Political Styles Among Western Publics*, Princeton: Princeton University Press, 1977.

112. Ruud Koole, "Cadre, Catch-All or Cartel? A Comment on the Notion of Cartel Party", *Party Politics*, Vol. 2, No. 4, 1996, pp. 507-523.

113. Russell J. Dalton and Martin P. Wattenberg, "Unthinkable Democracy: Political Change in Advanced Industrial Democracies", *Parties Without Partisans: Political Change in Advanced Industrial Democracies*, Oxford: Oxford University Press, 2000, pp. 6-10.

114. Ryan Bakker et al., *2019 Chapel Hill Expert Survey*, Chapel Hill: University of North Carolina, 2020.

115. Sabine Kropp, „Koalitionsoptionen vor den Bundestagswahlen 2017. Strukturelle Dominanz der CDU, begrenzte Möglichkeiten der SPD", *Neue Gesellschaft/Frankfurter Hefte*, No. 9, 2017, pp. 38-39.

116. Seymour Martin Lipset and Stein Rokkan, "Cleavages Structures, Party Systems and Voter Alignments: An Introduction", *Party Systems and Voter Align-*

ments: *Cross National Perspectives*, New York: Free Press, 1967, pp. 1-64.
117. Stefan Hradil, „Soziale Milieus-eine praxisorientierte Forschungsperspektive", *Aus Politik und Zeitgeschichte*, No. 44-45, 2006, pp. 3-10.
118. Steffen Kühnel, Oskar Niedermayer and Westle Bettina eds., *Wähler in Deutschland: Sozialer und politischer Wandel, Gender und Wahlverhalten*, 1. Aufl., Wiesbaden: Verlag für Sozialwissenschaften, 2009.
119. Swen Hutter, Hanspeter Kriesi and Jasmine Lorenzini, „Soziale Bewegungen im Zusammenspiel mit politischen Parteien: Eine aktuelle Bestandsaufnahme", *Forschungsjournal Soziale Bewegungen*, Vol. 32, No. 2, 2019, pp. 163-177.
120. Thomas Meyer, „Realitäten und Begriffe. Der Streit um Grenzen und die Sozialdemokratie", *Neue Gesellschaft/Frankfurter Hefte*, No. 6, 2019, pp. 35-40.
121. Thomas Meyer, „Wir brauchen Aktivität, polarisierende Debatten, produktive Provokation", *Neue Gesellschaft/Frankfurter Hefte*, No. 6, 2014, pp. 33-38.
122. Thomas Meyer, „Mediokratie-Auf dem Weg in eine andere Demokratie?", *Aus Politik und Zeitgeschichte*, No. 15-16, 2002, pp. 7-14.
123. Thorsten Holzhauser, *Die "Nachfolgepartei". Die Integration der PDS in das politische System der Bundesrepublik Deutschland 1990-2005*, Berlin/Boston: Springer, 2019.
124. Torsten Oppelland and Hendrik Träger, *Die Linke. Willensbildung in einer ideologisch zerstrittenen Partei*, Baden-Baden: Nomos, 2014.
125. Thomas Piketty, „Das Ende des Kapitalismus im 21. Jahrhundert?", *Blätter für deutsche und internationale Politik*, No. 12, 2014, pp. 41-52.
126. Thilo Bode, „Europa und die mutlose Linke", *Blätter für deutsche und internationale Politik*, No. 4, 2013, pp. 39-43.
127. Timo Graf, „Zeitenwende im sicherheits-und verteidigungspolitischen Meinungsbild. Ergebnisse der ZMSBw-Bevölkerungsbefragung 2022", *Forschungsbericht 133*, Potsdam: Zentrum für Militärgeschichte und Sozialwissenschaften der Bundeswehr, 2023.
128. Ulrich von Alemann, *Das Parteiensystem der Bundesrepublik Deutschland*, 4. vollständig überarbeitete und aktualisierte Auflage, Wiesbaden: VS Verlag für Sozialwissenschaften, 2010.
129. Ulrich von Alemann and Tim Spier, „Doppelter Einsatz, halber Sieg? Die

SPD und die Bundestagswahl 2005", Oskar Niedermayer eds., *Die Parteien nach der Bundestagswahl 2005*, Wiesbaden: VS Verlag für Sozialwissenschaften, 1. Auflage 2008, pp. 37-66.

130. Uwe Jun, „Parteien und Parteiensystem der Bundesrepublik Deutschland", *Informationen zur politischen Bildung*, Vol. 328, Iss. 4, 2015.

131. Uwe Jun, „Typen und Funktionen von Parteien", Oskar Niedermayer ed., *Handbuch Parteienforschung*, Wiesbaden: Springer VS, 2013, pp. 119-144.

132. Uwe Jun, Henry Kreikenbom and Viola Neu eds., *Kleine Parteien im Aufwind. Zur Veränderung der deutschen Parteienlandschaft*, Frankfurt a. M./New York: Campus Verlag, 2006.

133. Uwe Jun, *Der Wandel von Parteien in der Mediendemokratie. SPD und Labour Party im Vergleich*, Frankfurt/New York: Campus Verlag, 2004.

134. Viola Neu, „Die Linke", Frank Decker ed., *Handbuch der deutschen Parteien*, 22. Aufl., Wiesbaden: Springer VS, 2018, pp. 384-401.

135. Wilhelm Hofmeister and Karsten Grabow, *Political Parties. Functions and Organisation in Democratic Societies*, Singapore: Konrad Adenauer Stiftung, 2011.

136. Wolfgang C. Müller, „Koalitionstheorien", Ludger Helms and Uwe Jun eds., *Politische Theorie und Regierungslehre: eine Einführung in die politikwissenschaftliche Institutionenforschung*, Frankfurt/New York: Campus Verlag, 2004, pp. 267-299.

137. Tim Spier eds, *Die Linkspartei. Zeitgemäße Idee oder Bündnis ohne Zukunft?* Wiesbaden: VS Verlag für Sozialwissenschaften, 2007.

138. Wolfgang Streeck, „Wie wird der Kapitalismus enden?", *Blätter für deutsche und internationale Politik*, No. 3, 2015, pp. 99-111.

中文参考文献

1. 〔德〕托马斯·迈尔等编辑、殷叙彝主编、张世鹏编译：《民主社会主义理论概念》，重庆出版社，2012。

2. 〔美〕约瑟夫·熊彼特：《资本主义、社会主义和民主》，杨中秋译，电子工业出版社，2013。

3. 〔美〕安东尼·唐斯：《民主的经济理论》，姚洋、邢予青、赖平耀译，上海世纪出版集团，2017。

4. 〔意〕乔万尼·萨托利：《政党与政党体制》，王明进译，商务印书馆，2006。

5. 〔德〕罗伯特·米歇尔斯：《寡头统治铁律：现代民主制度中的政党社会学》，任军锋等译，天津人民出版社，2003。

6. 〔德〕斐迪南·穆勒-罗密尔、托马斯·波古特克主编《欧洲执政绿党》，郇庆治译，山东大学出版社，2005。

7. 〔德〕弗兰茨·瓦尔特：《德国社会民主党：从无产阶级到新中间》，张文红译，重庆出版社，2008。

8. 郇庆治：《当代欧洲政党政治：选举向度下的西欧社会民主党研究》，山东大学出版社，2007。

9. 张文红：《德国政党制度的发展与宪政建设》，《当代世界与社会主义》2007年第4期。

10. 殷叙彝：《德国左翼党的问题和前景》，《国外理论动态》2007年第11期。

11. 谢礼圣：《新德国左翼党的历史意义》（上、下），《国外理论动态》2009年第11期、第12期。

12. 张莉：《全民党危机、政治机会与德国左翼党的前景》，《当代世界与社会主义》2010年第3期。

13. 〔德〕米歇尔·豪斯、伍慧萍：《德国左翼党——具有爆炸力的政党？》，《德国研究》2008年第1期。

14. 〔德〕米夏埃尔·施托伊伯、王程乐：《左翼党及其对未来德国政党体制和政府组阁形势的影响》，《德国研究》2008年第4期。

15. 肖应辉：《德国左翼党的发展与挑战》，《社会主义研究》2010年第1期。

16. 谢松明：《民主社会主义基本价值观的分析与思考》，《科学社会主义》2008年第1期。

17. 贾中海、李娟：《民主社会主义的价值体系：原旨、批判与选择》，《政治学研究》2011年第4期。

18. 伍慧萍：《欧洲民粹主义兴起根源的四种解释范式与政党发展规律》，《当代世界与社会主义》2022年第3期。

19. 伍慧萍：《德国社会民主党的历史变迁与现实困境》，《当代世界与社会主义》2021年第5期。

20. 伍慧萍：《欧洲社会民主政党的生存现状与发展前景：从整体低迷到初现起色》，《当代世界》2019年第2期。

21. 伍慧萍：《德国绿党生态现代化思想的演进与启示》,《当代世界》2021年第10期。
22. 伍慧萍：《欧洲难民危机中德国的应对与政策调整》,《山东大学学报》（哲学社科版）2016年第2期。
23. 伍慧萍、姜域：《西方小规模政党的生存现状与成功条件：以德国为例》,《当代世界与社会主义》2015年第1期。
24. 伍慧萍、姜域：《德国选择党——疑欧势力的崛起与前景》,《国际论坛》2015年第2期。
25. 伍慧萍、邬彩琴：《德国海盗党的制度创新及发展制约因素》,《国际论坛》2013年第5期。
26. 伍慧萍：《德国全民党的沉浮》,《德国研究》2009年第3期。
27. 伍慧萍：《德国政党体制的变迁》,《德国研究》2008年第1期。

图表索引

图1-1　政党的主要任务／4
图1-2　政党制度的类型／12
图1-3　历史上西欧社会分歧模型（李普赛特/罗坎）／14
图1-4　20世纪50~60年代联邦德国的社会分歧与政党分布／15
图1-5　20世纪70年代联邦德国的政党分歧／15
图1-6　20世纪80年代联邦德国的社会分歧与政党格局／16
图1-7　当前德国的社会分歧与政党竞争的主要领域／17
图1-8　当前德国的社会环境分布／20
图2-1　1949~2021年德国联邦议院的议席总数／45
图4-1　两大全民党在历次联邦大选中的得票率变化／122
图4-2　两大全民党自1990年以来的党员人数变化／123
图4-3　1969~2013年小规模政党进入州议会的次数／132
图4-4　德国注册政党总数和参与联邦大选的政党数量／133
图4-5　1990~2021年参加联邦大选和进入联邦议院的政党数量／167
图4-6　1990~2021年主要政党在历次联邦大选中的得票率／168
图4-7　1991~2023年政党民调支持率／168
图4-8　联邦州的执政联合形式与联邦参议院的席位分布／178
图4-9　1949~2021年历届联邦大选参选率变化／179

表 1-1　政党的主要功能 / 6
表 1-2　政党类型的分类 / 10
表 1-3　西努斯研究所界定的社会环境类型 / 19
表 1-4　各类政党发展阶段理论比较 / 23
表 1-5　尼德迈尔的政党竞争理论 / 26
表 1-6　较有代表性的政党联盟理论 / 30
表 2-1　1949~2009 年联邦议院的超额议席 / 43
表 2-2　主要政党 2020 年的收入来源及其构成 / 51
表 2-3　2021 年大选后"交通灯"政府的权限划分 / 56
表 3-1　1990~2021 年联邦议院第二票选举结果 / 60
表 4-1　1949~2021 年的联邦政府构成与政党体制发展阶段 / 117
表 4-2　三个左翼政党的政策主张比较 / 165
表 4-3　联盟党、社民党和绿党 2021 年联邦大选纲领中主要政策领域的比较 / 172
表 4-4　两德统一以来历届联邦政府组阁时长 / 175
表 4-5　1990~2021 年德国主要政党的党员人数变化 / 180
表 5-1　1952~2021 年三大经济产业从业人员占比的变化 / 185
表 5-2　2019 年后欧洲议会中的德国政党 / 200

图书在版编目(CIP)数据

德国政党体制的变迁：1990-2021/伍慧萍著.--北京：社会科学文献出版社，2023.12
（同济大学欧洲与德国研究丛书）
ISBN 978-7-5228-2759-9

Ⅰ.①德… Ⅱ.①伍… Ⅲ.①政党-政治制度-研究-德国-1990-2021 Ⅳ.①D751.664

中国国家版本馆CIP数据核字(2023)第217188号

·同济大学欧洲与德国研究丛书·
德国政党体制的变迁（1990～2021）

著　　者 / 伍慧萍
出 版 人 / 冀祥德
组稿编辑 / 祝得彬
责任编辑 / 仇　扬　张苏琴
责任印制 / 王京美

出　　版 / 社会科学文献出版社·当代世界出版分社（010）59367004
　　　　　　地址：北京市北三环中路甲29号院华龙大厦　邮编：100029
　　　　　　网址：www.ssap.com.cn
发　　行 / 社会科学文献出版社（010）59367028
印　　装 / 三河市东方印刷有限公司

规　　格 / 开　本：787mm×1092mm　1/16
　　　　　　印　张：16.5　字　数：285千字
版　　次 / 2023年12月第1版　2023年12月第1次印刷
书　　号 / ISBN 978-7-5228-2759-9
定　　价 / 98.00元

读者服务电话：4008918866

版权所有 翻印必究